SAS를 이용한

시계열 분석

신기일 지음

KYOWOO CO. Publishing

教友社

머리말

시계열 분석은 시간의 흐름에 따라 관찰된 자료를 분석하는 통계적 분석방법의 하나이다. 최근의 시계열 분석의 연구 범위는 경제, 경영 등에서 기상학, 생물학, 공학, 의학 등으로 빠르게 확장되고 있으며 시계열 분석 기법을 배우려는 학생들의 수요 또한 증가하고 있다.

이에 맞춰 많은 국내외 교재가 발간되었으나 국내에서 발행되었던 많은 교재는 자료분석을 중심으로 서술되어 있어 기초적 시계열 이론을 익히기에는 미흡한 점이 없지 않았고, 또한 외국서적의 대부분은 석사 이상의 높은 통계지식을 요구하고 있기 때문에 학부생이 시계열을 접하게되면 시계열이론은 항상 어렵다는 인식이 앞서곤 하였다. 따라서 이론과 자료 분석 모두를 다루는 새로운 교재가 필요한데 그리 쉽지 않은 시계열 분석 이론과 매우 다양한 분석 기법을 하나의 책으로 만들기 위해서는 매우 방대하기 때문에 중요한 부분만을 다루는 교재가 필요하다.

이 책은 자료 분석을 목적으로 쓰여진 것도 아니고 최근에 나온 이론을 습득하기 위하여 쓰여진 것도 아니다. 보통 학부 시계열 강의가 통계학을 전공하는 3, 4학년을 대상으로 실시되기 때문에 3, 4학년이 시계열 강의를 듣는다는 가정 하에 시계열 분석 기법에서 꼭 알아야 할 이론적인 내용과 이를 이용한 자료 분석 기법을 습득하는데 도움이 되도록 만들어졌다.

따라서 본 교재는 여러 시계열 분석 기법 중에서 최근 가장 많이 사용되고 있고 시계열 분석 이론에 있어서도 가장 중요하다고 생각되는 분석인 ARIMA모형을 이용한 분석 기법을 다루고 있다. 또한 본 교재가 학부 3, 4학년을 위하여 만들어진 점을 감안하여 최근에 정립된 복잡한 이론이나 다 변량 ARIMA모형 등 난이도가 높은 부분은 다루지 않은 반면 기초적이고 중요하다고 생각되는 이론은 매우 자세히 설명하여 학생들의 이

해들 돕는데 충실하였다.

본 교재가 나오기까지 많은 도움을 준 이진희 양에게 깊은 고마움을 전하고 싶으며 수정, 보완 및 편찬에 도움을 준 교우사에 심심한 감사를 전한다.

저자

차 례

1 서 론

하루가 다르게 변해가고, 과거에는 전혀 예상하지 못했던 일들이 계속 일어나는 현대 사회에서 미래의 불확실성에 대한 불안감은 더욱 더 커질 수밖에 없다. 이를 조금이라도 감소시키기기 위하여 우리는 미래를 예측하기를 바란다. 물론 더디게 발전하여왔던 과학 발전 이전의 과거에는 점성술이 그 부분을 담당하였으나 이는 누구나 인정할 수 있는 그런 것은 아니었다. 그래서 현대인은 누구나 인정할 수 있는 보편 타당한 논리인 과거와 현재의 자료를 과학적 방법으로 분석하여 미래를 예측하는 통계적 분석 기법을 요구하게 되었다.

지난 수년 동안 컴퓨터의 발달은 여러 학문에 지대한 영향을 미쳤다. 그 중에서도 통계학은 컴퓨터의 발전에 의해 가장 많은 영향을 받은 학문 중의 하나이다. 의학, 생물학, 유전공학 등의 자연과학 분야 뿐만 아니라 경영, 경제학 등의 사회과학 분야에서도 통계학의 가치와 중요성이 증가하고 있다. 또한 현대인의 미래에 대한 불확실성을 제거하기 위한 노력과 컴퓨터의 발달은 통계학 분야에서도 특히 과거와 현재의 자료를 이용하여 미래를 예측하는 통계적 분석 기법인 시계열 분석에서의 중요성을 더욱 증대시켰다.

시계열 분석이란 시간의 흐름에 따라 얻어지는 자료인 시계열 자료를 분석하는 통계적 기법이다. 그러나 매분, 매시 또는 매일 얻어지는 시계열 자료는 시간이 흘러가면서 그 자료의 수가 급격히 증가하고 이들 간의 상관 관계가 복잡해지기 때문에 이 자료를 분석해서 유용한 정보를 만들어야하는 시계열 자료 분석은 그리 간단하지 않다. 일반적으로 시계열 자료는 정상 시계열과 비정상 시계열로 나누어지게 된다. 과거사회와 같이 사회현상에 큰 변화가 없다면 많은 시계열은 정상 시계열로 분류되어 분석될 수 있을 것이다. 그러나 변화가 심하고 정보가 빠른 속도로 전파되는 현대 사회에서는 대부분의 시계열 자료가 비정상 시계열이다. 이러한 비정상성은 시계열 자료 분석에 어려움을 더하게 된다.

시계열 분석은 크게 모형화(modelling)와 예측(forecasting)으로 나누어진다. 과거와 현재에 얻어진 많은 자료는 우리에게 필요한 정보와 필요하지 않은 부분을 함께 포함하고 있다. 따라서 이를 분리하는 과학적인 방법이 필요하게 된다. 과학적인 방법을 이용하여 이들을 분리하면 우리에게 필요한 정보는 의외로 간단한 형태로 표현될 수 있는데, 이와 같이 우리에게 필요한 정보와 필요하지 않은 부분을 과학적으로 분리하는 것을 모형화라 한다. 우리에게 필요한 정보를 과학적으로 추출한 후에는 이를 바탕으로 미래를 예측하게 된다. 이때 예측하는 방법 또한 타당한 논리를 이용하여 과학적으로 이루어져야 하는데, 이 과정을 예측(forecasting)이라 한다.

모형화 : 우리에게 필요한 정보와 필요 없는 부분을 분해하여 필요한 정보를 간단하게 표현하는 방법 예　측 : 얻어진 모형을 이용하여 과학적인 방법으로 미래를 예측하는 방법

이상과 같이 과학적인 분석 기법으로 과거와 현재의 자료에서 필요한 정보를 추출하고 이를 이용하여 미래를 예측하는 통계적 기법이 시계열 분석이다. 시계열 분석 기법에는 여러 방법이 있다. 그 중에서도 최근 가장 많이 사용되는 분석 기법이 ARIMA모형을 이용한 분석으로 본 교재에서는 주로 이 기법을 이용한 시계열 분석을 다룬다.

이 책에서의 ARIMA모형을 이용한 분석과정은 다음 순서에 의하여 설명한다.

2장에서는 시계열 분석에 필요한 기초적인 통계 이론을 살펴보았다. 시계열 분석은 기초 통계에서 다루었던 이론과 회귀분석에서 익혔던 이론을 토대로 이루어지므로 기초적인 통계부분이 약한 독자들은 2장에서 이를 살펴보기 바란다. 3장에서는 시계열 자료와 다른 통계자료와의 차이를 알아보았으며, 이를 위하여 먼저 시계열 자료란 무엇인지, 어떠한 자료가 시계열 자료에 속하는 지를 살펴보았다. 4장에서는 시계열 분석에 필요한 통계 패키지에 대하여 살펴보았다. 통계분석을 위한 많은 통계 패키지가 개발되어 있으나 본 교재에서는 SAS를 중심으로 다루었다. 5장에서 9장까지는 시계열 분석에 관한 일반 이론을 다루었다. 시계열 자료는 자료의 흐름에 따라 정상성을 만족하는 사료와 징싱성을 만족하지 않는 자료로 나누어진다. 따라서 시계열 자료를 분류하여 각각에 맞는 분석을 하기 위해서는 일반적인 시계열 이론이 필요하게 되는데 이들 장에서 이러한 것들을 살펴보았다. 10장에서 13장까지는 일반적인 시계열 분석 이론을 토대로 실제 자료를 이용하여 분석하는 방법에 대해 다루었다. 이 때 필요한 통계 패키지는 4장에서 익힌 SAS를 사용하였으며 그에 따른 프로그램도 함께 첨부하였다. 마지막으로 14장과 15장에서는 특수한 경우의 시계열 분석 방법에 관하여 다루었다.

본 교재에서 다룰 내용은 시계열 분석에 있어 기본적인 내용을 수록한 것이다. 따라서 그 이외의 다른 분석 기법, 즉 다변량 시계열, 단위근 검정법, 공적분 검정법, 전이함수 모형 등은 이 책에서 다루지 않으므로 이에 관한 내용을 원하는 독자들은 다른 서적을 참조하기 바란다.

2

기초적 통계이론

시계열 분석에 필요한 기초적인 통계이론을 살펴보도록 하자. 본 장에서는 많은 통계이론 중에서 시계열 분석에 필요한 부분만을 간단히 설명한다.

2.1 확률변수(Random Variable)와 확률분포함수(Distribution function)

사회현상 또는 사건을 관심 있는 숫자로 요약, 정리하여 분석을 하게되면 많은 양의 유용한 정보를 얻을 수 있으며, 분석 또한 쉽게 된다. 여기서 관심 있는 숫자로 어떠한 사건을 요약, 표시한 것을 확률변수(random variable)라 한다. 이러한 확률 변수의 특징은 확률분포함수(distribution function)를 통해 나타나게 된다. 따라서 각 사건은 이에 맞는 확률변수를 만들어 내며 각각의 확률변수는 확률분포함수를 만들어내게 된다. 확률변수는 확률변수가 취할 수 있는 값에 따라 연속 확률변수(continuous random variable)와 이산 확률변수(discrete random variable)로 나누어지게 되며 많이 사용되는 확률변수는 이름을 가지고 있다. 일반적으로 시계열 분석에서는 확률변수가 취할 수 있는 값이 연속인, 연속 확률변수가 사용되므로 이 책에서는 연속확률변수에 대해서만 살펴볼 것이다. 특히 분석에 사용되는 연속확률변수 중에서도 정규분포(normal distribution)를 따르는 정규확률변수가 사용되므로 여기서는 이 분포만을 살펴보고 다른 분포들은 참고서적을 살펴보기 바란다.

확률변수(random variable) : 사건을 관심 있는 숫자로 요약, 표시한 것.

확률분포함수(distribution function) : 확률변수의 특징을 함수로 표시한 것.

정규확률밀도함수(normal probability density function) :

$$f(x)=\frac{1}{\sqrt{2\pi}\sigma}\exp\left\{-\frac{1}{2\sigma^2}(x-\mu)^2\right\} \qquad (2.1)$$

여기서 μ는 평균을, σ^2은 분산을 나타낸다.

정규확률밀도함수를 그림으로 나타내면 좌우 대칭이며 종 모양을 하고 있음을 알 수 있다. 확률변수 X가 정규분포를 따르고 평균이 μ, 분산이 σ^2을 따른다고 할 경우 이를 간단히 다음과 같이 표시한다.

$$X \sim N(\mu, \sigma^2)$$

2.2 기대값(Expectation)과 분산(Variance)

확률변수의 특징을 표시하는 방법 중의 하나가 확률밀도함수이다. 이제 확률변수의 특징을 표현하는 또 다른 방법인 기대값에 대하여 살펴보자. 기대값이란 확률변수의 특징을 나타내는 함수로 X가 연속확률변수인 경우 다음과 같이 정의된다.

$$E(g(X))=\int_{-\infty}^{\infty}g(x)f(x)\,dx \qquad (2.2)$$

여기서 $f(x)$는 확률분포함수를 나타내며 정규분포의 경우 (2.1)식을 의미한다. 여기서 관심 있는 함수 $g(X)$를 (2.2)식에 대입함으로써 확률변수 X의 특징을 알아낼 수 있다. 예를 들어 $g(X)=X$를 (2.2)식에 대입하여 다시 구하면

$$E(X)=\int_{-\infty}^{\infty} xf(x)\,dx$$

가 되고 이 값은 확률변수 X의 중심위치에 해당되는 값인

$$E(X)=\mu$$

가 된다. 만약 $g(X)=(X-\mu)^2$을 사용하면 $E(g(X))=E(X-\mu)^2=\sigma^2$이 된다. 일반적으로 $E(X)=\int_{-\infty}^{\infty} xf(x)\,dx$를 확률변수의 기대값이라 부르고, $E(X-\mu)^2=\int_{-\infty}^{\infty}(x-\mu)^2 f(x)\,dx$를 분산 (variance)이라 부르며 $Var(X)$라고 표시한다.

확률변수 X의 기대값 (expectation)과 분산 (variance)

기대값 : $E(X)=\int_{-\infty}^{\infty} xf(x)\,dx$

분산 : $Var(X)=\int_{-\infty}^{\infty}(x-\mu)^2 f(x)\,dx$

2.3 공분산 (Covariance)과 상관계수 (Correlation)

두 개의 확률변수를 분석할 경우에는 각각의 확률변수의 특징 뿐만 아니라 두 확률변수간의 관계를 분석할 수 있다. 각 변수의 특징은 확률분포함수로 나타내는데 반하여 두 변수간의 특징은 결합확률분포함수 (joint probability distribution function)로 나타내며 확률변수 X와 Y의 결합확률분포함수는 $f(x, y)$로 표시한다. 이 결합확률분포함수가 주어지면 두 변수간의 관계를 말해주는 공분산과 상관계수를 구할 수 있다. 특히 공분산과 상관계수는 시계열 분석에서 많이 사용되므로 숙지해 주기 바란다.

두 연속확률변수 X와 Y의 공분산과 상관계수

공분산 : $Cov(X, Y) = \int\int(x-\mu_X)(y-\mu_Y)f(x,y)\,dxdy$

상관계수 : $\rho = \dfrac{Cov(x, y)}{\sqrt{Var(X)}\sqrt{Var(Y)}}$

일반적으로 공분산은 상관계수를 구하는데 사용되며, 상관계수는 두 변수간의 관계가 얼마나 강한지를 말해주는 척도로 사용되고 있다. 여기서 주의할 점은 상관계수는 두 변수간의 관계가 선형일 경우만을 나타내 준다는 것이다.

2.4 표본분포 (Sample distribution)와 중심극한정리 (Central limit theorem)

확률변수 $X_1, X_2, \cdots, X_n$이 독립이고 정규분포 $N(\mu, \sigma^2)$을 따른다고 하자. 그리고 $\overline{X}$를 n개의 확률변수의 표본평균, 즉 $\overline{X} = \frac{1}{n}\sum_{i=1}^{n} X_i$라 하자. 표본평균 $\overline{X}$의 기대값과 분산은 다음과 같음을 알 수 있다.

$$E(\overline{X}) = \mu, \quad Var(\overline{X}) = \frac{\sigma^2}{n}$$

또한 표본 평균 $\overline{X}$는 정규분포를 따른다. 이상을 종합하면 다음과 같다.

확률변수 $X_1, X_2, \cdots, X_n$이 서로 독립이고 정규분포 $N(\mu, \sigma^2)$을 따를 때

$$\overline{X} \sim N\left(\mu, \frac{\sigma^2}{n}\right)$$

일반적으로 자료의 수가 많아지면 많아질수록 자료가 갖고 있는 정보의 양 또한 많아지게 된다. 따라서 모평균 μ를 추정하기 위해 사용되는 표본평균 $\overline{X}$는 자료의 수 n이 커지면 커질수록 분산이 작아지게 되어 모평균을 정확하게 추정할 수 있게 된다.

확률변수 $X_1, X_2, \cdots, X_n$이 독립이며 임의의 분포를 따르고 평균 μ, 분산 σ^2인 경우에도 같은 결과를 얻을 수가 있다. 그러나 이러한 결과를 얻기 위해서는 자료가 충분히 크다는 조건이 필요하게 된다. 다음이 이를 말해주는 중심극한정리이다.

중심극한정리

확률변수 $X_1, X_2, \cdots, X_n$이 독립이고 임의의 분포를 따르며 평균 μ, 분산 σ^2을 갖는다고 하자. 이 때 자료의 수 n이 충분히 크면 표본 평균 $\overline{X}$는 근사적으로 다음의 분포를 따른다.

$$\overline{X} \sim N\left(\mu, \frac{\sigma^2}{n}\right) \tag{2.3}$$

여기서 중요한 것은 각 확률변수가 임의의 분포를 따를 경우에도 표본 평균은 정규분포를 따른다는 것이다. 그러므로 자료가 정규분포를 따르지 않을 경우에도 자료의 수가 충분히 크면 우리는 정규분포를 이용하여 분석을 할 수 있다.

2.5 회귀분석

두 변수간의 선형관계를 알아보기 위한 척도로 상관계수가 사용될 수 있는데 이 절에서는 상관계수를 이용한 분석보다 더욱 많은 정보를 주는 회귀분석 방법을 간단히 살펴보도록 하자. 서로 관계를 가지고 있는 두 개의 변수 중에서 다른 변수에 영향을 주는 변수를 독립변수 (independent variable)라 하고 x로 표기하자. 그리고 이 독립변수의 영향을 받는 변수를 종속변수 (dependent variable)라 하고 y로 표시하자. 독립변수와 종속변수간의 관계가 선형이라고 가정하면 다음과 같은 모형을 설정할 수 있는데 이 때의 모형을 단순회귀모형이라 한다.

$$\text{단순회귀모형 :} \quad y_i = \beta_0 + \beta_1 x_i + \varepsilon_i, \quad \varepsilon_i \overset{iid}{\sim} N(0, \sigma^2) \tag{2.4}$$

여기서 x_i는 독립변수로 고정된 값이며 종속변수 y_i는 독립이다. 오차 또한 독립이고 평균이 0, 분산이 σ^2인 정규분포를 따른다. 위 모형에서 최대의 관심은 미지의 모수인 $\beta_0, \beta_1, \sigma^2$을 추정하고 이에 관한 가설검정을 하는 것이다.

단순회귀 분석에서 사용되는 독립변수의 수는 하나이다. 그러나 종속변수와 관계가 있는 독립변수의 수가 하나 이상일 경우도 있는데 이렇게 독립변수의 수가 여러 개인 경우의 모형을 중회귀 모형이라 부른다.

이 절에서는 간단히 단순회귀모형에서의 추정 문제만을 다루므로 중회귀 모형과 추론에 관한 내용은 회귀분석 교재를 참고하기 바란다. 먼저 모형식 (2.4)에 n개의 자료가 주어져 있다고 하자. 벡터와 행렬로 모형을 표시하면 여러 면에서 편리하기 때문에 (2.4)식의 모형을 벡터와 행렬로 표시하자.

그러면 (2.4)식은

$$Y = X\beta + \varepsilon \tag{2.5}$$

이 된다. 여기서

$$Y = \begin{pmatrix} y_1 \\ y_2 \\ \vdots \\ y_n \end{pmatrix}, \quad X = \begin{pmatrix} 1 & x_1 \\ 1 & x_2 \\ \vdots & \vdots \\ 1 & x_n \end{pmatrix}, \quad \beta = \begin{pmatrix} \beta_0 \\ \beta_1 \end{pmatrix}, \quad \varepsilon = \begin{pmatrix} \varepsilon_1 \\ \varepsilon_2 \\ \vdots \\ \varepsilon_n \end{pmatrix}$$

이다. 그러면 모수 $\beta = \begin{pmatrix} \beta_0 \\ \beta_1 \end{pmatrix}$의 추정값은

$$b = \begin{pmatrix} b_0 \\ b_1 \end{pmatrix} = (X'X)^{-1}X'Y \tag{2.6}$$

가 된다. 따라서 자료가 주어지고 행렬 X와 Y가 얻어지면 회귀계수의 추정치인 b_0, b_1을 얻을 수 있다. 물론 (2.5)식을 이용하지 않고 (2.4)식을 이용하여 회귀계수의 추정치를

구할 수 있으며 이 결과는 동일하다. 또한 (2.6)식에서 얻어진 추정량의 기대값과 분산을 구하면

$$
\begin{aligned}
E(b) = E\begin{pmatrix} b_0 \\ b_1 \end{pmatrix} &= E((X'X)^{-1}X'Y) \\
&= E[(X'X)^{-1}X'(X\beta+\varepsilon)] \\
&= \beta + (X'X)^{-1}X'E(\varepsilon) = \beta
\end{aligned}
\tag{2.7}
$$

$$
\begin{aligned}
Var(b) &= Var((X'X)^{-1}X'Y) \\
&= (X'X)^{-1}X'I\sigma X(X'X)^{-1} = (X'X)^{-1}\sigma^2
\end{aligned}
$$

이 된다. (2.7)식의 결과를 이용하여 회귀계수 β에 관한 가설 검정이 이루어지게 되므로 기대값과 분산에 관한 결과를 숙지하기 바란다.

시계열 분석에서 사용되는 모형은 회귀분석에서 사용되고 있는 모형과 그 형태가 매우 유사하다. 이는 회귀분석에서 얻어진 결과 중에서 상당부분이 시계열 분석에서 사용될 수 있음을 시사한다. 특히 시계열 분석에서는 (2.6)식과 (2.7)식을 이용하는 경우가 많이 있으므로 이 두 식을 숙지하기 바란다.

3

시계열 자료

현대사회에서는 시간의 흐름에 따라 연속해서 나타나는 자료를 쉽게 접할 수 있다. 예를 들어 경제학에서 연구되는 연도별 국민 총생산액, 월별 소비자 물가지수, 일별 종합주가지수, 기상학에서 관찰되는 일별 최고 온도 또는 최저 온도, 환경학에서 나오는 일일 오존량, 농학에서 나오는 연도별 쌀 수확량, 월별 저수량, 의학에서 나오는 심전도, 뇌파 등이 시간의 흐름에 따라 관찰되고 얻어지는 자료들이다. 이와 같이 시간의 흐름에 따라 관찰되는 자료를 시계열 자료(time series data)라 한다. 이러한 시계열 자료는 사회가 발전할수록 그 비중이 증가하게 될 것이며 따라서 이를 분석하는 것은 매우 중요하다고 하겠다. 본 장에서는 우리가 일상에서 얻을 수 있는 자료 중에서 어떠한 것이 시계열 자료인지를 살펴보고자 한다. 다음이 시계열 자료의 정의이다.

시계열 자료 : 시간의 흐름에 따라 관측된 자료

관측된 자료에 대응되는 확률변수를 X라 하자. 그러면 확률변수 X는 시간이 변화함에 따라 그 값이 달라지게 된다. 따라서 얻어진 자료가 어떤 시점(t)에서 조사가 되었는

지를 표시해야 한다. 결국 확률변수 X에 특정 시점 t를 표시해야 하므로 시계열 분석에서 사용되는 확률변수를 X_t라 표기하자.

시계열 분석에서의 확률변수 X_t
X_t : 시점 t에서의 확률변수

일반적인 확률변수와는 달리 시계열 분석에서 사용되는 확률변수에는 시점을 나타내는 t를 표시하는데, 시점 t는 실수 값을 취할 수 있다. 그러나 분석에 사용되는 자료를 연속적으로 얻는 것은 불가능하기 때문에 시점 t는 정수 값만을 취할 수 있다고 가정한다. 그리고 이 책에서는 일정한 시간간격(equally spaced time interval)에 따라 관측된 시계열 자료(time series data)만을 고려한다.

3.1 시계열의 예제

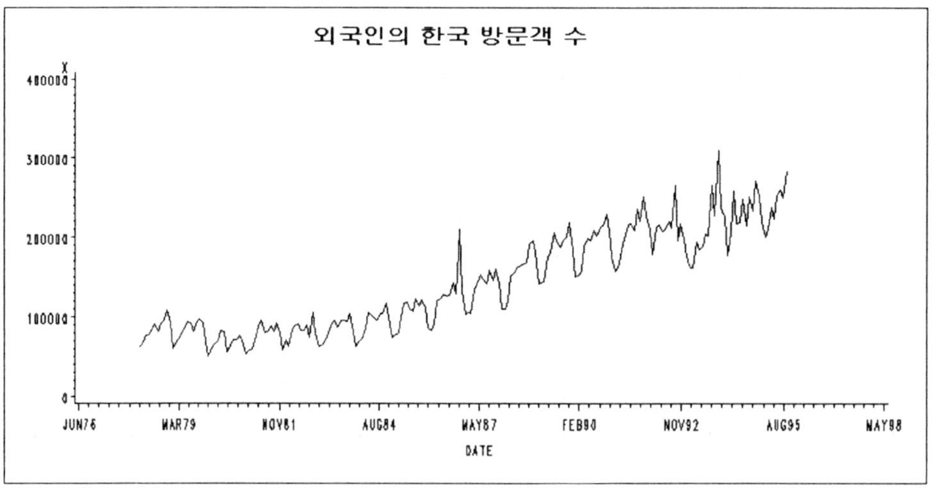

[그림 3.1]

이 절에서는 실제로 조사한 시계열 자료와 이론적으로 만든 시계열 자료를 살펴보기로 하자. 먼저 부록에 나와 있는 자료를 살펴보면 이 자료는 1978년 1월부터 1995년 8월까지의 월별 외국인 입국자 수이다. SAS를 이용하여 그린 시계열 자료의 산포도는 앞의 [그림 3.1]과 같다. 이 시계열 자료에서 겨울철에 한국을 찾는 외국인 수는 여름에 비해 적음을 알 수 있고 87년과 92년에 피크가 있었음을 알 수 있다.

다음의 그림은 1999년 1월4일부터 1999년 12월 28일까지의 종합주가지수이다. 이는 앞으로 자주 언급되겠지만 대표적인 비정상 시계열 자료이다.

[그림 3.2]

다음으로 이론적으로 만든 시계열 예와 시계열 분석에서 사용될 간단한 시계열 예들을 살펴보자.

예 3.1 주사위를 10번 던지는 실험을 한다고 하자. 첫 번째 주사위를 던질 때를 $t=1$ 두 번째 던질 때를 $t=2$ 등과 같이 각각의 시점을 t로 표시하자. 그리고 시계열 변수는

$$X_t = t + (\text{주사위 눈의 수})^2$$

이라 하자. 예를 들어 주사위의 눈이 첫 번째는 1, 그리고 두 번째는 3이 나왔다고 하면 시계열 자료는 $x_1 = 1 + 1^2 = 2$, $x_2 = 2 + 3^2 = 11$이 된다. 10번의 실험 결과 다음과 같은 자료가 얻어졌을 때 시계열 자료를 구하면 다음과 같다.

【자 료】

시점 t	1	2	3	4	5	6	7	8	9	10
눈의 수	1	3	3	5	1	2	4	5	2	6

【시계열 자료】

시점 t	1	2	3	4	5	6	7	8	9	10
자 료	2	11	12	29	6	10	23	33	13	46

예 **3.2** $\{a_t,\ t=1,2,\cdots\}$를 독립인 확률 변수로 평균이 0이고 분산이 σ^2이라 가정하자. 만약 시계열 자료 $X_t=a_t$라 하면 X_t는 시계열이 된다. 여기서 a_t를 특별히 백색잡음(white noise)이라 하고 이에 관해서는 5장에서 자세히 다루기로 하자.

예 **3.3** a_t를 예 3.2에서 정의한 백색잡음이라 하자. 그리고 X_t를 다음과 같이 정의하자.

$$X_t=a_t+\frac{1}{2}a_{t-1}+\left(\frac{1}{2}\right)^2 a_{t-2}+\cdots+\left(\frac{1}{2}\right)^{t-1}a_1,\quad a_t \overset{iid}{\sim} N(0,1)$$

그러면 X_t는 시계열이 된다. 이 시계열의 특징은 과거에 발생한 백색잡음이 현재 시점의 시계열 X_t에 영향을 미치나 그 영향은 시간이 흐를 수록 빠른 속도로 감소한다는 것이다. 이와 같이 과거에 발생했던 사건의 영향력이 시간이 지나면서 감소하는 시계열이 많이 있으며 이러한 자료는 시계열 분석에서 많이 사용되므로 주의해서 살펴보기 바란다.

예 **3.4** (단순회귀 모형) 다음의 모형을 생각해 보자.

$$y_i=\beta_0+\beta_1 x_i+\varepsilon_i,\quad \varepsilon_i \overset{iid}{\sim} N(0,\sigma^2)$$

여기서 x_i는 독립변수로 고정된 값이고 y_i는 독립이다. 또한 오차는 독립이고 평균이 0, 분산이 σ^2인 정규분포를 따른다고 가정하자. 그러면 이 모형은 단순회귀모형이 된다. 만일 얻어진 종속변수와 독립변수가 시간의 영향을 받아서 순서가 정해져 있다고 하면 위의 모형은 다음과 같이 표현되어야 한다.

$$y_t = \beta_0 + \beta_1 x_t + \varepsilon_t, \quad \varepsilon_t \overset{iid}{\sim} N(0, \sigma^2)$$

이 모형에서 종속변수 y_t는 시간에 따라 얻어진 자료이므로 시계열 자료가 된다. 따라서 단순회귀 모형은 시계열 모형에서 종속변수가 시간의 영향을 받지 않는 특별한 모형이라고 생각될 수 있다.

예 3.5 (예 3.3, 3.4의 연속)

예 3.3의 모형에서 사용되었던 $\frac{1}{2}$ 대신에 미지의 모수 ϕ를 사용하여 모형을 다시 표현하자.

$$X_t = a_t + \phi a_{t-1} + (\phi)^2 a_{t-2} + \cdots + (\phi)^{t-1} a_1, \quad a_t \overset{iid}{\sim} (0, \sigma^2)$$

여기서 t에 $t-1$을 대입하여 모형을 다시 쓰면 다음과 같이 된다.

$$X_{t-1} = a_{t-1} + \phi a_{t-2} + (\phi)^2 a_{t-3} + \cdots + (\phi)^{t-2} a_1$$

또한 이 식의 양변에 ϕ를 곱하면

$$\phi X_{t-1} = \phi a_{t-1} + (\phi)^2 a_{t-2} + \cdots + (\phi)^{t-1} a_1$$

이 되어 위의 모형은 다음과 같이 표시될 수 있다.

$$X_t = \phi X_{t-1} + a_t, \quad X_0 = 0$$

이를 절편이 없는 단순회귀모형과 비교하면, 종속변수 $y_t = X_t$, 설명변수 $x_t = X_{t-1}$인 경우에 해당된다.

3.2 Box-Jenkins의 시계열 모형화 방법

1장에서 시계열 분석의 목적인 모형화와 예측에 관하여 언급하였는데 시계열을 모형화하는 방법은 크게 세 가지로 분류할 수 있다. 먼저 예측을 중요하게 생각하여 분석하는 방법으로 이동평균법, 지수 평활법 등이 있다. 다음이 회귀모형을 사용하는 방법으로 시계열 자료를 추세요인, 계절요인, 순환요인, 불규칙요인 등으로 분류하고 각 요인에 해당되는 독립변수를 시간의 함수로 만들어 분석하는 방법이다. 여기서는 불규칙 요인이 오차에 해당되나 회귀분석에서와 달리 오차가 독립이 아님에 주의해야 한다. 이 방법은 오래 전부터 사용되어 왔던 방법으로 고전적인 방법이라 불리며 15장에 자세히 설명되어 있다. 최근에는 확률모형을 사용한 분석이 많이 사용되고 있으며 이러한 확률모형을 사용한 분석방법이 Box-Jenkins의 모형화 방법으로 이 책에서는 Box-Jenkins의 모형화 방법을 중심으로 전개하기로 한다.

3.2.1 Box-Jenkins 모형화 방법

Box-Jenkins의 모형화 방법은 다음의 세 단계로 나누어진다.

1. 모형의 식별(Model identification) : 주어진 시계열 자료가 어떤 확률모형에서 나왔는지 식별하는 단계이다. 시계열 분석에 사용되는 확률모형은 여러 가지가 있으며 각 모형마다 각기 다른 특성을 가지고 있다. 자료를 그림으로 나타냈을 때 그 특성이 바로 나타나지 않기 때문에 모형식별을 위하여 자료로부터 모형을 식별할 수 있는 여러 통계량들을 구해야 하며 이들 통계량들을 이용하여 모형 식별이 가능하게 된다.

2. 모수의 추정(Parameter estimation) : 모형이 식별되었으면 그 모형 속에 포함된 모수들을 추정하여야 한다. 주로 사용되는 추정법으로는 최소제곱추정법, 최대우도추정법, 적률추정법 등이 있다. 적률추정법은 이론전개가 쉽다는 장점이 있는 반면 효율성이 떨어지는 단점이 있다. 추정에서는 일반적으로 최소제곱추정법이나 최대우도추정법이 사용되며 이들의 초기값으로 적률추정법에서 얻어진 값이 사용된다. 검정은 일반적인 t 검정이 사용된다.

3. **모형의 적합성 검정(Model diagnostic checking)** : 모형의 식별과 모수의 추정이 이루어졌으면 구해진 모형이 적합한 지에 대한 검정이 필요하게 된다. 모형의 적합성에 관한 방법은 퍼트멘토우 검정 등 여러 가지가 있으며 이는 12장에서 자세히 다루었다. 이 단계에서 임시로 정한 모형이 타당하다고 판정이 되면 모형화를 끝내게 되고 모형이 타당하지 않으면 모형식별부터 다시 시작하게 된다.

3.3 시계열 그림

시계열 분석의 첫 단계는 시계열 자료를 그림으로 그려보는 것이다. x축에 시간을 y축에 시계열 자료를 대응시켜 그림을 그린다. 시계열 그림을 살펴보는 단계는 시계열 분석에서 가장 중요한 단계라 해도 과언이 아니다. 물론 그림으로부터 정확한 결론을 얻어내지는 못하지만 분석의 방향과 틀을 얻을 수 있는 단계이기 때문이다. 일반적으로 시계열 그림을 그린 후 살펴보아야 할 사항은 다음과 같다.

1. 시간이 흐를수록 자료가 증가하거나 감소하는가?
2. 시간이 흘러가도 자료의 변동이 일정한가? 아니면 커지거나 작아지는가?
3. 자료에 대한 가상의 평균선을 중심으로 평균선을 통과하는 회수가 적은가?
4. 자료가 주기적으로 일정한 모양을 갖고 있는가?

이상에 관한 직접적인 답은 통계량이나 분석을 통하여 얻을 수 있으나 그림에서 얻어진 추측이 맞는 경우가 많이 있다. 따라서 시계열 그림을 단순히 보여주기 위한 것으로 생각하지 말고 분석을 위해서 꼭 필요한 정보를 제공하는 중요한 도구로 생각하는 것이 타당할 것이다.

연 습 문 제

1. 시간의 흐름에 따라 상승과 하강을 반복하는 시계열 자료의 예를 들어보아라.

2. 계절 또는 월별로 변동하는 시계열 자료의 예를 들어라.

3. 주사위를 15번 던지는 실험에서 다음과 같은 자료를 얻었다.

실험 순서(t)	1	2	3	4	5	6	7	8	9	10	11	12	13	14	15
주사위 눈	2	5	3	4	1	3	2	4	5	3	2	4	3	5	2

시계열 $X_t = 2t + (\text{눈의 수}) \times (\text{눈의 수})$로 정의되었을 때

① X_{13}을 구하라.

② $X_1, \cdots, X_{15}$를 그래프로 나타내라.

4. 시계열 자료 X_t가 다음을 만족한다고 하자.

$$X_t = e_t + \frac{1}{2} e_{t-1} + \left(\frac{1}{2}\right)^2 e_{t-2} + \cdots + \left(\frac{1}{2}\right)^{t-1} e_1, \quad e_t \overset{iid}{\sim} N(0, 1)$$

① X_t의 기대값을 구하라.

② X_t의 분산을 구하라.

5. 시계열 자료 X_t가 다음을 만족한다고 하자.

$$X_t = e_t + \frac{1}{2} e_{t-1}, \quad e_i \overset{iid}{\sim} (0, 1)$$

① X_t의 기대값을 구하라.

② X_t의 분산을 구하라.

③ $Cov(X_t, X_{t-1})$을 구하라.

④ $Cov(X_t, X_{t-k})$, $k \geq 2$가 '0'이 됨을 보여라.

4

시계열 분석에 사용되는 SAS 명령어

이 장에서는 통계 분석에 사용되는 통계 패키지 중 SAS에 관하여 간단히 살펴보도록 하자. 통계 패키지인 SAS는 분량이 방대하기 때문에 이 절에서는 시계열 분석에 사용되는 부분인 SAS/ETS와 이와 관련이 있는 부분만을 다룬다.

시계열 분석의 일반 과정은

(1) 자료의 입력과 이와 관련된 변환
(2) 그림으로의 표현
(3) 모형의 식별
(4) 모수의 추정
(5) 모형의 검진
(6) 예측

의 순서로 나누어지므로 위의 순서에 따라 이에 해당되는 SAS 명령어를 살펴볼 것이다.

4.1 자료의 입력과 이와 관련된 변환

4.1.1 자료의 입력 (INPUT문)

일반적으로 SAS에서 사용되는 자료의 형태는 다음과 같다.

	변수 1	변수 2	…
개체 1	관측값	관측값	…
개체 2	관측값	관측값	…
…	…	…	…

위와 같은 자료가 주어져 있을 때 이를 SAS에 입력하기 위하여 사용되는 여러 방법 중 가장 쉬운 방법인 INPUT문을 사용하는 방법을 살펴보자.

INPUT문을 사용하여 자료를 입력하는 방법

【단계 1】 파일 이름 정하기 : 본인이 알기 쉬운 파일 이름을 정한다. 일반적으로 파일 이름은 자료의 특성을 대표하는 것으로 정하면 좋다.

Data 파일이름;

【단계 2】 각 변수의 이름 정하기 : 분석하려는 변수마다 이름이 필요하므로 변수의 수 만큼 이름을 정한다. 파일 이름과 같이 자료의 특성을 대표하는 것으로 정하면 좋다.

Input 변수이름1 변수이름2 … ;

Note : 변수 이름 사이를 한 칸씩 띄어 변수를 입력한다.

【단계 3】 관측 값을 'Cards;'라고 적고 다음 줄에 한 칸씩 띄우면서 입력한다. 입력이 끝나면 다음 줄에 ';'을 입력한다.

```
Cards;
관측값 관측값 …
        ⋮
관측값 관측값 …
        ;
```

이상을 종합하면 다음과 같다.

```
Data 파일이름;
    Input 변수이름1 변수이름2 … ;
    Cards;
        관측값 관측값 …
        관측값 관측값 …
                ⋮
        관측값 관측값 …
        ;
```

[예제 4.1] 다음은 3장의 예 3.1의 자료이다. INPUT문을 이용하여 입력하라.

시점 t	1	2	3	4	5	6	7	8	9	10
자 료	2	11	12	29	6	10	23	33	13	46

풀이 1 단계 : 파일 이름

아무렇게나 정할 수 있으나 주사위에 관한 자료이므로 'die'로 결정

2 단계 : 변수 이름

시점 자료 : t

시계열 자료 : ndie

SAS 프로그램

```
data die; /* data file 이름 die */
Input t ndie; /* 변수입력  t : 시간변수, ndie : 변수명 */
cards;
 1  2
2  11
3  12
4  29
5  6
6  10
7  23
8  33
9  13
10  46
;
```

4.1.2 자료의 변환과 이와 관련된 SAS문

4.1.1절에서 살펴보았듯이 여러 자료를 하나의 파일 안에 넣을 수 있었다. 이제 하나의 파일 안에서 필요한 새로운 여러 자료를 생성하는 방법을 살펴보도록 하자.

(1) 시점을 나타내는 't' 변수가 빠져있을 때
Data die; 다음에 '$t+1$;' 삽입

(2) 변환을 위한 새로운 변수 생성
기존의 변수를 X라 하고 새롭게 만들 변수의 이름을 Y라 하면 Data die; 다음에 '$Y=$공식(X);' 삽입

① log 변환 : $Y=\log(X)$;

② 역수 변환 : $Y=1/X$;

③ 제곱근 변환 : $Y=\mathrm{sqrt}(X)$; 또는 $Y=X**0.5$;

④ 차분 변환 : $Y=dif(X)$;

여기서 차분은 현재의 자료 값에서 바로 전 시점의 자료값을 빼주는 것. 즉 현재 자료를 X_t, 바로 전 자료를 X_{t-1}이라 하면 $Y = Y_t = X_t - X_{t-1}$이 된다.

⑤ 전 시점 자료 : $Y = lag(X)$;

[예제 4.2] ([예제 4.1] 연속) [예제 4.1]의 SAS 프로그램을 실행했다고 하자. 이제 다음의 새로운 변수를 새로운 파일인 newdie에 생성하고 이를 출력하라.

새로운 파일 이름 : newdie

$Y_1 = \log(X)$, $Y_2 = 1/X$, $Y_3 = \sqrt{X}$, $Y_4 =$ 차분, $Y_5 =$ 전 시점 자료,

$t =$ 각 자료의 시점

풀이 이미 'die' 라는 파일에 'ndie' 라는 변수가 들어 있으므로 이를 이용하여 프로그램을 하면 된다.

```
data newdie; set die;     t+1;
                   /* 'die' 라는 파일에 변수 'ndie' 가 있음 */
   Y1=log(ndie);
   Y2=1/ndie;
   Y3=sqrt(ndie);
   Y4=dif(ndie);
   Y5=lag(ndie);
run;
                   /* 이 프로그램에서 새로운 파일 'newdie'에는 t, ndie 이
                      외에도 Y1, Y2, Y3, Y4, Y5의 변수가 생성되어 저장
                      되어 있음 */
proc print data=newdie; run;
```

4.1.3 자료에 시간 변수를 포함하지 않은 경우

자료에 시간 변수가 포함되어 있지 않은 경우에는 위에서 언급한대로 간단하게 '$t+1$;'을 사용하여 시간 변수처럼 사용할 수 있다. 그러나 이를 이용하여 그림을 그릴 경우 특정 시점을 찾기가 어려울 뿐만 아니라 보기에도 좋지 않으므로 시간 변수를 생성하여 그림을 그리는 것이 좋을 것이다. 이 절에서는 시간 변수를 생성하는 여러 함수 중에서 많이 사용

되는 시간 함수인 'intnx'에 대하여 살펴보자.

intnx 사용방법

(1) 시간 변수의 이름을 정한다. 예 : date, nalja
(2) 자료가 어떠한 자료인지 살펴본다. 연도별 자료, 4분기 자료, 월별 자료, 일별 자료 등
(3) 자료가 언제 시작되었는지 살펴본다.
(4) 출력 형식을 결정한다.
(5) 이상이 결정되면 다음의 형식에 밑줄 부분을 입력한다.

```
시간변수이름 = intnx ('자료형식', '시작일'd, _N_ );
Format 시간변수이름 출력형식 ;
```

다음은 대표적으로 사용되는 자료형식과 출력형식이다. 이 외에도 많은 출력형식이 있으며 이에 관한 내용은 참고서적을 살펴보기 바란다.

자료의 종류	자료형식	시작일	출력형식
연별 자료	'year'	'01dec89'	year.
4분기 자료	'qtr'	'12sep77'	yyq.
월별 자료	'month'	'01jan90'	monyy.
일별 자료	'day'	'01oct7'	yymmdd.

여기서 출력형식에 '.'을 찍어야 하며 시작일 뒤에 'd' 가 있음에 주의를 해야 한다. 다음은 intnx를 사용한 프로그램 예제이다.

프로그램 예제 4.1

```
/* INTNX 함수를 이용한 시간변수 생성 프로그램 */

    data test;
      input price @@;
```

```
date=intnx( 'month', '01jan99'd , _N_ );
format date monyy. ;
cards;
  23     45     33     84     71
;
proc   print   data = test;
run;
```

· 프로그램 예제 4.1의 출력결과

price	date
23	01FEB99
45	01MAR99
33	01APR99
84	01MAY99
71	01JUN99

여기서 프로그램과 출력 결과를 함께 살펴보면 자료는 월별자료이고 시간변수의 기준시점이 1999년 1월 1일 임을 의미한다. 그러나 출력 결과에서의 기준시점은 1999년 2월 1일로 이는 프로그램의 INTNX 함수의 마지막 부분의 _N_의 출력 결과로 _N_의 의미는 data 단계가 몇 번 수행되었는지를 알려주는 변수로서 관측값의 수를 나타낸다. 즉 _N_는 시간변수의 시작점으로부터 관측주기가 얼마 만큼 증가되었는지를 의미하므로 data 단계가 처음으로 수행되면 N=1이 되고 _N_은 0의 값을 갖게 된다.

그러므로 위 프로그램의 경우 기준시점으로부터 N 만큼 증가되었으므로 시간변수의 기준시점보다 한 시점 뒤인 1999년 2월이 된다.

만일 시간변수의 기준시점과 동일한 시점부터 출력되기를 원한다면 _N_대신 _N_−1을 이용하면 된다.

즉 date = INTNX('month', '01jan99'd, _N_−1)을 이용한다.

4.1.4 모의 실험을 위한 랜덤넘버 생성

시계열 자료분석에서 모형식별 통계량의 하나인 표본 자기상관함수(SACF), 표본 부분 자기상관함수(SPACF) 등의 형태를 보기 위하여 랜덤넘버를 생성할 경우가 있다. 이 절에서는 가장 많이 사용되는 정규분포의 랜덤넘버만을 살펴보기로 하자. 다른 분포의 경우는 SAS 매뉴얼을 참조하기 바란다.

(1) 생성할 자료의 수를 정한다.
(예 : 100개, 200개 등등)

(2) 생성된 랜덤넘버에 해당하는 변수 이름을 정한다.
(예 : *a*, *rannum* 등등)

(3) 랜덤넘버의 변수 이름이 정해졌으면 다음의 형식으로 랜덤넘버를 생성한다.
a = 함수(0);
여기서 함수는 각 분포에 따라 다르며 표준정규분포의 경우 'rannor'이다.

(4) 생성된 랜덤넘버가 들어갈 파일 이름을 정한다.
(예 : *random* 등등)

(5) 100개의 자료를 Do 문을 이용하여 생성한다.

Do 문의 형식은 다음과 같다.

```
Do * = 1 to ** ;
      원하는 문장;
      output;
end;
```

여기서 * 는 시점을 나타내는 변수(예 : i, t)로 이름을 정하면 된다. * *는 생성되는 자료의 수를 나타내므로 위에서 정해진 수(예 : 100)를 적으면 된다.

[예제 4.3] 평균이 '0'이고 분산이 '1'인 표준정규분포로부터 100개의 랜덤넘버를 생성하고 이를 출력하라.

풀이 먼저 저장할 파일 이름을 'random'이라 하고 랜덤넘버의 변수의 이름을 'ran'이라 하자. 자료의 수가 100개이므로 Do 문을 사용하면 다음과 같다.

SAS 프로그램

```
Data random;
do i = 1 to 100;
  ran=rannor(0);
  output;
end;
run;
proc print data=random; run;
```

4.2 SAS/Graph에 사용되는 명령어

1. symbol(n) v=* *i*=** *l*=***;

   symbol1 v=none i=spline *l*=1;

   symbol2 v=dot i=spline *l*=2;

   symbol3 v=diamond i=join *l*=3;

겹쳐서 그리고 싶은 그래프의 수에 따라 symbol의 수를 정한다. 예를 들어 2개의 그래프를 겹쳐 그리고 싶으면 symbol1, symbol2를 입력한다.

- v (value) : 주어진 그래프 끝에 모양을 삽입하는 명령어
  예 : v=circle , v=star, v= ',' 등등

- *i* : 관찰값을 연결하는 방법에 관한 명령어
  예 : i=none (관찰값을 연결시키지 않음)
  i=join (이웃하는 관찰값을 직선으로 연결)

i=spline (이웃하는 관찰값을 운형곡선으로 연결)
i=needle (X축과 관찰값을 수직으로 연결)

- l : 선의 모양을 지정
  예 : l=1 (실선)
  l=2 (점선, 2에서 45까지의 수로 서로 다른 점선을 지정함)

위의 symbol 문은 일반적으로 그림을 그리기 위한 문장 앞, 즉 proc gplot 전에 사용된다.

다음은 위의 문장을 사용한 프로그램의 예이다.

```
symbol1 v=none i=spline l=2;
symbol2 v=dot i=join l=25;
```

2. Proc gplot (자료를 선으로 연결하여 그리려면 gplot을 사용해야 한다)
일반적인 gplot의 내용은 plot과 동일하기 때문에 여기서는 간단한 프로그램만을 소개하겠다.

```
proc gplot data=파일이름;
plot x*t y*t /overlay ;
```

가로축에는 시간변수인 t, 그리고 세로축에는 두 변수 X와 Y를 겹쳐서 동시에 그래프를 그린다. 만약 하나만 그리고 싶으면 다음과 같이 하면 된다.

```
proc gplot data=파일이름;
plot x*t ;
```

3. title(n), note(n), footnote(n) 등의 option들도 사용되며 이에 대한 내용은 SAS 메뉴얼을 참조하기 바란다.

예 3.2에서 정의된 시계열에서 100개의 자료를 생성하여 이를 그림으로 나타내는 프로그램이다.

프로그램 예제 4.2

```
Data ar1;
   x=0;
do i=1 to 100;
   at=rannor(0);
   x=1/2*x+at;
   output;
end;
symbol v=none i=join l=1;
title1 'first order autoregressive model';
proc gplot data=ar1;
    plot x*i;
run;
```

다음은 [예제 4.1]에서 얻어진 자료에 대한 그림과 이의 역수변환 그림을 함께 그리는 프로그램이다.

프로그램 예제 4.3

```
Data die;
  input t ndie;
  cards;
  1 2
  2 11
  3 12
  4 29
  5 6
  6 10
  7 23
  8 33
  9 13
  10 46
```

```
  ;
data newdie; set die;
   revndie=1/ndie;
symbol1 v=none i=join l=1;
symbol2 v=dot i=spline l=2;
title1 'Example 4.1';
proc gplot data=newdie;
   plot ndie*t revndie*t/overlay;
run;
```

4.3 ARMA 모형을 위한 문법

서론에서도 언급한 바와 같이 모형을 만들기 위하여 모형의 식별, 모수의 추정, 모형의 검진이 필요하다. 또한 이러한 과정을 거쳐 구해진 모형을 기본으로 하여 예측을 하게된다. SAS에서는 이와 같은 여러 단계의 결과를 PROC ARIMA를 통하여 출력해 준다. 다음이 PROC ARIMA에 관한 문법이며 자세한 내용은 각 장에서 다루기로 한다.

```
Proc ARIMA data= 파일이름 ;
   Identity var = * ;
   Estimate p=** q=**  plot outest= 파일이름 ;
   Forecast id=*** lead =**** out = 파일이름 ;
```

PROC ARIMA는 크게 세 부분으로 나누어지며 다음이 각 부분에 관한 설명이다.

1. Identity 문 : 어떠한 변수를 사용하여 분석할 것인가를 정해주는 문장이다. 또한 모형식별에 기본이 되는 표본 자기상관함수와 표본 부분자기상관함수를 출력해 주어 모형식별을 가능하게 한다.

2. Estimate 문 : 임의로 결정된 ARMA 모형의 차수를 이용하여 모수를 추정한다. 또한 모형의 검진을 위한 통계량과 잔차의 자기상관함수와 부분자기상관함수를 출력해 준다.

3. Forecast 문 : 예측값을 출력해준다.

- PROC ARIMA data = 파일이름 ;
  먼저 분석할 자료가 들어있는 파일을 확인한다. 이 파일 이름을 '**data** = 파일이름 ;' 에 삽입한다.

- Identity var = * ;
  자료의 이름을 '**var** = * ;' 의 * 자리에 삽입한다. 그러면 SAS는 여기에 적힌 자료에 관한 표본 자기상관함수와 표본 부분자기상관함수를 출력해 주고 분석할 준비를 한다.

- Estimate $p=$** $q=$** plot outest = 파일이름 ;
  위에서 얻어진 표본 자기상관함수와 표본 부분자기상관함수를 이용하여 ARMA모형의 차수를 정한다. 차수를 정하는 방법은 7장과 8장에서 자세히 다룬다. 또한 정해진 차수에서 AR부분의 차수는 ' p = **'의 **에 삽입하고 MA부분의 차수는 ' q = **' 자리의 **부분에 삽입한다.
  그리고 '**plot**'은 추정된 모수를 이용하여 계산된 잔차의 자기상관함수와 부분자기상관함수를 출력해 주는데 이를 이용하여 모형의 검진을 할 수 있게된다. 또한 '**outest** = 파일이름'에서 파일이름을 정하고 이를 출력하면 추정된 모수를 알 수 있다.

- Forecast id = *** lead = **** out = 파일이름 ;
  '**id** = ***'에서 *** 자리에 시간변수를 삽입한다. 이 시간변수는 예측할 때 사용된다. 그리고 '**lead** = ****'에서 **** 자리에 예측을 몇 번째 앞까지 할 것인가를 삽입하면 된다. 또한 예측값을 파일에 저장하기 위하여 '**out** = 파일이름'에 파일이름을 적어 넣으면 이 파일에 예측값이 저장되게 된다.

다음이 위의 문법을 이용한 프로그램의 예이다. 사용되는 자료는 [프로그램 예 4-1]에서 얻은 것이다. 위의 예제에서는 'ar1'이라는 파일에 시간 변수 'i'와 분석할 변수 'x'가 있다.

```
proc arima data=ar1 ;
identity var = x ;
estimate p = 1 plot outest= est1;
forecast id=i lead=5 out =fore ;
```

앞의 프로그램을 보면 자료 파일 'ar1'에 시간 변수 'i'와 자료 'x'가 있다.

모수의 추정을 위하여 p와 q의 값을 주어야 하며 $p=1$만을 준 것은 q를 '0'으로 준 것과 동일하다. 모수의 추정값은 'est1'에 들어있게 된다. 예측을 위하여 id = i를 사용하였고 향후 5번째 앞까지를 예측하였으며, 예측값은 'fore'라는 파일에 들어있게 된다.

또한 이를 확인하고 싶으면 다음과 같은 명령어를 쓸수 있다.

```
proc primt data= fore;
run;
```

본 장에서는 앞으로 살펴보게될 ARIMA 모형을 분석하기 위한 SAS 문법을 살펴보았다. 이는 극히 일부분으로 각 장에서 필요한 SAS 문법을 다시 다루게 된다. 그러나 실제 분석에서는 더 많은 SAS 문법을 사용하게 되므로 이는 참고서적이나 SAS메뉴얼을 참조하기 바란다.

연 습 문 제

1. 주사위를 던지는 실험에서 X_t가 다음과 같이 얻어진다고 하자.

$$X_t = t + (\text{주사위눈의수})^2$$

15번의 실험결과가 다음과 같을 때 아래 자료에 대한 X_t값들을 구하고 이를 그래프로 그려보아라.

시점 t	1	2	3	4	5	6	7	8	9	10	11	12	13	14	15
주사위 누의수	1	3	3	5	1	2	4	5	2	6	3	2	5	4	1

2. 본문의 프로그램 예제 4.2를 이용하여 다음 물음에 답하여라.

① 위의 자료가 1978년 1월부터 얻어진 월 별자료라고 하였을 때, intnx 문을 이용하여 시간변수를 생성하고 그래프를 그려보시오.

② 위에서 생성된 100개의 자료각각에 대하여 50을 더한후 log 변환을 시실하고, 원자료와 log변환한 자료에 대한 그림을 함께 그려 보시오.

③ 프로그램 예제 4.2에서 at = rannor(0); 대신 seed = 87654123, at = rannor(seed);을 이용하여 같은 작업을 수행해본 다음 차이점을 설명해 보시오.

5

시계열 분석의 기본 개념

시간의 흐름에 따라 관찰된 값들을 시계열 자료라 정의했다. 시계열 자료의 분석은 이 자료를 발생시킨 확률구조를 찾아내는 것이며 이러한 확률구조를 모형이라 한다. 이 장에서는 3장에서 언급한 Box-Jenkins의 모형화 방법을 사용하는데 있어 기초가 되는 개념인 정상성(stationarity)에 대하여 살펴보도록 한다.

어떤 시계열 자료가 정상성을 만족하느냐 혹은 그렇지 않느냐 하는 것은 시계열 분석에서 매우 중요하다. 만약 어떤 시계열이 정상성을 만족하지 않으면 Box-Jenkins의 모형화 방법은 바로 사용할 수 없게 된다. 이럴 경우 정상성을 만족하는 시계열로 바꾸어 주는 과정이 필요하게 되는데 이 과정을 정상화 과정이라 한다. 이러한 정상화 과정을 거친 후에야 Box-Jenkins의 모형화 방법을 사용할 수 있게 되고, 따라서 모형화에 앞서 시계열이 정상성을 만족하는 시계열인지 아닌지에 대한 분석이 필요하게 된다.

이 절에서는 정상성에 관한 내용과 정상성을 만족하는 대표적 시계열인 백색잡음과정(white noise process)과 정상성을 만족하지 않는 비정상 시계열(non-stationary time series)의 대표적 예인 확률보행과정(random walk process)을 살펴본다.

5.1 정상성 (Stationarity)

시계열 분석에서 중요한 개념의 하나는 정상성이다. 정상성은 확률 과정론(stochastic process)에서 도입된 개념으로, 정상성의 정의는 여러 가지가 있으나 그 중에서도 가장 많이 사용되는 정상성은 시점에 상관 없이 시계열의 특성이 일정하다는 것을 의미한다. 다시 말하면 과거, 현재 그리고 미래의 평균과 분산이 시점에 관계 없이 일정하다는 것을 뜻하며 정의는 다음과 같다.

> 정상성 (stationarity)
>
> 1. 평균이 일정하다 (시점 t에 의존하지 않는다).
>   즉, 모든 t에 대하여 $E(Z_t)=\mu$이다.
> 2. 분산 $Var(Z_t)$도 시점 t에 의존하지 않는다.
>
> $$Var(Z_t)=\text{상수}=\sigma^2$$
>
> 3. 공분산 $Cov(Z_t, Z_s)$는 단지 시차 (lag) $t-s$에만 의존하고 실제 시점들인 t와 s에는 의존하지 않는다.

위에서 정의한 정상성은 약한 의미의 정상성이라 부르기도 하나 일반적으로 정상성이라 부른다. 그러면 위의 정의가 갖는 의미를 살펴보도록 하자.

먼저 평균이 일정하다는 것은 평균이 시점에 의존하지 않는다는 의미로 과거와 현재, 미래가 같은 평균값을 갖는다는 것이다. 자료의 그림을 살펴보았을 때 시간이 지나면서 상승하거나 하강하거나 하는 어떤 특정한 경향이 없을 때의 평균을 일정한 경우로 생각하면 큰 무리는 없다. 실제 자료에 있어서는 평균이 일정하지 않는 경우가 많이 있으며 이러한 경우에는 특별한 조치를 취해 주어야 한다. 분산에 대한 가정도 평균과 같은 개념으로 이 경우는 자료의 그림을 보았을 때 시간이 지나면서 자료의 변동폭이 커지거나 작아지지 않는 경우가 정상성을 만족하는 경우이다. 평균에서와 마찬가지로 분산에서도 실제 자료에 있어서 이 가정이 깨질 경우가 많으며 이 경우에도 적절한 조치를 취해 주어야 한다. 끝으로 공분산에 대한 가정으로 공분산 역시 시점에 무관하고 두 시점의 차이인 시차에만 의존한다는 가정이다. 여기서 두 개의 시점 t, s가 $t=s$이면 공분산이 분산이 되기 때문에 세 번째 조건이 성립하면 두 번째 조건은 자동적으로 성립하게 된다.

만약 시계열이 위에서 정의된 조건들 중 하나라도 만족하지 않는다면 우리는 이 시계열을 비정상 (nonstationary) 시계열이라고 부른다.

시계열 자료 $\{Z_t\}$가 정상성을 만족하면 자기공분산 (autocovariance)과 자기상관함수 (autocorrelation)를 정의할 수 있다. 자기공분산과 자기상관함수는 모형 식별에서 기본이 되는데 여기서 정상시계열의 자기공분산과 자기상관함수는 시점 t에 의존하지 않으므로 각각의 표시에 시점을 나타내는 첨자 't'가 나타나지 않는다. 다음이 자기공분산과 자기상관함수의 표시방법이다.

자기공분산 (autocovariance)

$$\mathrm{Var}(Z_t) = \sigma(0)$$

$$\mathrm{Cov}(Z_t,\ Z_{t-k}) = \sigma(k)$$

$$\mathrm{Cov}(Z_{t-k},\ Z_t) = \sigma(-k) \quad \text{여기서} \quad \sigma(k) = \sigma(-k)$$

$$|\sigma(k)| \le \sigma(0)$$

자기상관함수 (autocorrelation function)

$$\rho_k = Corr(Z_t, Z_{t-k}) = \frac{\sigma(k)}{\sigma(0)}$$

$$\rho_0 = \frac{\sigma(0)}{\sigma}(0) = 1$$

$$\rho_k = \rho_{-k} \quad \text{즉,} \quad \rho_{-k} = \frac{\sigma(-k)}{\sigma(0)} = \frac{\sigma(k)}{\sigma(0)} = \rho_k$$

위에서 표시한 자기상관함수에 대하여 살펴보자. 먼저 두 확률변수 X와 Y의 일반적인 단순 상관계수는 다음과 같이 정의된다.

$$\rho = \frac{Cov(X, Y)}{\sqrt{Var(X)}\sqrt{Var(Y)}}$$

시계열의 자기상관함수는 단순 상관계수의 특수한 경우이다. 즉 시계열 분석에서는 시점이 다른 동일한 변수를 사용하여 상관계수를 구한다. 이러한 이유로 자기(auto)란 이름을 붙여 단순 상관계수와 구별한다. 시계열이 정상성을 만족하면 임의의 k에 대하여 $Var(Z_t) = Var(Z_{t-k}) = \sigma(0)$가 성립되며 이것을 단순 상관계수 공식에 대입하면 자기상관함수를 얻게 된다. 또한 시차 k에 대하여 자기상관계수가 달라지게 되므로 자기상관계수가 시차 k의 함수가 된다. 이 때문에 시계열분석에서는 자기상관함수란 이름을 사용하게 된다.

정상성을 만족하는지 만족하지 않는지는 정상성 조건 세 가지를 살펴보아야 한다. 즉 평균, 분산 그리고 자기공분산을 구하였을 때 그 결과에 시점을 나타내는 첨자 't'가 나타나지 않으면 주어진 시계열은 정상성을 만족하게 되고 그렇지 않으면 비정상 시계열이 된다. 다음의 예제들을 통하여 시계열이 정상성을 만족하는지 혹은 만족하지 않는지를 살펴보기로 하자.

[예제 5.1] 시계열 X_t가 다음을 만족한다고 하자.

$$X_t = e_t + 0.4e_{t-1}, \quad e_t \overset{iid}{\sim} (0, \sigma^2)$$

시계열 X_t가 정상성을 만족하는지 보여라.

풀이 정상성 조건 세 가지 중 첫 번째와, 세 번째를 만족시키면 되므로 평균과 자기공분산을 살펴보자.

1. $E(X_t) = E(e_t + 0.4e_{t-1}) = E(e_t) + 0.4E(e_{t-1})$

여기서 $E(e_t) = E(e_{t-1}) = 0$이므로 $E(X_t) = 0$이 된다. 따라서 $E(X_t)$는 시점 t에 무관하므로 정상성의 첫 번째 조건을 만족한다.

2. $Cov(X_t, X_{t-k}) = E[X_t X_{t-k}] - E(X_t)E(X_{t-k})$이고 1에서 $E(X_t) = E(X_{t-k}) = 0$이므로 $Cov(X_t, X_{t-k}) = E[X_t X_{t-k}]$이 된다.

k의 변화에 따라서 자기공분산이 달라지므로 각각의 k에 대하여 공분산을 구해보자.

$$k=0,\quad Var(X_t)= Var(e_t+0.4e_{t-1})$$
$$= Var(e_t)+0.16Var(e_{t-1})+0.8Cov(e_t,e_{t-1})$$
$$=(1+0.16)\sigma^2$$
$$(\because\ Var(e_t)= Var(e_{t-1})=\sigma^2,\ e_t\text{는 독립})$$

$$k=1,\quad Cov(X_t,X_{t-1})$$
$$= E[X_tX_{t-1}] = E[(e_t+0.4e_{t-1})(e_{t-1}+0.4e_{t-2})]$$
$$= E(e_te_{t-1} + 0.4e_te_{t-2} + 0.4e_{t-1}e_{t-1} + 0.16e_{t-1}e_{t-2})$$
$$= 0.4Cov(e_{t-1},e_{t-1}) = 0.4Var(e_{t-1}) = 0.4\sigma^2$$

$$k\geq 2,\quad Cov(X_t,X_{t-k})$$
$$= E[X_tX_{t-k}] = E[(e_t + 0.4e_{t-1})(e_{t-k} + 0.4e_{t-1-k})]$$
$$= E(e_te_{t-k}+ 0.4e_te_{t-1-k}+ 0.4e_{t-1}e_{t-k}+ 0.16e_{t-1}e_{t-1-k})$$
$$= 0$$

위의 식들을 종합해 보면 자기공분산은 시점 't'와 무관하고 시차 k에만 의존한다는 것을 알 수 있다. 따라서 X_t는 정상성을 만족한다.

[예제 5.2] X_t, Y_t가 독립이고 각각 정상성을 만족한다고 하자. 그러면 시계열 $aX_t + bY_t$도 정상성을 만족함을 보여라. 여기서 a, b는 상수이다.

풀이 먼저 X_t, Y_t가 정상성을 만족하므로 각 시계열의 평균과 분산 그리고 자기공분산을 다음과 같이 표시할 수 있다.

$$\mathrm{E}(X_t)=\mu_X,\ \ \mathrm{E}(Y_t)=\mu_Y,\ \ \mathrm{Var}(X_t)=\sigma_X^2,\ \ \mathrm{Var}(Y_t)=\sigma_Y^2,$$
$$\mathrm{Cov}(X_t,X_{t+h})=\sigma_X(h),\ \ \mathrm{Cov}(Y_t,Y_{t+h})=\sigma_Y(h)$$

이제 새로운 시계열 변수가 정상성을 만족하는지를 알아보기 위하여 평균, 분산, 자기공분산을 살펴보자.

1) $\mathrm{E}(aX_t + bY_t) = a\mathrm{E}(X_t) + b\mathrm{E}(Y_t) = a\mu_X + b\mu_Y$: t에 무관

2) $$\begin{aligned}\mathrm{Var}(aX_t + bY_t) &= a^2\mathrm{Var}(X_t) + b^2\mathrm{Var}(Y_t) + 2ab\mathrm{Cov}(X_t, Y_t) \\ &= a^2\sigma_X^2 + b^2\sigma_Y^2\end{aligned}$$

3) $$\begin{aligned}&\mathrm{Cov}(aX_t + bY_t, aX_{t+h} + bY_{t+h}) \\ &= a^2\mathrm{Cov}(X_t, X_{t+h}) + b^2\mathrm{Cov}(Y_t, Y_{t+h}) \\ &\quad + ab\mathrm{Cov}(X_t, Y_{t+h}) + ba\mathrm{Cov}(Y_t, X_{t+h}) \\ &= a^2\mathrm{Cov}(X_t, X_{t+h}) + b^2\mathrm{Cov}(Y_t, Y_{t+h}) \\ &= a^2\sigma_X(h) + b^2\sigma_Y(h) \qquad : t\text{에 무관}\end{aligned}$$

1), 2), 3) 모두 시점 t에 무관하므로 $aX_t + bY_t$는 정상성을 만족한다.

[예제 5.3] 시계열 자료 X_t가 다음을 만족한다고 하자.

$$X_t = \widehat{\beta_1} + \widehat{\beta_2}\, t, \qquad t = 1, 2, 3, \dots$$

여기서 $\widehat{\beta} = \begin{pmatrix}\widehat{\beta_1} \\ \widehat{\beta_2}\end{pmatrix} \sim \mathrm{BVN}\left(\begin{pmatrix}\beta_1 \\ \beta_2\end{pmatrix}, \begin{pmatrix}\sigma_1^2 & \sigma_{12} \\ \sigma_{21} & \sigma_2^2\end{pmatrix}\right)$이다. 이때 X_t는 정상성을 만족하는가?

풀이 먼저 정의된 내용을 살펴보자. $\widehat{\beta}$은 이차원 벡터로 이변량 정규분포를 따른다. 따라서 $\widehat{\beta}$은 모수가 아니라 변수이다. 또한 X_t는 t가 증가할 때 함께 증가하므로 X_t의 기대값 또한 증가할 것으로 예상된다.

이제 수리적으로 X_t가 정상성을 만족하는지 또는 그렇지 않은지 살펴보자.

$$\mathrm{E}(X_t) = \mathrm{E}(\widehat{\beta_1} + \widehat{\beta_2}\, t) = \mathrm{E}(\widehat{\beta_1}) + \mathrm{E}(\widehat{\beta_2}) \cdot t = \beta_1 + \beta_2\, t \qquad (\times)$$

$$\begin{aligned}\mathrm{Var}(X_t) &= \mathrm{Var}(\widehat{\beta_1} + \widehat{\beta_2}\, t) = \mathrm{Var}(\widehat{\beta_1}) + t^2\mathrm{Var}(\widehat{\beta_2}) + 2t\,\mathrm{Cov}(\widehat{\beta_1}, \widehat{\beta_2}) \\ &= \sigma_1^2 + t^2\sigma_2^2 + 2t\sigma_{12} \qquad (\times)\end{aligned}$$

$$
\begin{aligned}
Cov(X_t, X_{t+h}) &= \mathrm{E}[\ \{\widehat{\beta_1 + \beta_2}\, t - E(\widehat{\beta}_1 + \widehat{\beta}_2\, t)\} \\
&\quad \times \{\widehat{\beta}_1 + \widehat{\beta}_2(t+h) - \mathrm{E}(\widehat{\beta}_1 + \widehat{\beta}_2(t+h)\}] \\
&= \mathrm{E}[(\widehat{\beta}_1 - \beta_1 + (\widehat{\beta}_2 - \beta_2)t) \\
&\quad \times (\widehat{\beta}_1 - \beta_1 + (\widehat{\beta}_2 - \beta_2)(t+h))] \\
&= \mathrm{Var}(\widehat{\beta}_1) + t\,\mathrm{Cov}(\widehat{\beta}_2, \widehat{\beta}_1) \\
&\quad + (t+h)\,\mathrm{Cov}(\widehat{\beta}_1, \widehat{\beta}_2) + t(t+h)\,\mathrm{Var}(\widehat{\beta}_2) \\
&= \sigma^2 + t\sigma_{12} + (t+h)\sigma_{12} + t(t+h)\sigma_2^2 \qquad (\times)
\end{aligned}
$$

결론적으로 X_t는 정상성의 세 가지 조건을 모두 만족하지 않으므로 정상성을 만족하지 않는다.

5.2 시계열의 예

앞 절에서 정상성을 만족하는 정상 시계열과 정상성을 만족하지 않는 비정상 시계열을 살펴보았다. 이 절에서는 시계열 분석에서 많이 사용되는 대표적 시계열인 백색잡음과정과 확률보행과정을 살펴보도록 하자.

5.2.1 백색잡음과정 (White noise process)

시계열 분석에 자주 사용되는 확률과정이 백색잡음과정 (white noise process)이다. 백색잡음과정 $\{a_t\}$는 독립이고 같은 분포를 하며 평균이 '0'이고 분산이 σ_a^2인 확률변수이다. 앞으로는 이를 다음과 같이 표시하겠다.

$$a_t \overset{iid}{\sim} (0,\ \sigma_a^2)$$

백색잡음이라는 용어는 백색광을 프리즘 (prism)에 통과시키면 무지개와 같은 스펙트럼 현상이 나타나게 되고 이러한 현상을 소리의 시그날 (signal)에 적용시킨 것에서 비롯되었다고 한다. 참고로 시계열 분석에 스펙트럼 분석이라는 것이 있는데 이 역시 여기서 유래

된 말이다. 스펙트럼 분석은 본 교재에서는 다루지 않으며 이에 관한 내용은 참고서적을 살펴보기 바란다. 다음의 그림은 SAS를 이용하여 정규분포로부터 100개의 random number를 생성하여 그린 것이다.

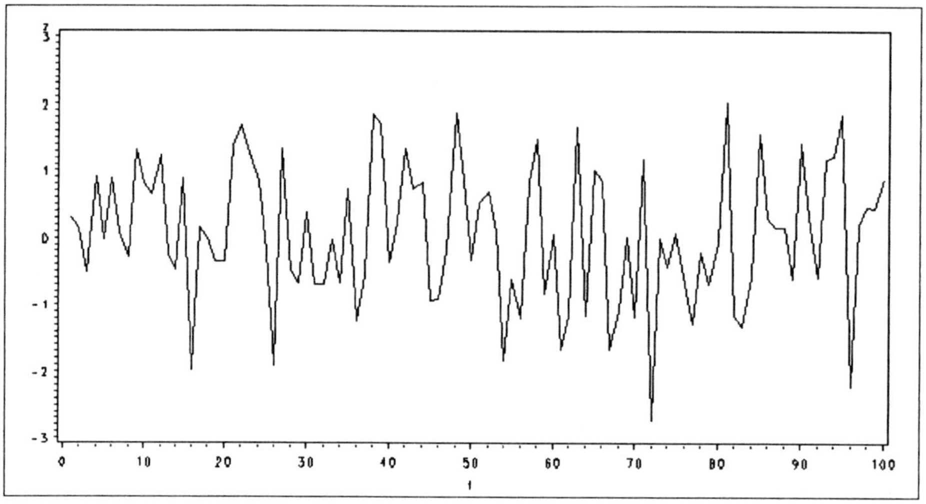

[그림 5.1] 백색잡음과정, White noise process ; $Z_t = a_t$

위의 그림을 살펴보면 평균이 '0'이며 시간이 흘러가도 변하지 않고 있음을 알 수 있다. 또한 시점에 상관 없이 자료의 변동폭이 일정한 것도 살펴볼 수 있다. 이제 독립이고 평균이 '0', 분산이 σ_a^2인 백색잡음과정에 대해서 살펴보자. 주어진 가정에 의해서 평균과 분산은 시점에 무관하다. 그리고 백색잡음과정의 자기공분산은 다음과 같다.

$$Cov(a_t, a_{t-k}) = \begin{cases} \sigma_a^2, & k=0 \\ 0, & k \geq 1 \end{cases}$$

또한, 자기상관함수는

$$\rho_k = \begin{cases} 1, & k=0 \\ 0, & k \geq 1 \end{cases}$$

이 된다. 따라서 세 가지의 정상성 조건을 모두 만족하므로 백색잡음 과정은 정상시계열이다.

5.2.2 확률보행과정 (Random walk process)

다음의 시계열 자료를 살펴보자.

$$Z_t = Z_{t-1} + a_t \tag{5.1}$$

여기서 $a_t \overset{iid}{\sim} (0,\ \sigma_a^2)$인 백색잡음이다.

이와 같이 정의된 시계열을 확률보행과정이라 부른다. 이는 현재의 시계열자료가 바로 전 자료에 백색잡음이 더해지는 모형을 따른다고 생각하는 것이다. 확률보행과정은 대표적인 비정상 시계열로서 일일 종합주가지수 등이 이에 해당된다. 현재 확률보행과정에 대한 많은 연구가 이루어지고 있음을 알아두기 바란다.

이제 처음 자료 $Z_0 = 0$이라 가정하고 각 시점 't'에 숫자를 대입해 보자. 그러면 위에서 정의한 시계열은 다음과 같이 표시될 수 있다.

$$\begin{aligned} Z_1 &= a_1 \\ Z_2 &= a_2 + a_1 \\ Z_3 &= a_3 + a_2 + a_1 \\ &\vdots \\ Z_t &= a_t + a_{t-1} + \cdots + a_1 \end{aligned} \tag{5.2}$$

표시된 시계열을 살펴보면 현재의 자료는 과거에 있었던 모든 백색잡음을 합친 것과 같게 된다. 과거에 일어났던 백색잡음은 시간이 흘러 갈수록 그 영향력이 줄어드는 것이 일반적인 현상이다. 따라서 시간이 흘러가도 과거에 일어났던 사건의 영향이 줄어들지 않는다는 것은 비정상이라고 할 수 있다. 확률보행과정을 표시하는 방법에는 (5.1)과 (5.2)로 표현하는 두 가지 방법이 있는데, 이들 중 과거의 모든 백색잡음과정의 합으로 표시하는 방법인 (5.2)식을 이용하면 주어진 시계열이 비정상임을 쉽게 확인할 수 있다.

다음에서 위의 확률보행과정이 비정상 시계열임을 보이기 위하여 정상성 조건을 살펴보기로 하자.

$$\begin{aligned} E(Z_t) &= E(a_t + a_{t-1} + a_{t-2} + \cdots + a_1) \\ &= E(a_t) + E(a_{t-1}) + E(a_{t-2}) + \cdots + E(a_1) = 0 \\ &\quad (\because E(a_t) = 0) \end{aligned}$$

따라서 확률보행과정의 기대값은 시점에 상관없이 '0'이다. 다음으로 분산을 구해보자.

$$\begin{aligned} Var(Z_t) &= Var(a_t + a_{t-1} + a_{t-2} + \cdots + a_1) \\ &= Var(a_t) + Var(a_{t-1}) + \cdots + Var(a_1) \\ &\quad + 2Cov(a_t, a_{t-1}) + 2Cov(a_t, a_{t-2}) + \cdots \\ &\quad + 2Cov(a_{t-1}, a_{t-2}) + 2Cov(a_{t-1}, a_{t-3}) + \cdots \\ &= Var(a_t) + Var(a_{t-1}) + \cdots + Var(a_1) + 2\sum_{i<j}^{t} Cov(a_i, a_j) \end{aligned}$$

여기서 $Cov(a_i, a_j) = 0$, $i \neq j$이므로

$$= Var(a_t) + Var(a_{t-1}) + \cdots + Var(a_1) = t \cdot \sigma_a^2$$

구해진 분산에 시점을 나타내는 't'가 나온다. 따라서 시간이 흐름에 따라 시점 't'가 큰 경우는 분산이 매우 커지게 되어 과거, 현재, 미래 시점에서 분산이 동일하지 않게 된다.

다음으로 자기공분산을 구해보자.

$$\begin{aligned} & Cov(Z_t, Z_s) \\ &= E(Z_t \cdot Z_s) - E(Z_t)E(Z_s) = E(Z_t \cdot Z_s) \quad (\because E(Z_t) = 0) \\ &= E(a_t + a_{t-1} + a_{t-2} + \cdots + a_1)(a_s + a_{s-1} + a_{s-2} + \cdots + a_1) \end{aligned}$$

i) $t \geq s$

$$= E[(a_t + a_{t-1} + \cdots + a_{s+1} + a_s + a_{s-1} + \cdots + a_1) \times (a_s + a_{s-1} + \cdots + a_1)]$$

여기서 $Z_s = (a_s + a_{s-1} + \cdots + a_1)$라 하면

$$= \mathrm{E}[(a_t + a_{t-1} + \cdots + a_{s+1} + Z_s) Z_s]$$

$$= \mathrm{E}[(a_t + a_{t-1} + \cdots + a_{s+1}) Z_s + Z_s^2]$$

$$= \mathrm{E}[(a_t + a_{t-1} + \cdots + a_{s+1}) Z_s] + \mathrm{Var}(Z_s)$$

또한 $\mathrm{Var}(Z_s) = S \cdot \sigma_a^2$,

$$(a_t + a_{t-1} + \cdots + a_{s+1})(a_s + a_{s-1} + \cdots + a_1)$$

$$= (a_t + a_{t-1} + \cdots + a_{s+1}) a_s + \cdots + (a_t + a_{t-1} + \cdots + a_{s+1}) a_1$$

이며, a_i가 독립이므로

$$\mathrm{E}[(a_t + a_{t-1} + \cdots + a_{s+1}) a_s + \cdots + (a_t + a_{t-1} + \cdots + a_{s+1}) a_1] = 0$$

이 되며, 따라서 다음의 결과를 얻는다.

$$\mathrm{Cov}(Z_t, Z_s) = s \cdot \sigma_a^2$$

같은 방법으로 계산하면

ii) $t \leq s$ 인 경우는 $\mathrm{Cov}(Z_t, Z_s) = t \cdot \sigma_a^2$이다.

따라서 $\mathrm{Cov}(Z_t, Z_s) = \min(t, s) \cdot \sigma_a^2$가 된다. 위의 결과를 이용하여 자기상관함수를 구하면 다음과 같다.

$$\mathrm{Corr}(Z_t, Z_s) = \frac{\mathrm{Cov}(Z_t, Z_s)}{\sqrt{\mathrm{V}(Z_t) \cdot \mathrm{V}(Z_s)}} = \frac{\min(t, s) \cdot \sigma_a^2}{\sqrt{t \cdot s \cdot (\sigma_a^2)^2}} = \frac{\min(t, s)}{\sqrt{t \cdot s}}$$

그러면 위 시계열은 평균이 시점 t에 무관하므로 첫 번째 평균에 관한 정상성 조건은 만족한다. 그러나 분산이 시점 t에 의존하므로 비정상성 (nonstationarity)을 갖는다. 자기공분산 또한 시점에 관계가 있으므로 정상 시계열이 아니다. 다음의 그림은 확률보행과정을 SAS를 이용하여 100개의 자료를 생성하여 그린 것이다. 여기서 백색잡음과정은 정규분포에서 추출하였다.

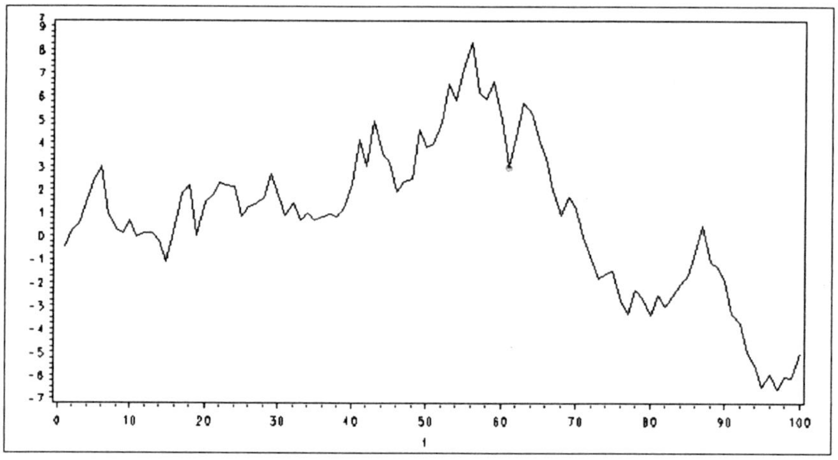

[그림 5.2] 확률보행과정, Random walk process ; $Z_t = Z_{t-1} + a_t$

5.3 시계열의 정상화

Box-Jenkins 모형화 방법에서는 비정상 시계열을 직접 모형화 하지 않는다. 따라서 비정상 시계열인 경우의 모형화는 먼저 비정상 시계열을 정상 시계열로 바꾼 후에 하게 되므로 주어진 시계열이 정상 시계열인지 또는 비정상 시계열인지 먼저 판단을 하여야만 한다. 물론 어떤 자료가 증가하는 추세를 보인다든지 또는 시간에 따라서 분산이 변한다든지 하는 경우는 판단이 쉽다. 그러나 그렇지 않은 경우는 정상 시계열인지 또는 비정상 시계열인지의 판단이 매우 어렵게 된다. 따라서 정상 시계열인지, 비정상 시계열인지를 검정할 필요가 있으며, 이를 검정하는 법을 단위근 검정법 (unit root test)이라 한다. 단위근 검정법은 이 책의 수준을 넘으므로 다른 참고서적을 살펴보기 바란다.

이제 주어진 시계열이 비정상 시계열로 판정이 되면 이를 정상 시계열로 바꾸어주는 과정이 필요하게 되는데 일반적으로 많이 사용되는 방법에는 변환 (trasnformation)과 차분 (difference)이 있다. 분산이 일정치 않은 경우 변환이 많이 사용되며 평균이 시점 't'와 선형관계에 있거나 또는 모형에 확률보행과정 요인이 있을 경우 차분을 통해서 정상 시계열로 바꾸어 준다. 한 예로 확률보행과정의 경우 한 번 차분을 하게되면 차분된 시계열은 백색잡음과정이 된다. 즉 $Z_t = Z_{t-1} + a_t$에서 $W_t = Z_t - Z_{t-1}$이라 하면 차분된 시계열 W_t는 $W_t = a_t$가 되어 백색잡음과정이 된다. 변환에 관한 내용은 9장에서 다루게 된다. 결국 비정상 시계열은 먼저 정상시계열로 만든 후에 분석을 하고 이 결과를 이용하여 주어진 시계열을 예측하게 된다.

연습문제

1. 다음 시계열의 $\sigma(0)$, $\sigma(1)$, $\sigma(2)$, ρ_1, ρ_2를 구하라.

   ① $Z_t = 3 + Z_{t-1} + a_t$

   ② $Z_t = a_t + 0.3a_{t-1}$

   ③ $Z_t = Z_{t-1} + a_t - 0.2a_{t-1}$

   ④ $Z_t = 1.2Z_{t-1} - 0.35Z_{t-2} + a_t$

   여기서 a_t는 백색잡음과정이다.

2. 위의 문제에서 정상성을 만족하지 않는 시계열은 무엇인가? 정상성의 3가지 조건을 모두 사용하여 보여라.

3. 다음의 시계열 X_t가 정상성을 만족하는지 보여라.

   ① $X_t = 0.3X_{t-1} + a_t$

   ② $X_t = \sin(2\pi t) + a_t$, $t = 1, 2, 3, \cdots$

   ③ $X_t = \cos\left[2\pi\left(\frac{t}{12} + u\right)\right]$, $u \sim Unif(0, 1)$, $t = 1, 2, 3, \cdots$

   ④ $X_t = a_t + 0.2a_{t-2}$

   단, a_t는 백색잡음과정이다.

4. 다음의 시계열 자료가 정상성을 만족하는지 혹은 그렇지 않은지를 보여라.

   ① $X_t = \sin(2\pi t + \theta)Z$, $t = 1, 2, 3, \cdots$

   ② $X_t = (-1)^t Z$, $t = 1, 2, 3, \cdots$

   여기서 Z는 평균이 0이고 분산이 σ^2인 확률변수이다.

5. 다음의 자기상관함수가 정상성을 만족하는 시계열에서 나왔다고 할 수 있는가?

$$\rho_k = \begin{cases} |k|, & k = 0, 1 \\ 2 - |k|, & k = 2 \\ 0, & k = 3, 4, \ldots \end{cases}$$

6. 다음 시계열의 평균과 ρ_1, ρ_2를 구하라.

① $X_t = 0.2X_{t-1} + a_t$

② $X_t = 1.2X_{t-1} - 0.35X_{t-2} + a_t$

③ $X_t = a_t + 0.7a_{t-1}$

여기서 a_t는 백색잡음과정이다.

6

일반선형과정과 선형차분방정식

시계열을 표시하는 방법은 크게 이동평균모형(moving average model)과 자기회귀모형(autoregressive model)으로 분류할 수 있는데 이 두 모형은 어떤 조건을 만족하면 서로 다른 모형으로 표현이 가능해진다. 즉 자기회귀모형이 정상성을 만족하면 이동평균모형으로 표현이 가능하게 되고 또한 이동평균모형이 가역성(invertibility)을 만족한다면 자기회귀모형으로 표현이 가능해진다. 모형에 대한 이와 같은 표현은 실제 자료분석에서 주로 사용되고 있는 표현이므로 숙지하기 바란다.

위에서 언급한 자기회귀모형과 이동평균모형은 다음 장에서 다루기로 하고 이 장에서는 이들 두 모형을 설명하기 위한 기초적 모형인 일반선형과정과 이에 관련된 선형차분방정식에 관하여 살펴보기로 하자. 먼저 시계열을 표시하는 방법 중 가장 일반적 방법인 일반 선형과정부터 살펴보기로 하자.

6.1 일반 선형과정 (General linear process)

시계열을 표시하는 방법 중에서 가장 기초적이고 일반적인 방법이 일반 선형과정이다. 위에서 언급한 자기회귀모형, 이동평균모형 모두 일반 선형과정으로 표현 될 수 있다. 일반 선형과정은 과거의 모든 충격, 즉 백색잡음의 선형결합으로 표시되며 다음과 같다.

일반 선형과정 Z_t는 백색잡음 a_t의 선형결합이다. 즉,

$$Z_t = a_t + \phi_1 a_{t-1} + \phi_2 a_{t-2} + \phi_3 a_{t-3} + \cdots \qquad (6.1)$$

여기서, $a_t \overset{iid}{\sim} (0, \sigma_a^2)$이다.

일반 선형과정은 과거의 모든 백색잡음에 미지의 모수를 곱한 후 더한 형태이다. 이 일반 선형과정은 미지의 모수가 어떤 값을 갖느냐에 따라 정상 시계열이 될 수도 있고 비정상 시계열이 될 수도 있다.

일반 선형과정이 정상성을 만족하기 위한 조건은 $\sum_{i=1}^{\infty} \phi_i^2 < \infty$이다. 물론 평균과 분산 그리고 공분산을 구해서 이 모든 값이 시점에 무관하여야 정상성이 만족되지만 $\sum_{i=1}^{\infty} \phi_i^2 < \infty$이 만족될 경우 평균, 분산 그리고 자기공분산을 구하면 이 값들은 시점과 무관하다는 결론을 쉽게 얻을 수 있다. 그러나 분산 또는 자기공분산의 값이 시점에 무관하다고 하더라도 분산이 무한대의 값을 갖는다면, 즉 $\sum_{i=1}^{\infty} \phi_i^2 < \infty$이 아니면 이는 정상성을 만족한다고 할 수 없다. 따라서 위의 정상성 조건은 일반 선형과정의 분산이 무한대 보다 작다는 조건이 평균, 분산, 공분산이 시점에 무관하여야 한다는 조건보다 앞서게 된다.

그러나 이 모형은 모든 시계열 자료를 설명할 수 있는 모형이기는 하나 추정할 모수의 개수가 무한대가 되기 때문에 유한개의 자료에 이 모형을 적용시키는데는 무리가 따른다.

일반 선형과정의 기대값과 분산을 구하면 다음과 같다.

$$\begin{aligned}
\mathrm{E}(\mathrm{Z_t}) &= \mathrm{E}(a_t + \phi_1 a_{t-1} + \phi_2 a_{t-2} + \phi_3 a_{t-3} + \cdots) = 0 \\
\mathrm{Var}(\mathrm{Z_t}) &= \mathrm{Var}(\mathrm{a_t} + \phi_1 \mathrm{a_{t-1}} + \phi_2 \mathrm{a_{t-2}} + \phi_3 \mathrm{a_{t-3}} + \cdots) \\
&= \mathrm{Var}(a_t) + \phi_1^2 \mathrm{Var}(a_{t-1}) + \cdots + \sum_{i \neq j} \mathrm{Cov}(\phi_i a_{t-i}, \phi_j a_{t-j}) \\
&= \sigma_a^2 \left(1 + \sum_{i=1}^{\infty} \phi_i^2\right)
\end{aligned}$$

위의 정상성 조건 $\sum_{i=1}^{\infty} \phi_i^2 < \infty$ 의 의미는 먼 과거에 발생했던 백색잡음 a_t의 영향은 시간이 흐를수록 점차 줄어든다는 의미이다. 이러한 현상은 현실적으로 의미가 있으며 우리가 사용할 모형인 자기회귀모형이나 이동평균모형이 위의 정상성 조건을 만족한다.

이제 일반 선형과정 중 정상성을 만족하면서 가장 많이 사용되는 경우의 예제를 살펴보자.

[예제 6.1] 일반 선형과정의 계수가 다음을 만족한다고 하자.

$$\phi_i = \phi^i, \quad i = 1, 2, 3, \cdots \quad \text{단, } |\phi| < 1\text{이다.}$$

이 때 기대값, 분산, 자기공분산을 구하라.

풀이 먼저 일반 선형과정의 계수에 위의 조건을 대입하면 주어진 시계열은 다음과 같다.

$$Z_t = a_t + \phi a_{t-1} + \phi^2 a_{t-2} + \phi^3 a_{t-3} + \cdots$$

① 기대값

$$\begin{aligned}
\mathrm{E}(Z_t) &= \mathrm{E}(a_t + \phi a_{t-1} + \phi^2 a_{t-2} + \cdots) \\
&= \mathrm{E}(a_t) + \phi \mathrm{E}(a_{t-1}) + \phi^2 \mathrm{E}(a_{t-2}) + \cdots \\
&= 0.
\end{aligned}$$

② 분산 및 자기공분산

$$\begin{aligned}\mathrm{Var}(Z_t) &= \mathrm{Var}(a_t + \phi a_{t-1} + \phi^2 a_{t-2} + \cdots) \\ &= \mathrm{Var}(a_t) + \mathrm{Var}(\phi a_{t-1}) + \mathrm{Var}(\phi^2 a_{t-2}) + \cdots \\ &\quad + 2\mathrm{Cov}(\phi a_{t-1}, \phi^2 a_{t-2}) + 2\mathrm{Cov}(\phi a_{t-1}, \phi^3 a_{t-3}) + \cdots \\ &\quad + 2\mathrm{Cov}(a_t, \phi a_{t-1}) + 2\mathrm{Cov}(a_t, \phi^2 a_{t-2}) + \cdots\end{aligned}$$

(여기서 $\mathrm{Cov}(\phi^i a_{t-i}, \phi^j a_{t-j}) = \phi^{i+j}\mathrm{Cov}(a_{t-i}, a_{t-j}) = 0,\ i \neq j$)

$$\begin{aligned}&= \mathrm{Var}(a_t) + \phi^2 \mathrm{Var}(a_{t-1}) + \phi^4 \mathrm{Var}(a_{t-2}) + \cdots \\ &= \sigma_a^2 + \phi^2 \sigma_a^2 + \phi^4 \sigma_a^2 + \cdots \\ &= \sigma_a^2 (1 + \phi^2 + \phi^4 + \cdots) = \sigma_a^2 \cdot \frac{1}{1-\phi^2} = \frac{\sigma_a^2}{1-\phi^2}\end{aligned}$$

$$\begin{aligned}&\mathrm{Cov}(Z_t, Z_{t-1}) \\ &= \mathrm{Cov}(a_t + \phi a_{t-1} + \phi^2 a_{t-2} + \cdots,\ a_{t-1} + \phi a_{t-2} + \phi^2 a_{t-3} + \cdots) \\ &= \mathrm{Cov}(a_t,\ a_{t-1} + \phi a_{t-2} + \phi^2 a_{t-3} + \cdots) \\ &\quad + \mathrm{Cov}(\phi a_{t-1},\ a_{t-1} + \phi a_{t-2} + \phi^2 a_{t-3} + \cdots) \\ &\quad + \mathrm{Cov}(\phi^2 a_{t-2},\ a_{t-1} + \phi a_{t-2} + \phi^2 a_{t-3} + \cdots) + \cdots \\ &= \mathrm{Cov}(a_t, a_{t-1}) + \mathrm{Cov}(a_t, \phi a_{t-2}) + \mathrm{Cov}(a_t, \phi^2 a_{t-3}) + \cdots \\ &\quad + \mathrm{Cov}(\phi a_{t-1}, a_{t-1}) + \mathrm{Cov}(\phi a_{t-1}, \phi a_{t-2}) + \cdots \\ &\quad + \mathrm{Cov}(\phi^2 a_{t-2}, a_{t-1}) + \mathrm{Cov}(\phi^2 a_{t-2}, \phi a_{t-2}) + \cdots \\ &\quad \vdots \\ &= \phi\sigma_a^2 + \phi^3\sigma_a^2 + \phi^5\sigma_a^2 + \cdots \\ &= \sigma_a^2(\phi + \phi^3 + \phi^5 + \cdots) \\ &= \sigma_a^2 \cdot \frac{\phi}{1-\phi^2} = \frac{\phi \cdot \sigma_a^2}{1-\phi^2}\end{aligned}$$

일반적인 $k \geq 2$에 관하여 살펴보면,

$\text{Cov}(Z_t, Z_{t-k}) = \dfrac{\phi^k \cdot \sigma_a^2}{1-\phi^2}$ 이 된다. 즉

$$
\begin{aligned}
&\text{Cov}(Z_t, Z_{t-k}) \\
&= \text{Cov}(a_t + \phi a_{t-1} + \cdots + \phi^k a_{t-k} + \phi^{k+1} a_{t-k-1} + \cdots,\ Z_{t-k}) \\
&= \text{Cov}(a_t + \phi a_{t-1} + \cdots + \phi^{k-1} a_{t-k+1} + \phi^k Z_{t-k},\ Z_{t-k}) \\
&= \text{Cov}(a_t + \phi a_{t-1} + \cdots + \phi^{k-1} a_{t-k+1},\ Z_{t-k}) + \text{Cov}(\phi^k Z_{t-k}, Z_{t-k}) \\
&= \text{Cov}(\phi^k Z_{t-k}, Z_{t-k}) = \phi^k \cdot \text{Var}(Z_{t-k}) \\
&= \phi^k \cdot \frac{\sigma_a^2}{1-\phi^2}
\end{aligned}
$$

이 시계열의 특징은 먼 과거에 발생한 백색잡음의 영향이 시간이 흐름에 따라 매우 빠르게 감소한다는 것이다.

위에서 살펴보았듯이 일반선형과정의 계수가 $\phi_i = \phi^i$, $i = 1, 2, 3, \cdots$, 단 $|\phi| < 1$일 경우 5장에서 익혔던 세 가지 조건들을 모두 만족하고 있음을 알 수 있다.

[예제 6.1]에서 구한 자기공분산을 이용하여 구한 자기상관함수를 살펴보자.

$$
\rho_1 = Corr(Z_t, Z_{t-1}) = \frac{Cov(Z_t, Z_{t-1})}{Var(Z_t)} = \frac{\sigma(1)}{\sigma(0)} = \frac{\dfrac{\phi\sigma_a^2}{1-\phi^2}}{\dfrac{\sigma_a^2}{1-\phi^2}} = \phi
$$

그리고 $k \geq 2$에 대해

$$\rho_k = Corr(Z_t, Z_{t-k}) = \frac{Cov(Z_t, Z_{t-k})}{Var(Z_t)} = \frac{\sigma(k)}{\sigma(0)}$$

$$= \frac{\dfrac{\phi^k \sigma_a^2}{1-\phi^2}}{\dfrac{\sigma_a^2}{1-\phi^2}} = \phi^k$$

이 시계열의 자기상관함수는 앞에서 언급한 바와 같이 ϕ를 기준으로 해서 지수적으로 감소하고 있음을 알 수 있다. 일반적으로 자기상관함수는 주어진 시계열의 특징을 말해주는 척도로 사용된다. 즉 어떤 시계열에서 자기상관함수의 형태가 주어지면 이 형태를 이용하여 모형이 어떤 것인지를 알아낼 수 있게 된다. 특히 자기상관함수가 지수적으로 감소하는 경우는 시계열 분석에서 기본적으로 사용되고 있으므로 알아두기 바란다.

6.2 선형 차분방정식 (Linear difference equation)

시계열 자료는 시간의 흐름에 따라 얻어진 자료이다. 시간의 흐름에 따라 얻어진 이러한 수의 나열에서 어떠한 규칙을 찾는 것이 모형화이다. 이 절에서는 규칙을 찾아내는 방법의 하나인 선형 차분방정식에 관하여 살펴보자. 먼저 다음의 예를 통하여 어떻게 선형 차분방정식이 사용되는지 살펴보자.

[예제 6.2] 다음과 같은 자료가 있다고 하자.

$$X_1 = 1, \quad X_2 = \frac{1}{2}, \quad X_3 = \frac{1}{4}, \quad X_4 = \frac{1}{8}, \quad \cdots$$

100번째 값인 X_{100}을 구하라.

풀이 위의 수들은 다음과 같이 표현된다.

$$X_1 = 1, \quad X_2 = \frac{1}{2^1}, \quad X_3 = \frac{1}{2^2}, \quad \cdots, \quad X_n = \frac{1}{2^{n-1}}$$

따라서 $X_{100} = \dfrac{1}{2^{99}}$ 이 된다.

이제 다른 방법을 생각해보자. 먼저 각 수는 앞의 수에 $\frac{1}{2}$이 곱해져 있음을 알 수 있다. 따라서 t번째 값인 X_t는 $t-1$번째 값인 X_{t-1}에 $\frac{1}{2}$을 곱하면 얻을 수 있을 것이다. 이를 정리하면 $X_t = \frac{1}{2} X_{t-1}$이고 초항이 '1', 공비가 '$\frac{1}{2}$'인 등비수열이 된다. 따라서 일반항, $X_n = \frac{1}{2^{n-1}}$이 되어 위와 같은 결론을 얻는다.

[예제 6.2]는 일반적으로 알려진 간단한 수열이다. 이제 위에서 얻어진 $X_t = \frac{1}{2} X_{t-1}$을 다음과 같이 표시하자.

$$X_t - \frac{1}{2} X_{t-1} = 0, \quad X_1 = 1$$

위 수열로부터 어떠한 규칙을 찾아내면 각 수가 어떻게 나왔는지 알 수 있게 된다. 즉 일반항을 찾아낼 수 있다. 이렇게 표시된 방정식을 선형 차분방정식이라 한다. 앞에서 언급한 자기회귀모형이 선형 차분방정식의 한 형태임을 쉽게 알 수 있듯이 선형 차분방정식은 시계열 분석에서 유용하게 사용된다. 다음은 일반적인 형태의 선형 차분방정식이다.

선형 차분방정식 (linear difference equation)

$$C_0 Z_t + C_1 Z_{t-1} + C_2 Z_{t-2} + \cdots + C_n Z_{t-n} = a_t$$

위와 같이 정의된 선형 차분방정식의 주 목적은 일반항을 찾아내는 것이다. 위에서 정의한 선형 차분방정식을 쉽게 풀기 위하여 다음의 기호를 살펴보도록 하자.

후진연산자 (backward shift operator)

기호 : B

$$BZ_t = Z_{t-1}$$

후진연산자 B는 시점을 표시하는 't'에 작용을 하며 후진연산자가 곱해지면 시점이 하나 뒤로 간다. 따라서 't'시점의 자료 Z_t에 후진연산자 B가 곱해지면, 즉 BZ_t는 시점이 하나 뒤로 가게 되므로 Z_{t-1}이 된다. 따라서 다음과 같은 결과를 얻을 수 있다.

$$B^2Z_t = B(BZ_t) = B(Z_{t-1}) = Z_{t-2}$$
$$B^kZ_t = Z_{t-k}$$
$$Bc = c, \quad \text{여기서 } c\text{는 상수}$$

후진연산자를 곱할 경우에는 반드시 앞에 곱해야 하며 다음과 같이 후진연산자를 뒤에 곱한 것, Z_tB는 정의되지 않으므로 독자들은 이를 주의해 주기 바란다.

후진연산자의 사용을 예를 통하여 살펴보자.

예 6.1 일반 선형과정

모형 : $Z_t = a_t + \phi_1 a_{t-1} + \phi_2 a_{t-2} + \phi_3 a_{t-3} + \cdots$

후진연산자 사용 : $Z_t = (1 + \phi_1 B + \phi_2 B^2 + \cdots)a_t$

예 6.2 선형 차분방정식

모형 : $C_0Z_t + C_1Z_{t-1} + C_2Z_{t-2} + \cdots + C_nZ_{t-n} = a_t$

후진연산자 사용 : $(C_0 + C_1B + C_2B^2 + \cdots + C_nB^n)Z_t = a_t$

예 6.2에서 얻어진 후진연산자를 사용한 선형 차분방정식을 살펴보자.

$$(C_0 + C_1B + C_2B^2 + \cdots + C_nB^n)Z_t = a_t$$

이 식에서 $(C_0 + C_1B + C_2B^2 + \cdots + C_nB^n)$은 선형 차분방정식의 일반항을 구하는데 사용되는 식이며 $(C_0 + C_1B + C_2B^2 + \cdots + C_nB^n) = C(B)$를 특성방정식이라 부른다.

> 특성방정식
>
> 선형 차분방정식이 다음과 같을 때,
>
> $C_0Z_t + C_1Z_{t-1} + C_2Z_{t-2} + \cdots + C_nZ_{t-n} = a_t$ 에서
>
> $(C_0 + C_1B + C_2B^2 + \cdots + C_nB^n) = C(B)$
>
> 를 특성방정식이라 한다.

다음의 예제를 통하여 특성방정식을 구해보자.

[예제 6.3] 시계열이 다음과 같이 주어져 있을 때 특성방정식을 구하라.

(1) $Z_t = 0.3Z_{t-1}$

(2) $Z_t = 2Z_{t-1} - Z_{t-2}$

풀이 (1) $Z_t = 0.3Z_{t-1} + a_t$

$\equiv>\ Z_t - 0.3Z_{t-1} = 0 \quad \equiv>\ (1-0.3B)Z_t = 0$

따라서 $C(B) = 1 - 0.3B$가 특성방정식이다.

(2) $Z_t = 2Z_{t-1} - Z_{t-2}$

$\equiv>\ Z_t - 2Z_{t-1} + Z_{t-2} = 0 \equiv>\ (1-2B+B^2)Z_t = 0$

따라서 $C(B) = 1 - 2B + B^2$ 이 특성방정식이다.

이제 다음의 예제를 통해서 선형 차분방정식의 일반식에 대하여 살펴보자.

[예제 6.4] 선형 차분방정식이 다음과 같이 주어졌다고 하자.

$$Z_t = 0.3Z_{t-1}, \quad Z_0 = 10$$

이때 Z_{50} 은 무엇인가?

풀이 이 방정식을 살펴보면

$$Z_0=10,\quad Z_1=0.3\times Z_0=3,\quad Z_2=0.3\times Z_1=0.3^2\times Z_0,\cdots,$$
$$Z_t=0.3^t\times Z_0=10\times 0.3^t$$

이 됨을 알 수 있다. 따라서 $Z_{50}=0.3^{50}\times 10$ 이 된다.

위의 예제는 규칙이 쉽게 보인다. 그러면 다음의 예제를 살펴보자.

[예제 6.5] 선형 차분방정식이 다음과 같이 주어졌다고 하자.

$$Z_t=1.2Z_{t-1}-0.35Z_{t-2},\quad Z_0=10,\quad Z_1=6$$

이 때 Z_{10}을 구하라.

풀이 [예제 6.4]와 달리 답이 쉽게 보이지 않을 것이다. 물론

$$Z_0=10,\quad Z_1=6,$$
$$Z_2=1.2Z_1-0.35Z_0=1.2\times 6-0.35\times 10=3.7$$
$$Z_3=1.2Z_2-0.35Z_1=1.2\times 3.7-0.35\times 6=?$$
$$\vdots$$

등과 같이 반복적인 방법으로 Z_{10}을 구할 수 있다.

그러나 [예제 6.5]에서는 [예제 6.4]와 달리 Z_t에 관한 일반식을 구하는데 어려움이 있다. 이러할 경우 특성방정식을 사용하면 Z_t의 일반식을 쉽게 구할 수 있게 된다. 먼저 [예제 6.4]의 특성방정식을 생각해 보자.

$$\text{특성방정식}:\ C(B)=(1-0.3B)$$

이 특성방정식을 '0'으로 놓고 B를 미지수처럼 생각하여 근을 구해보도록 하자. 그러면 $C(B)=(1-0.3B)=0$ 에서 $B=\dfrac{1}{0.3}$ 이 근이다. 이를 다시 살펴보면 주어진 시계열은

초항이 10이고 공비가 0.3인 등비 수열이다. 여기서 구해진 공비와 특성방정식의 근을 비교해 보면 역수 관계가 있다는 것을 쉽게 알 수 있다. 이러한 관계는 [예제 6.5]처럼 공비를 쉽게 알 수 없는 경우에도 성립하게 된다. 따라서 특성 방정식의 근을 구함으로써 공비가 구해지고 이를 이용하면 일반항을 쉽게 구할 수 있게 된다.

다음의 정리는 특성방정식의 근을 이용하여 일반항을 구하는 방법이다.

정리 6.1 [선형 차분방정식의 일반식]

선형 차분방정식

$$C_0Z_t + C_1Z_{t-1} + C_2Z_{t-2} + \cdots + C_nZ_{t-n} = 0$$

의 특성방정식이 다음과 같다고 하자.

$$\begin{aligned} C(B) &= (C_0 + C_1B + C_2B^2 + \cdots + C_nB^n) \\ &= (1 - R_1B)^{m_1}(1 - R_2B)^{m_2}(1 - R_3B)^{m_3}\cdots(1 - R_NB)^{m_N} \end{aligned}$$

(인수분해, 중근이 있을 수 있음).
이 특성방정식의 근들이

$$\frac{1}{R_1},\ \frac{1}{R_2},\ \frac{1}{R_3},\ \cdots\frac{1}{R_N}$$

일 때 Z_t의 일반식은 다음과 같다.

$$\begin{aligned} Z_t = \ & (b_{10} + b_{11}t + b_{12}t^2 + \cdots + b_{1m_1-1}t^{m_1-1})R_1^t \\ & + (b_{20} + b_{21}t + b_{22}t^2 + \cdots + b_{2m_2-1}t^{m_2-1})R_2^t \\ & \quad \vdots \\ & + (b_{N0} + b_{N1}t + b_{N2}t^2 + \cdots + b_{Nm_N-1}t^{m_N-1})R_N^t \end{aligned}$$

[정리 6.1]에서 일반항 Z_t를 살펴보면 Z_t는 여러 근에서 나오는 값들의 합이 됨을 알 수 있다. 즉 근이 추가 될 때마다 일반항 Z_t에 $(b_{10}+b_{11}t+b_{12}t^2+\cdots+b_{1m-1}t^{m-1})R^t$ 이 추가된다. 예를 들어 1승근이면 $b_{10}R^t$이 추가되고 중근이면 $(b_{10}+b_{11}t)R^t$이 추가되고 3승근이면 $(b_{10}+b_{11}t+b_{12}t^2)R^t$이 추가된다.

위의 정리는 근의 수가 여러 개일 경우에 사용되는 정리이며 다음에 나오는 몇 가지 경우가 시계열 분석에서 주로 사용되고 있다. 따라서 다음에 나오는 경우에 대해서 숙지해 둔다면 근을 구하기가 훨씬 더 수월할 것이다.

특성방정식과 이에 해당하는 일반항의 예

1. $C(B)=(1-RB)$인 경우
   → 일반항 $Z_t=bR^t$
2. $C(B)=(1-R_1B)(1-R_2B)$인 경우
   → 일반항 $Z_t=b_1R_1^t+b_2R_2^t$
3. $C(B)=(1-RB)^2$인 경우
   → 일반항 $Z_t=(b_1+b_2t)R^t$
4. $C(B)=(1-R_1B)(1-R_2B)(1-R_3B)$인 경우
   → 일반항 $Z_t=b_1R_1^t+b_2R_2^t+b_3R_3^t$
5. $C(B)=(1-R_1B)^2(1-R_2B)$인 경우
   → 일반항 $Z_t=(b_1+b_2t)R_1^t+b_3R_2^t$
6. $C(B)=(1-RB)^3$인 경우
   → 일반항 $Z_t=(b_1+b_2t+b_3t^2)R^t$

여기에서 $b_1, b_2, \cdots$ 값들은 주어진 초기값을 대입한 후 연립방정식을 이용하여 구할 수 있다.

다음은 선형 차분방정식이 주어졌을 경우 선형 차분방정식의 일반항을 구하는 방법이다.

선형 차분방정식의 일반항을 구하는 방법

단계 1. 선형 차분방정식에서 특성방정식 $C(B)$를 구한다.

단계 2. 구해진 특성방정식 $C(B)$를 인수분해 한다.

단계 3. 인수분해한 특성방정식에서 특성방정식의 근을 구한다.

단계 4. 구해진 특성방정식의 근과 [정리 6.1]을 이용하여 일반항 Z_t를 구한다.

단계 5. 구해진 일반항에 초기값을 대입하여 미지수 $b_1, b_2, \cdots$ 등을 구한다.

일반항을 구하는 방법을 이용하여 [예제 6.5]를 다시 풀어 보도록 하자.

[예제 6.5] (계속)

풀이 단계 1. 선형 차분방정식의 특성방정식을 구하면 다음이 된다

$$C(B) = (1 - 1.2B + 0.35B^2)$$

단계 2. 인수분해

$$C(B) = (1 - 1.2B + 0.35B^2) = (1 - 0.5B)(1 - 0.7B)$$

단계 3. 근을 구한다.

단계 2에 의해 두 근은 각각 $\frac{1}{0.5}$, $\frac{1}{0.7}$ 이 된다.

단계 4. [정리 6.1] 또는 일반항 공식에 의해

$Z_t = b_1\, 0.5^t + b_2\, 0.7^t$ 이 된다.

단계 5. 미지수 b_1, b_2를 구한다.

b_1, b_2를 구하기 위해 주어진 초기치를 대입하면 다음의 두 식을 얻는다.

$$Z_0 = b_1\,0.5^0 + b_2\,0.7^0 = b_1 + b_2 = 10,$$
$$Z_1 = b_1\,0.5^1 + b_2\,0.7^1 = 0.5\,b_1 + 0.7\,b_2 = 6.$$

위 두 식을 연립하여 풀어본 결과 $b_1 = 5$, $b_2 = 5$가 되므로 Z_t의 일반식은 $Z_t = 5 \times 0.5^t + 5 \times 0.7^t$이 된다.

[예제 6.6] 선형 차분방정식이 다음과 같이 주어져 있다. Z_t의 일반식을 구하라.

$$Z_t - Z_{t-1} + 0.25 Z_{t-2} = 0, \quad Z_0 = 5, \quad Z_1 = 3$$

풀이 단계 1. 선형 차분방정식의 특성방정식은 다음과 같다.

$$Z_t - Z_{t-1} + 0.25 Z_{t-2} = (1 - B + 0.25B^2) Z_t$$

따라서, 특성방정식은 $C(B) = (1 - B + 0.25B^2)$이다.

단계 2. 인수분해

$C(B) = (1 - 0.5B)^2$이 특성방정식은 중근을 갖고 있다.

단계 3. 4. 일반항 $Z_t = (b_1 + b_2 t) 0.5^t$ 이 된다.

단계 5. 초기값을 대입하여 미지수를 구한다.

$$Z_0 = (b_1 + b_2 \times 0) \times 0.5^0 = 5$$
$$Z_1 = (b_1 + b_2 \times 1) \times 0.5^1 = 3$$

에서 $b_1 = 5$, $b_2 = 1$이 된다. 따라서 Z_t의 일반식은 $Z_t = (5 + t) \times 0.5^t$이다.

이 절에서 우리는 선형 차분방정식과 관련된 이론을 살펴보았다. 여기서 여러분들은 특성방정식을 구하는 방법과 일반항을 구하는 방법을 숙지해 주기 바란다. 특성방정식은 다음 절에 나올 모형의 정상성을 보이는데 중요한 도구가 될 뿐만 아니라 자기상관함수의 일반식을 구하는데도 사용될 것이다. 또한 후진연산자는 시계열 이론을 전개하는데 매우 유용하게 사용되므로 상기해 주기 바란다.

연 습 문 제

1. 시계열이 다음과 같이 주어져 있을 때 특성 방정식을 구하라.

   ① $Z_t = 0.05Z_{t-1} + 0.25Z_{t-2} + a_t$

   ② $Z_t = 0.7Z_{t-1} + a_t$

   ③ $Z_t = 1.2Z_{t-1} - 0.35Z_{t-2} + 0.4Z_{t-3} + a_t$

2. 선형 차분방정식이 다음과 같을 때 일반식을 구하라.

   ① $Z_t - 1.1Z_{t-1} + 0.3Z_{t-2} = 0$

   ② $Z_t - 0.4Z_{t-1} = 0$

   ③ $Z_t - 1.2Z_{t-1} + 0.36Z_{t-2} = 0$

3. 선형 차분방정식이 다음과 같이 주어져 있다. 이때 Z_t의 일반식을 구하라.

   ① $Z_t - 1.5Z_{t-1} + 0.56Z_{t-2} = 0,\ \ Z_0 = 5, Z_1 = 2$

   ② $Z_t + 1.4Z_{t-1} + 0.49Z_{t-2} = 0,\ \ Z_0 = 1, Z_1 = 5$

   ③ $Z_t - Z_{t-1} + Z_{t-2} - Z_{t-3} = 0,\ \ Z_0 = 10, Z_1 = 1, Z_2 = 3$

7

자기회귀모형

이 장에서는 시계열 분석에서 가장 많이 사용되는 자기회귀모형을 살펴보자. 6장에서 언급하였듯이 시계열 분석에서 사용되는 모형은 크게 자기회귀모형과 이동평균모형으로 나누어진다. 그 중에서도 해석이 쉽고 현실 자료를 잘 설명하는 것으로 알려진 자기회귀모형은 현 시점의 자료가 유한개의 과거 자료로 설명될 때 사용되는 모형으로 자기회귀모형의 일반적인 형태는 다음과 같다.

$$\text{모형 : } X_t - \mu = \phi_1(X_{t-1} - \mu) + \phi_2(X_{t-2} - \mu) + \cdots + \phi_p(X_{t-p} - \mu) + a_t \quad (7.1)$$

여기서 $a_t \overset{iid}{\sim} N(0,\ \sigma_a^2)$을 따르는 백색잡음과정이고 a_t와 Z_{t-k}, $k \geq 1$은 독립이다.

일반적인 시계열 자료는 평균이 '0'이 아니므로 모형에 미지의 평균을 설명하기 위한 모수를 사용해야 한다. 그러나 어떤 모평균을 갖더라도 모형 식별에 영향을 주지 않기 때문에 평균이 '0'인 모형을 사용하더라도 모형식별에서 같은 결과를 갖는다. 따라서 이 장에서는 평균이 '0'인 모형을 사용하여 분석하게 된다. 이 모형은 위의 모형에서 $Z_t = X_t - \mu$라 치환하면 얻어지며, 치환된 모형은 다음과 같다.

평균이 '0'인 모형

$$Z_t = \phi_1 Z_{t-1} + \phi_2 Z_{t-2} + \cdots + \phi_p Z_{t-p} + a_t \tag{7.2}$$

여기서 $a_t \overset{iid}{\sim} (0,\ \sigma_a^2)$을 따르는 백색잡음과정이고 a_t와 Z_{t-k}, $k \geq 1$은 독립이다.

모형식 (7.2)는 현재의 자료가 p시점 전의 자료까지 영향을 받을 때 사용하는 모형이다. p시점 전의 자료가 현재 자료에 영향을 주는 자기회귀모형을 AR(p)모형이라 부른다.

시계열 분석에서 사용되는 모형의 특성은 평균, 분산 그리고 자기공분산과 자기상관함수로 나타난다. 따라서 각 모형의 평균, 분산, 자기공분산 그리고 자기상관함수를 구하는 것이 중요하며, 특히 자기상관함수는 각 모형의 특징을 잘 말해주고 있고 이들 자기상관함수를 이용하여 모형식별이 이루어지므로 어떤 모형이 어떤 형태의 자기상관함수를 갖는지 꼭 알아두어야 한다.

7.1 1차 자기회귀모형 (First order autoregressive model, AR(1) 모형)

모형 (7.2)식은 일반적인 자기회귀모형으로, 먼저 자기회귀모형 중에서 가장 간단한 모형인 1차 자기회귀모형을 살펴보자. 자기회귀모형에서 모형식별의 의미는 현재의 자료가 몇 번째 전 자료까지 관련이 있는지를 알아내는 것이다. 만약 현 시점의 자료가 과거 1시점 전의 자료에만 관계가 있다면 이러한 경우의 모형을 1차 자기회귀모형, 즉 AR(1)모형이라 한다. 따라서 AR(1)모형은 (7.2)식에서 $p=1$인 경우의 모형으로 모형식은 다음과 같다.

$$\text{모형}: \ Z_t = \phi Z_{t-1} + a_t, \quad a_t \overset{iid}{\sim} (0,\ \sigma_a^2), \ \text{단}\ |\phi| < 1 \tag{7.3}$$

여기서 a_t와 Z_{t-k}, $k \geq 1$은 독립이다.

앞의 모형에서 회귀계수 ϕ에 대하여 $|\phi|<1$을 가정하였다. 그 이유는 시계열 Z_t가 정상성을 만족하도록 만들기 위해서이다. $\phi=1$인 경우의 모형은 $Z_t = Z_{t-1} + a_t$가 되어 5장에서 배운 확률보행과정이 되고 이는 이미 밝혔듯이 비정상 시계열이다. 또한 $|\phi|>1$인 경우 시계열 자료는 폭발적으로 증가하거나 감소하게 된다. 시계열 분석에서는 일반적으로 이렇게 폭발적으로 증가하거나 감소하는 자료는 다루지 않고 있다. 다음은 ϕ가 0.5, 1, 1.2일 때 SAS를 사용하여 100개의 자료를 만든 후 시계열 그림을 그린 것이다. 이때 사용된 오차는 모두 동일하다.

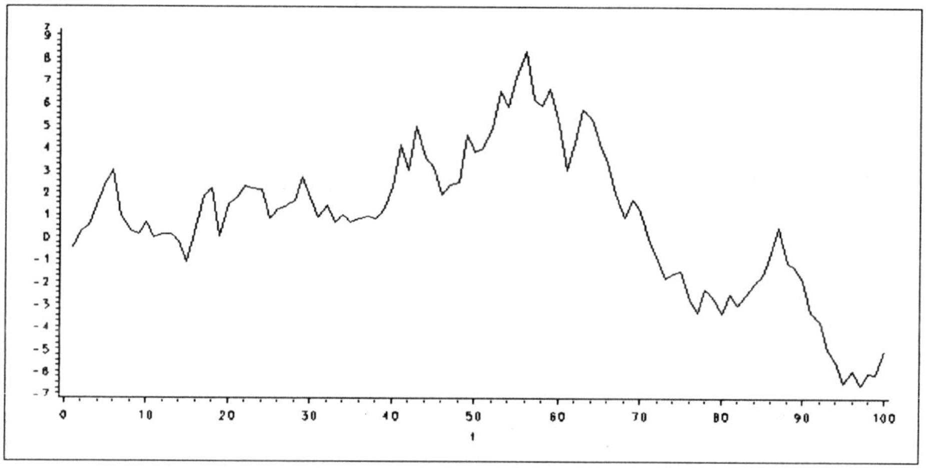

[그림 7.1] AR(1)모형 ; $Z_t = 0.5Z_{t-1} + a_t$

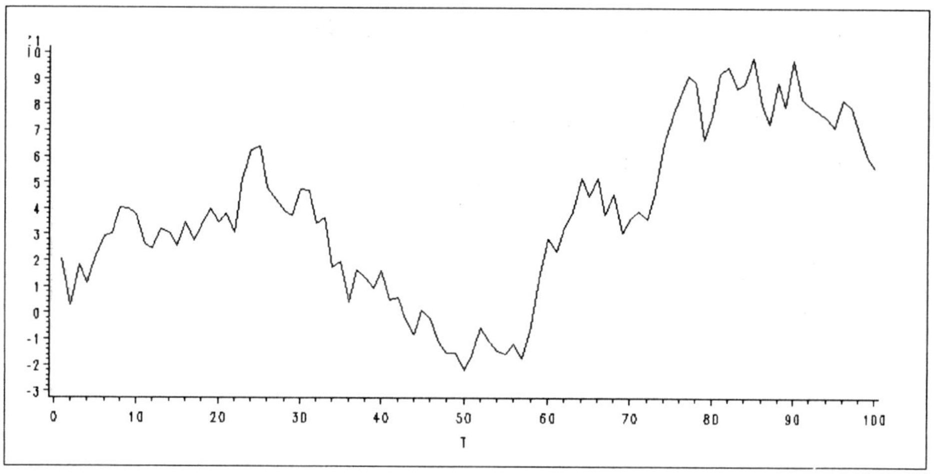

[그림 7.2] 확률보행과정 ; $Z_t = Z_{t-1} + a_t$

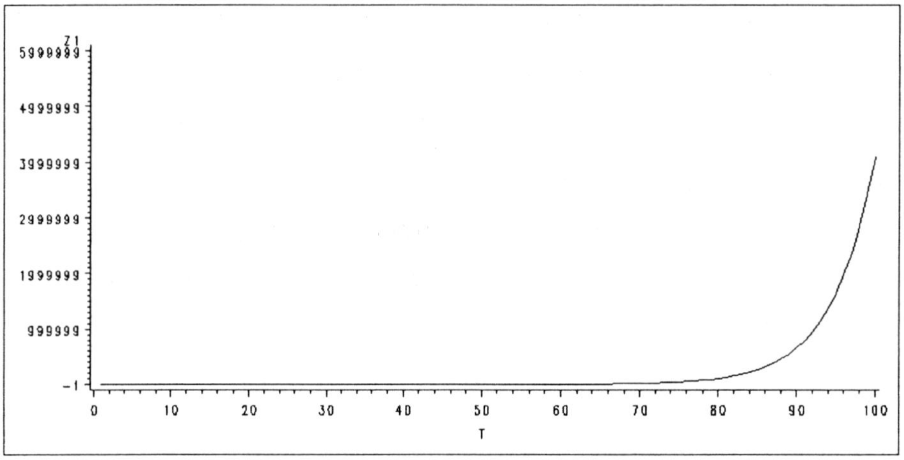

[그림 7.3] 폭발적인 시계열 ; $Z_t = 1.2Z_{t-1} + a_t$

이제 AR(1)모형의 특징을 말해주는 평균, 분산, 자기공분산, 그리고 자기상관함수를 구해보자.

1. Z_t의 평균 : $\mathrm{E}(Z_t)$

$$\mathrm{E}(Z_t) = \mathrm{E}(\phi Z_{t-1} + a_t) = \phi \mathrm{E}(Z_{t-1}) + \mathrm{E}(a_t) = \phi \mathrm{E}(Z_{t-1})$$

여기서 정상성을 만족하므로

$$\mathrm{E}(Z_t) = \mathrm{E}(Z_{t-1}) = \cdots = \mathrm{E}(Z_1) = \mu$$

가 된다. 따라서 $\mu = \phi\mu \Rightarrow (1-\phi)\mu = 0$이 되고 또한 $|\phi| < 1$ 또는 $1-\phi \neq 0$이므로 $\mu = 0$ 즉 $\mathrm{E}(Z_t) = \mu = 0$이다.

2. Z_t의 분산 : $\mathrm{Var}(Z_t)$

모형식 $Z_t = \phi Z_{t-1} + a_t$ 에서

$$\begin{aligned}\mathrm{Var}(Z_t) &= \mathrm{Var}(\phi Z_{t-1} + a_t) \\ &= \mathrm{Var}(\phi Z_{t-1}) + 2\mathrm{Cov}(\phi Z_{t-1}, a_t) + \mathrm{Var}(a_t)\end{aligned}$$

이 된다. 여기서 a_t와 Z_{t-1}은 독립이므로

$$\mathrm{Var}(Z_t) = \mathrm{Var}(\phi Z_{t-1}) + \mathrm{Var}(a_t) = \phi^2 \mathrm{Var}(Z_{t-1}) + \sigma_a^2$$

이 되고 Z_t가 정상성을 만족하므로 $\mathrm{Var}(Z_t) = \mathrm{Var}(Z_{t-1}) = \cdots = \sigma(0)$이 되어 $\sigma(0) = \phi^2 \sigma(0) + \sigma_a^2$이 된다. 이를 정리하면 $\sigma(0) = \dfrac{\sigma_a^2}{1-\phi^2}$, $|\phi| < 1$ 이므로 Z_t의 분산은

$$\mathrm{Var}(Z_t) = \sigma(0) = \frac{\sigma_a^2}{1-\phi^2}$$

이 된다.

3. Z_t와 Z_{t-k}의 자기공분산 : $\mathrm{Cov}(Z_t, Z_{t-k})$

$\mathrm{Cov}(Z_t, Z_{t-k}) = \mathrm{E}(Z_t \cdot Z_{t-k}) - \mathrm{E}(Z_t)\mathrm{E}(Z_{t-k})$이고 1.에서

$\mathrm{E}(Z_t) = \cdots = \mathrm{E}(Z_1) = \mu = 0$이므로 $\mathrm{Cov}(Z_t, Z_{t-k}) = \mathrm{E}(Z_t \cdot Z_{t-k})$가 된다.

이제 모형의 양변에 Z_{t-k}를 곱하자.

그러면 $Z_t = \phi Z_{t-1} + a_t$에서 $Z_t \cdot Z_{t-k} = \phi Z_{t-1} \cdot Z_{t-k} + a_t \cdot Z_{t-k}$를 얻게 된다. 이 식의 양변에 기대값을 취하면 $\mathrm{E}(Z_t \cdot Z_{t-k}) = \mathrm{E}(\phi \cdot Z_{t-1} Z_{t-k}) + \mathrm{E}(a_t \cdot Z_{t-k})$가 되고 이때 a_t와 Z_{t-k}는 서로 독립이므로 $\mathrm{E}(a_t \cdot Z_{t-k}) = 0$을 만족한다. 따라서

$$\mathrm{Cov}(Z_t, Z_{t-k}) = \mathrm{E}(Z_t \cdot Z_{t-k}) = \phi \mathrm{E}(Z_{t-1} \cdot Z_{t-k}) = \phi \mathrm{Cov}(Z_{t-1}, Z_{t-k})$$

이다. 그리고

$$\mathrm{Cov}(Z_t, Z_{t-k}) = \sigma(k), \quad \mathrm{Cov}(Z_{t-1}, Z_{t-k}) = \sigma(k-1)$$

이므로

$$\sigma(k) = \phi \sigma(k-1)$$

이 성립한다. 즉

$$\sigma(1) = \phi\sigma(0)$$
$$\sigma(2) = \phi\sigma(1) = \phi^2\sigma(0)$$
$$\sigma(3) = \phi\sigma(2) = \phi^3\sigma(0)$$
$$\vdots$$

이는 공비가 ϕ인 등비수열이므로 $\sigma(k) = \phi^k \cdot \sigma(0) = \phi^k \cdot \dfrac{\sigma_a^2}{1-\phi^2}$이 되고 따라서 자기 공분산은 $\text{Cov}(Z_t, Z_{t-k}) = \sigma(k) = \dfrac{\phi^k}{1-\phi^2} \cdot \sigma_a^2$이 된다.

4. 자기상관함수 (Autocorrelation function, ACF)

자기상관함수는 자기공분산 공식을 이용하면 쉽게 다음과 같이 됨을 알 수 있다.

$$\rho^k = \frac{\sigma(k)}{\sigma(0)} = \frac{\phi^k \sigma_a^2}{1-\phi^2} \bigg/ \frac{\sigma_a^2}{1-\phi^2} = \phi^k, \quad k = 0, 1, 2, \cdots$$

따라서 $|\phi| < 1$이기 때문에 k가 증가할수록 자기상관함수는 지수적으로 감소한다.

[예제 7.1] 다음의 AR(1)모형에서 평균, 분산, 자기공분산, 자기상관함수를 구하라.

모형 : $Z_t = 0.8Z_{t-1} + a_t, \quad a_t \overset{iid}{\sim} \text{white noise } (0, 3)$

풀이 ① 평균

$$E(Z_t) = E(0.8\, Z_{t-1}) + E(a_t) = 0.8E(Z_{t-1})$$

따라서 $\mu = 0.8\mu$이므로 $\mu = 0$이 된다.

② 분산

$$\text{Var}(Z_t) = \frac{\sigma_a^2}{1-\phi^2} = \frac{3}{1-0.8^2} = \frac{3}{0.36} = 8.33\dot{3} = \sigma(0)$$

③ 자기공분산

$$\sigma(k) = \frac{\phi^k}{1-\phi^2} \cdot \sigma_a^2$$

$$\sigma(0) = (0.8)^k \times 8.\dot{3}$$

$$\sigma(1) = 6.66664$$

$$\sigma(2) = 5.33312$$

$$\sigma(3) = 4.26664$$

$$\vdots$$

④ 자기상관함수 (ACF)

$$\rho_k = \phi^k. \quad k = 0, 1, 2, \cdots$$

$$\Rightarrow \quad \rho_0 = 1, \ \rho_1 = 0.8, \ \rho_2 = 0.64, \ \rho_3 = 0.512, \ \rho_4 = 0.4096, \cdots$$

앞 장에서 자기회귀모형은 정상성을 만족할 경우 이동평균모형으로 표현될 수 있다고 하였다. 이동평균모형은 일반 선형과정의 특별한 경우로, 이는 8장에서 다루기로 하고 AR(1)모형이 어떻게 일반 선형과정으로 전환되는지를 살펴보자.

7.1.1 일반 선형과정으로의 전환

일반 선형과정으로의 전환 방법은 두 가지가 있다. 하나는 반복적으로 치환하는 방법이고 다른 하나는 후진연산자를 사용하는 방법이다. 먼저 반복적으로 치환하는 방법을 살펴보기로 하자.

1. 반복 치환법

$$\begin{aligned} Z_t &= \phi Z_{t-1} + a_t \\ &= \phi(\phi Z_{t-2} + a_{t-1}) + a_t \quad (\because Z_{t-1} = \phi Z_{t-2} + a_{t-1}) \\ &= a_t + \phi a_{t-1} + \phi^2 Z_{t-2} \quad (\because Z_{t-2} = \phi Z_{t-3} + a_{t-2}) \\ &= a_t + \phi a_{t-1} + \phi^2(\phi Z_{t-3} + a_{t-3}) \end{aligned}$$

$$
\begin{aligned}
&= a_t + \phi a_{t-1} + \phi^2 a_{t-2} + \phi^3 Z_{t-3} \\
&\quad \vdots \\
Z_t &= a_t + \phi a_{t-1} + \phi^2 a_{t-2} + \phi^3 a_{t-3} + \cdots \\
&= \sum_{j=0}^{\infty} \phi^j a_{t-j}
\end{aligned}
$$

이 모형은 일반 선형과정에서 $\phi_j = \phi^j$인 경우이다. 따라서 AR(1)모형에서 구한 평균, 분산, 자기공분산 그리고 자기상관함수 등은 6장의 [예제 6.1]에서 얻은 결과와 일치하게 된다.

2. 후진연산자 사용법

AR(1)모형을 후진연산자를 사용하여 적으면 $(1-\phi B)Z_t = a_t$에서

$$
Z_t = \frac{1}{(1-\phi B)} a_t
$$

가 된다. 여기서 $1 = (1-\phi B)(1+\phi B + \phi^2 B^2 + \phi^3 B^3 + \cdots)$이므로

$$
\frac{1}{1-\phi B} = 1 + \phi B + \phi^2 B^2 + \phi^3 B^3 + \cdots
$$

이 성립한다. 따라서 $Z_t = (1+\phi B + \phi^2 B^2 + \cdots) a_t = \sum_{j=0}^{\infty} \phi^j a_{t-j}$가 되어 반복적으로 구한 결과와 같게 된다.

1차 자기회귀모형이 정상성을 만족하느냐를 알아보기 위하여 우리는 5장에서 익힌 세 가지의 정상성 조건을 살펴보았다. 이미 살펴보았듯이 1차 자기회귀모형은 선형 차분방정식의 특별한 경우이다. 결론적으로 선형 차분방정식의 이론에서 나온 특성방정식과 정상성은 관계가 있다. 일반적으로 자기회귀모형에서 특성방정식의 근의 절대값이 모두 1보다 크면 정상성을 만족하는 것으로 알려져 있다. 따라서 자기회귀모형에 있어서 많은 교과서에서는 특성방정식의 근들의 절대값이 1보다 크다는 조건을 정상성 조건으로 사용하고 있다.

> **자기회귀모형에서 정상성 조건**
>
> 특성방정식의 근들의 절대값이 모두 1보다 크면 자기회귀모형은 정상성을 만족한다.

AR(1)모형의 정상성 조건을 특성방정식을 이용하여 구해보자. 모형을 다시 쓰면 다음과 같다.

$$Z_t = \phi Z_{t-1} + a_t \Rightarrow a_t = Z_t - \phi Z_{t-1} = (1-\phi B)Z_t$$

따라서 특성방정식은 다음과 같다.

특성방정식 : $1-\phi B = \phi(B)$

여기서 우리는 $\phi(B)=0$을 만족시키는 근을 구하게 되는데, 만약 근의 절대값이 1보다 크면 이때의 AR(1)모형은 정상성을 만족한다. 즉

$$\phi(B)=0 \Leftrightarrow 1-\phi B=0 \Leftrightarrow \phi B=1 \Rightarrow B=\frac{1}{\phi}$$

위 결과 특성방정식의 근이 $\frac{1}{\phi}$ 이므로 $\left|\frac{1}{\phi}\right|>1$인 조건은 $|\phi|<1$가 되어 AR(1)모형의 정상성 조건은 $|\phi|<1$가 된다.

[예제 7.2] 다음의 시계열이 정상성을 만족하는지 보여라.

(1) $Z_t = 1 \cdot Z_{t-1} + a_t$

(2) $Z_t = 0.5 \cdot Z_{t-1} + a_t$

풀이 위의 시계열은 모두 AR(1)모형이다. 따라서 계수 ϕ가 1보다 작으면 정상성을 만족하게 되고 그렇지 않으면 정상성을 만족하지 않는다. 따라서

$$Z_t = 1 \cdot Z_{t-1} + a_t \Rightarrow \phi = 1 \quad : \text{ 비정상 시계열}$$

$$Z_t = 0.5 \cdot Z_{t-1} + a_t \Rightarrow \phi = 0.5 \quad : \text{ 정상 시계열}$$

다음의 그림들은 AR(1)모형에서 ϕ가 −0.9, −0.5, 0.5, 0.9일 때 SAS를 이용하여 정규분포에서 백색잡음과정을 생성한 후 그린 시계열 그림과 각각의 경우에 해당되는 자기상관함수의 그림이다. 이론적으로는 시차 k가 증가할수록 지수적으로 감소하는 것으로 밝혀졌으나 자료의 오차 때문에 정확한 지수적 감소로 나타나지 않음에 주의하기 바란다. 또한 이에 해당하는 SAS 프로그램은 다음과 같다.

프로그램 예제 7.1

```
Data AR1;
  z1 = 0;
  phi= -0.5; /* phi 에 위에서 정한 숫자 대입 */
do t=1 to 100;
  z1= phi *z1 + rannor(0);
  output;
end;

symbol v=none i=join c=blue l=1;
proc gplot;
  plot z1*t;

proc arima;
  i var=z1;
run;
```

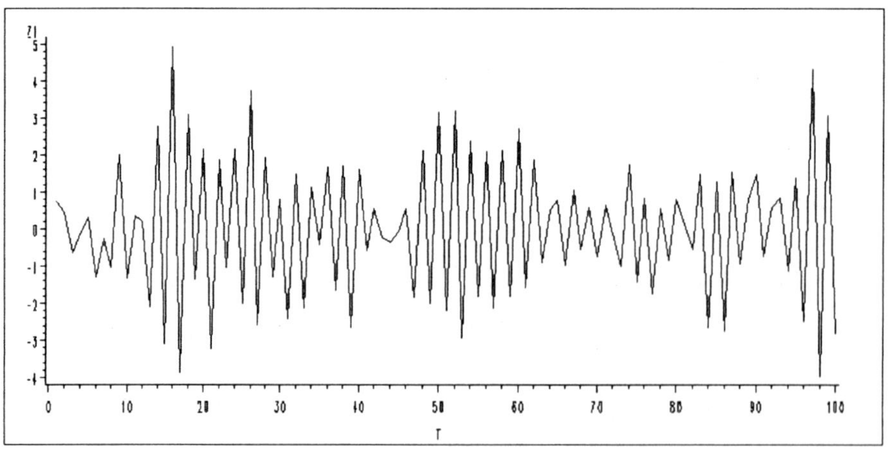

[그림 7.4] AR(1)모형 ; $Z_t = -0.9Z_{t-1} + a_t$

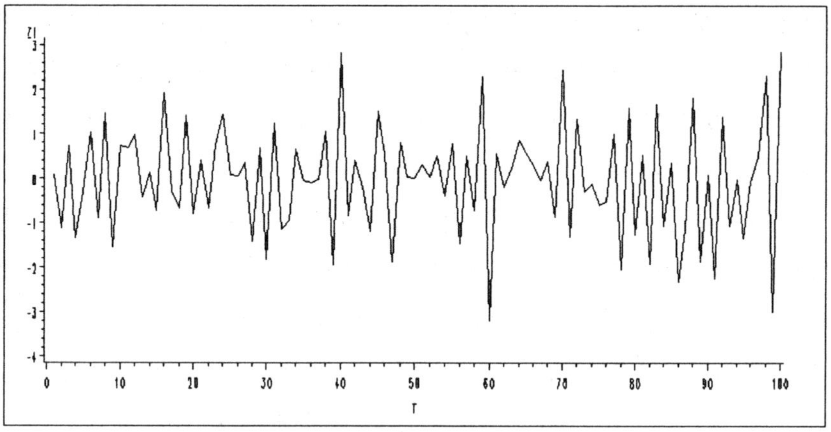

[그림 7.5] AR(1)모형 ; $Z_t = -0.5Z_{t-1} + a_t$

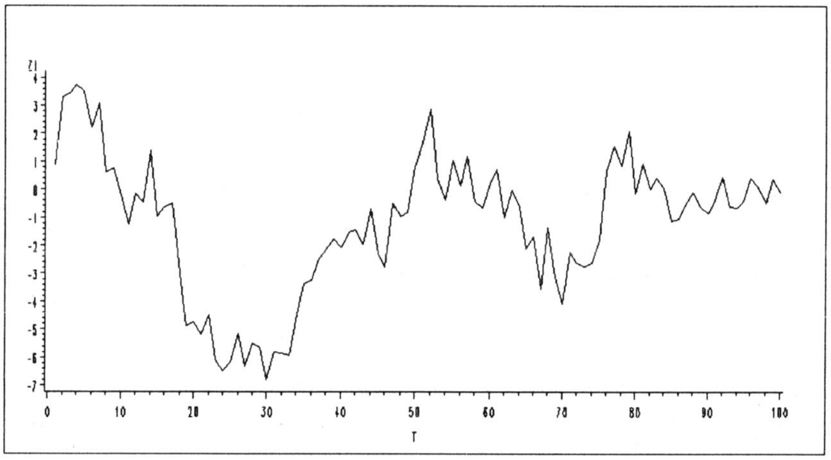

[그림 7.6] AR(1)모형 ; $Z_t = 0.9Z_{t-1} + a_t$

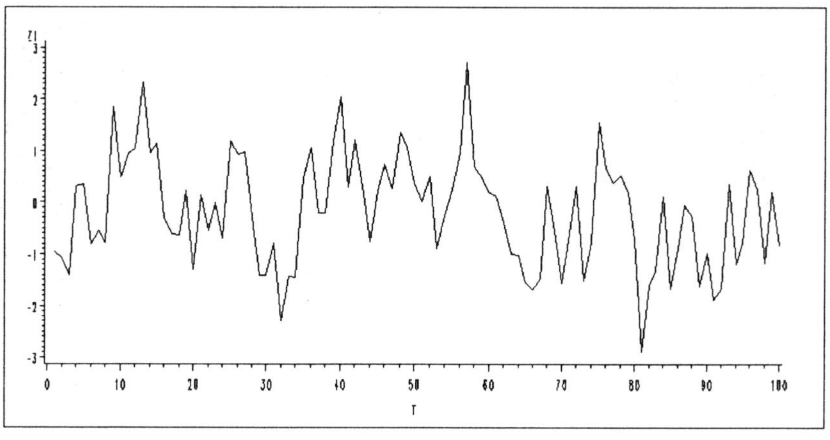

[그림 7.7] AR(1)모형 ; $Z_t = 0.5Z_{t-1} + a_t$

앞의 그림을 살펴보면 [그림 7.4], [그림 7.5]는 AR(1)모형의 계수가 음수이기 때문에 전 시점의 자료가 양수이면 현시점의 자료는 음수가 되는 경향이 반복적으로 이루어지고 있다. 반대로 [그림 7.6]과 [그림 7.7]에서는 모형의 계수가 양수이므로 전 시점의 자료가 양수이면 현 시점의 자료도 양수일 가능성이 높고 반대로 전 시점의 자료가 음수이면 현 시점의 자료도 음수일 가능성이 높다. 다음이 위 그림의 ACF와 PACF이다. 독자들은 ϕ 의 변화에 따른 ACF와 PACF의 변화를 살펴보기 바란다. 여기서 독자들이 염두에 두어야 할 것은 자료의 개수가 적으면 자료가 비록 AR(1)모형에서 생성되었다 할지라도 AR(1)모형에서 나왔는지 아닌지를 명확하게 구분하기 힘들 수 있는데 이는 자료의 개수가 적을 경우 신뢰구간이 넓어져서 생기는 현상이므로 이 경우에는 자료의 개수를 충분히 크게 한다면 해결될 것이다.

Model $Z_t = -0.9Z_{t-1} + a_t$

```
                                  Autocorrelation

Lag Covariance Correlation -1 9 8 7 6 5 4 3 2 1 0 1 2 3 4 5 6 7 8 9 1      Std
 0   4.479432    1.00000   |                    |********************|         0
 1  -3.955415   -0.88302   |  ******************|   .                |  0.100000
 2   3.507503    0.78302   |             .      |****************    |  0.159982
 3  -2.906777   -0.64892   |       *************|       .            |  0.194569
 4   2.397274    0.53517   |           .        |***********         |  0.215125
 5  -2.121998   -0.47372   |           *********|         .          |  0.228050
 6   1.828688    0.40824   |          .         |******** .          |  0.237687
 7  -1.854368   -0.41397   |          .*********|         .          |  0.244598
 8   1.696329    0.37869   |          .         |******** .          |  0.251507
 9  -1.588814   -0.35469   |          .  *******|         .          |  0.257146
10   1.497244    0.33425   |          .         |*******  .          |  0.261993
11  -1.296215   -0.28937   |         .    ******|          .         |  0.266223
12   1.427074    0.31858   |         .          |******    .         |  0.269350
13  -1.447983   -0.32325   |         .    ******|          .         |  0.273092
14   1.476544    0.32963   |         .          |*******   .         |  0.276892
15  -1.332610   -0.29750   |         .    ******|          .         |  0.280788
16   1.055052    0.23553   |         .          |*****     .         |  0.283923
17  -0.826912   -0.18460   |         .      ****|          .         |  0.285870
18   0.379252    0.08467   |         .          |**        .         |  0.287060
19  -0.239317   -0.05343   |         .         *|          .         |  0.287309
20   0.084219    0.01880   |         .          |          .         |  0.287409
21  -0.052647   -0.01175   |         .          |          .         |  0.287421
22  -0.123760    0.02763   |         .          |*         .         |  0.287426
23  -0.029212   -0.00652   |         .          |          .         |  0.287452
24   0.013250    0.00296   |         .          |          .         |  0.287454
```

[그림 7.8] AR(1)모형의 ACF

Model $Z_t = -0.9Z_{t-1} + a_t$

```
                 Partial Autocorrelations

Lag Correlation -1 9 8 7 6 5 4 3 2 1 0 1 2 3 4 5 6 7 8 9 1
  1   -0.88302  |  ******************|   .                |
  2    0.01500  |                .   |   .                |
  3    0.20606  |                .   |****                |
  4   -0.00649  |                .   |   .                |
  5   -0.20437  |                ****|   .                |
  6   -0.05805  |                .  *|   .                |
  7   -0.22050  |                ****|   .                |
  8   -0.14451  |                .***|   .                |
  9    0.02694  |                .   |*  .                |
 10    0.08453  |                .   |** .                |
 11    0.04923  |                .   |*  .                |
 12    0.27392  |                .   |*****               |
 13   -0.01701  |                .   |   .                |
 14   -0.17845  |                ****|   .                |
 15    0.13459  |                .   |***.                |
 16   -0.04225  |                .  *|   .                |
 17   -0.01039  |                .   |   .                |
 18   -0.11517  |                . **|   .                |
 19   -0.12026  |                . **|   .                |
 20   -0.06205  |                .  *|   .                |
 21    0.01725  |                .   |   .                |
 22    0.04514  |                .   |*  .                |
 23    0.05737  |                .   |*  .                |
 24   -0.03145  |                .  *|   .                |
```

[그림 7.9] AR(1)모형의 PACF

Model $Z_t = -0.5Z_{t-1} + a_t$

```
                                  Autocorrelations

Lag Covariance Correlation -1 9 8 7 6 5 4 3 2 1 0 1 2 3 4 5 6 7 8 9 1       Std
  0   1.504802    1.00000  |                    |********************|         0
  1  -0.881508   -0.58580  |        ************|   .                |  0.100000
  2   0.479874    0.31890  |               .    |******              |  0.129858
  3  -0.247119   -0.16422  |              .  ***|     .              |  0.137467
  4   0.205246    0.13639  |              .     |***  .              |  0.139415
  5   0.024563    0.01632  |              .     |     .              |  0.140747
  6 -0.0012027   -0.00080  |              .     |     .              |  0.140729
  7  -0.071241   -0.04734  |              .    *|     .              |  0.140762
  8  -0.016899   -0.01123  |              .     |     .              |  0.140921
  9   0.189151    0.12570  |              .     |***  .              |  0.140930
 10  -0.331797   -0.22049  |              . ****|     .              |  0.142046
 11   0.330284    0.21949  |              .     |**** .              |  0.145429
 12  -0.443850   -0.29496  |              ******|     .              |  0.148704
 13   0.476302    0.31652  |              .     |******              |  0.154444
 14  -0.370056   -0.24592  |              .*****|     .              |  0.160800
 15   0.244164    0.16226  |             .      |***   .             |  0.164518
 16  -0.246131   -0.16356  |             .   ***|      .             |  0.166116
 17   0.124003    0.08241  |             .      |**    .             |  0.167713
 18  -0.072001   -0.04785  |             .     *|      .             |  0.168118
 19   0.106528    0.07079  |             .      |*     .             |  0.168254
 20  -0.248015   -0.16482  |             .   ***|      .             |  0.168552
 21   0.125845    0.08363  |             .      |**    .             |  0.170156
 22 -0.0064950   -0.00432  |             .      |      .             |  0.170566
 23  -0.281579   -0.18712  |             .  ****|      .             |  0.170567
 24   0.312208    0.20747  |             .      |****  .             |  0.172608
```

[그림 7.10] AR(1)모형의 ACF

Model $Z_t = -0.5Z_{t-1} + a_t$

```
                    Partial Autocorrelations

Lag Correlation -1 9 8 7 6 5 4 3 2 1 0 1 2 3 4 5 6 7 8 9 1
 0    -0.58580   |          ************|  .                |
 2    -0.03694   |                 .   *|  .                |
 3     0.01197   |                 .    |  .                |
 4     0.08109   |                 .    |**.                |
 5     0.18841   |                 .    |****               |
 6     0.11703   |                 .    |** .               |
 7    -0.05930   |                 .   *|  .                |
 8    -0.14240   |                 .*** |  .                |
 9     0.08740   |                 .    |** .               |
10    -0.15696   |                 .***|   .                |
11     0.02079   |                 .    |  .                |
12    -0.15426   |                 .***|   .                |
13     0.09870   |                 .    |** .               |
14     0.02671   |                 .    |*  .               |
15     0.04725   |                 .    |*  .               |
16    -0.05046   |                 .   *|  .                |
17    -0.09296   |                 .  **|  .                |
18    -0.08326   |                 .  **|  .                |
19     0.06728   |                 .    |*  .               |
20    -0.15424   |                 .***|   .                |
21    -0.04436   |                 .   *|  .                |
22    -0.00100   |                 .    |  .                |
23    -0.22881   |               *****|   .                |
24    -0.05101   |                 .   *|  .                |
```

[그림 7.11] AR(1)모형의 PACF

Model $Z_t = 0.9Z_{t-1} + a_t$

```
                               Autocorrelations

Lag Covariance Correlation -1 9 8 7 6 5 4 3 2 1 0 1 2 3 4 5 6 7 8 9 1      Std
 0   6.113915    1.00000   |                    |********************|          0
 1   5.454240    0.89210   |                  . |******************  |   0.100000
 2   5.055364    0.82686   |                .   |*****************   |   0.160987
 3   4.618048    0.75533   |               .    |***************     |   0.198975
 4   4.005529    0.65515   |              .     |*************       |   0.225835
 5   3.537172    0.57854   |             .      |************        |   0.244102
 6   2.838963    0.46434   |             .      |*********.          |   0.257449
 7   2.400766    0.39267   |            .       |********   .        |   0.265693
 8   2.106221    0.34450   |            .       |*******    .        |   0.271434
 9   1.625198    0.26582   |            .       |*****      .        |   0.275772
10   1.248512    0.20421   |            .       |****       .        |   0.278322
11   0.917750    0.15011   |            .       |***        .        |   0.279816
12   0.457090    0.07476   |            .       |*          .        |   0.280620
13   0.076782    0.01256   |            .       |           .        |   0.280820
14  -0.545501   -0.08922   |            .     **|           .        |   0.280826
15  -0.938099   -0.15344   |            .    ***|           .        |   0.281108
16  -1.307349   -0.21383   |            .   ****|           .        |   0.281945
17  -1.792866   -0.29324   |            . ******|           .        |   0.283562
18  -2.035373   -0.33291   |            .*******|           .        |   0.286578
19  -2.120958   -0.34691   |           . *******|            .       |   0.290420
20  -2.213698   -0.36208   |           . *******|            .       |   0.294535
21  -2.240245   -0.36642   |           . *******|            .       |   0.298952
22  -2.346211   -0.38375   |           .********|            .       |   0.303410
23  -2.402367   -0.39293   |           .********|            .       |   0.308226
24  -2.230542   -0.36483   |          .  *******|             .      |   0.313195
```

[그림 7.12] AR(1)모형의 ACF

Model $Z_t = 0.9Z_{t-1} + a_t$

Partial Autocorrelations

```
Lag Correlation -1 9 8 7 6 5 4 3 2 1 0 1 2 3 4 5 6 7 8 9 1
  1    0.89210   |                    .   |******************    |
  2    0.15192   |                    .   |***.                  |
  3   -0.02896   |                    . * |   .                  |
  4   -0.18837   |                   **** |   .                  |
  5    0.00520   |                    .   |   .                  |
  6   -0.20548   |                   **** |   .                  |
  7    0.10246   |                    .   |**  .                 |
  8    0.12534   |                    .   |***.                  |
  9   -0.10851   |                    . **|   .                  |
 10   -0.08847   |                    . **|   .                  |
 11    0.00726   |                        |                      |
 12   -0.16643   |                    .***|   .                  |
 13   -0.06191   |                    .  *|   .                  |
 14   -0.19687   |                    ****|   .                  |
 15    0.05951   |                    .   |*  .                  |
 16   -0.04593   |                    .  *|   .                  |
 17   -0.07320   |                    .  *|   .                  |
 18    0.01723   |                    .   |   .                  |
 19    0.16263   |                    .   |***.                  |
 20   -0.08128   |                    . **|   .                  |
 21   -0.04117   |                    .  *|   .                  |
 22   -0.08357   |                    . **|   .                  |
 23   -0.08797   |                    . **|   .                  |
 24    0.12469   |                    .   |**  .                 |
```

[그림 7.13] AR(1)모형의 PACF

Model $Z_t = 0.5Z_{t-1} + a_t$

Autocorrelations

```
Lag  Covariance   Correlation-1 9 8 7 6 5 4 3 2 1 0 1 2 3 4 5 6 7 8 9 1  Std Error
  0    1.213829     1.00000  |                    |********************|        0
  1    0.540738     0.44548  |                  . |*********           |  0.044721
  2    0.268414     0.22113  |                  . |****                |  0.052857
  3    0.145040     0.11949  |                  . |**                  |  0.054675
  4    0.074018     0.06098  |                  . |*.                  |  0.055195
  5   -0.048942     -.04032  |                  .*| .                  |  0.055330
  6   -0.067636     -.05572  |                  .*| .                  |  0.055389
  7   -0.074725     -.06156  |                  .*| .                  |  0.055501
  8   -0.027429     -.02260  |                  . | .                  |  0.055637
  9   0.0064305     0.00530  |                  . | .                  |  0.055655
 10   -0.015882     -.01308  |                  . | .                  |  0.055656
 11   -0.027664     -.02279  |                  . | .                  |  0.055662
 12    0.022035     0.01815  |                  . | .                  |  0.055681
 13   0.0061787     0.00509  |                  . | .                  |  0.055693
 14   0.0017350     0.00143  |                  . | .                  |  0.055694
 15    0.013334     0.01098  |                  . | .                  |  0.055694
 16   -0.058906     -.04853  |                  .*| .                  |  0.055698
 17   -0.107145     -.08827  |                  **| .                  |  0.055783
 18   -0.067405     -.05553  |                  .*| .                  |  0.056061
 19   -0.057203     -.04713  |                  .*| .                  |  0.056171
 20   -0.116163     -.09570  |                  **| .                  |  0.056250
 21   -0.109931     -.09057  |                  **| .                  |  0.056575
 22   -0.017315     -.01427  |                  . | .                  |  0.056864
 23   -0.019038     -.01568  |                  . | .                  |  0.056871
 24    0.044208     0.03642  |                  . |*.                  |  0.056880
```

[그림 7.14] AR(1)모형의 ACF

Model $Z_t = 0.5Z_{t-1} + a_t$

```
                    Partial Autocorrelations

Lag Correlation -1 9 8 7 6 5 4 3 2 1 0 1 2 3 4 5 6 7 8 9 1
  1     0.44548 |                   .  |*********          |
  2     0.02829 |                   .  |*.                 |
  3     0.01394 |                   .  |  .                |
  4    -0.00229 |                   .  |  .                |
  5    -0.08947 |                  **  |  .                |
  6    -0.01252 |                   .  |  .                |
  7    -0.02245 |                   .  |  .                |
  8     0.03053 |                   .  |*.                 |
  9     0.02375 |                   .  |  .                |
 10    -0.03203 |                   .* |  .                |
 11    -0.01753 |                   .  |  .                |
 12     0.03710 |                   .  |*.                 |
 13    -0.01725 |                   .  |  .                |
 14     0.00499 |                   .  |  .                |
 15     0.01263 |                   .  |  .                |
 16    -0.07812 |                  **  |  .                |
 17    -0.05393 |                   .* |  .                |
 18     0.01578 |                   .  |  .                |
 19    -0.00968 |                   .  |  .                |
 20    -0.07249 |                   .* |  .                |
 21    -0.02806 |                   .* |  .                |
 22     0.05315 |                   .  |*.                 |
 23    -0.02605 |                   .* |  .                |
 24     0.05748 |                   .  |*.                 |
```

[그림 7.15] AR(1)모형의 PACF

앞의 ACF와 PACF를 살펴보면 ϕ가 음수인 경우 ACF는 0을 기준으로 음수와 양수를 번갈아 가며 빠르게 감소하고 있는 반면 ϕ가 양수인 경우는 한 방향에서 계속적으로 빠르게 감소함을 나타내어 시계열 그림에서와 같은 결론을 얻는다. 또한 PACF는 시점 2에서 절단점을 가지므로 이 모형이 AR(1)모형임을 알 수 있고, ϕ가 1에 가까운 경우의 ACF가 ϕ가 0에 더 가까운 수보다 더 느리게 감소하는 것도 확인할 수 있다.

이는 비정상시계열과 시계열의 차이로 뒷부분에서 더 자세히 살펴볼 것이다.

7.2 2차 자기회귀모형 (Second order autoregressive model, AR(2) 모형)

이 절에서는 현시점의 자료가 2시점 전 자료까지 관계가 있는 모형인 2차 자기회귀모형을 살펴보기로 한다. 2차 자기회귀모형, 즉 AR(2)모형은 다음과 같다.

$$Z_t = \phi_1 Z_{t-1} + \phi_2 Z_{t-2} + a_t, \quad a_t \overset{iid}{\sim} (0, \sigma_a^2) : \text{ white noise} \tag{7.4}$$

여기서 a_t와 Z_{t-k}, $k \geq 1$은 독립이다.

AR(1)모형의 경우 모형의 계수가 하나이기 때문에 AR(1)모형이 정상성을 만족하는지는 쉽게 판별이 된다. 그러나 AR(2)모형의 경우는 조금 복잡하다. AR(2)모형이 정상성을 가질 조건은 특성방정식의 두 근의 절대값이 모두 1보다 커야한다. 이 경우에 있어서도 정상성 조건이 만족되는지를 알아보기 위하여 특성방정식과 근을 구하여 살펴보자.

특성방정식

모형 : $a_t = Z_t - \phi_1 Z_{t-1} - \phi_2 Z_{t-2} = (1 - \phi_1 B - \phi_2 B^2) Z_t$

특성방정식 : $\phi(B) = 1 - \phi_1 B - \phi_2 B^2$

특성방정식의 두 근 : $1 - \phi_1 B - \phi_2 B^2 = 0$

$$\Rightarrow B = \frac{\phi_1 \pm \sqrt{\phi_1^2 + 4 \cdot 1 \cdot \phi_2}}{-2\phi_2}$$

위에서 얻어진 두 근의 절대값이 1보다 크면 AR(2)모형은 정상성을 만족한다. 따라서 모형의 계수 ϕ_1과 ϕ_2가 어떤 값을 갖느냐에 따라 정상성을 만족할 수도 있고 만족하지 않을 수도 있다. 위에서 구한 두 특성방정식의 근의 절대값이 1보다 크다는 조건은 아래 조건을 만족하는 것과 일치한다. 두 결과가 같다는 것은 연습문제에서 독자들이 직접 풀어보기 바란다.

$$\phi_1 + \phi_2 < 1, \quad \phi_2 - \phi_1 < 1, \quad |\phi_2| < 1 \tag{7.5}$$

이제 모형 (7.4)에서 주어진 AR(2)모형이 정상성을 만족한다는 가정 하에서 AR(2)모형의 특징을 말해주는 평균, 분산, 자기공분산 그리고 자기상관함수를 구하자. AR(2)모형은 AR(1)모형에 비해 복잡하므로 분산과 자기공분산을 구하는 것도 복잡하다. 그러나 자기회귀모형에서 분산과 자기공분산을 쉽게 구하는 방법인 Yule-Walker 방정식을 사용하면 어렵지 않게 구할 수 있다.

다음에서 자기공분산을 구하는 방법인 Yule-Walker 방정식을 살펴보기로 하자.

Yule-Walker 방정식
정의 : 모형의 양변에 Z_{t-k}를 곱하고 난 후 기대값을 취한 것(모형에 μ가 있으면 $Z_{t-k}-\mu$를 곱함)

이 Yule-Walker 방정식은 자기공분산, 자기상관함수를 쉽게 구하기 위하여 사용되므로 꼭 기억하기 바란다.

[예제 7.3] AR(1)모형에서 Yule-Walker 방정식을 사용하여 자기상관함수 ρ_1을 구하라.

풀이 모형 : $Z_t = \phi Z_{t-1} + a_t$

모형의 양변에 Z_{t-1}을 곱하고 기대값을 취하여 Yule-Walker 방정식을 구한다.

$$Z_t \cdot Z_{t-1} = \phi Z_{t-1} \cdot Z_{t-1} + a_t \cdot Z_{t-1}$$

$$\Rightarrow \mathrm{E}[Z_t \cdot Z_{t-1}] = \phi \mathrm{E}[Z_{t-1} \cdot Z_{t-1}] + \mathrm{E}[a_t \cdot Z_{t-1}]$$

따라서 $\sigma(1) = \phi\sigma(0) + 0 \Leftarrow$ Yule − Walker 방정식이 되고 1차 자기상관함수 ρ_1은

$$\rho_1 = \frac{\sigma(1)}{\sigma(0)} = \phi$$

가 된다.

[예제 7.4] AR(2)모형에서 Yule-Walker 방정식을 이용하여 자기상관함수 ρ_1을 구하라.

풀이 모형 : $Z_t = \phi_1 Z_{t-1} + \phi_2 Z_{t-2} + a_t$

$Z_t \cdot Z_{t-1} = \phi_1 Z_{t-1}^2 + \phi_2 Z_{t-2} \cdot Z_{t-1} + a_t \cdot Z_{t-1}$에 기대값을 취하면

$\mathrm{E}[Z_t \cdot Z_{t-1}] = \phi_1 \mathrm{E}(Z_{t-1}^2) + \phi_2 \mathrm{E}[Z_{t-2} \cdot Z_{t-1}] + \mathrm{E}[a_t \cdot Z_{t-1}]$에서

$$\sigma(1) = \phi_1 \sigma(0) + \phi_2 \sigma(1) + 0$$

이 된다. 이를 정리하면 $\sigma(1)(1-\phi_2)=\phi_1\sigma(0)$이 되고, 따라서

$$\rho_1 = \frac{\sigma(1)}{\sigma(0)} = \frac{\phi_1}{1-\phi_2}$$

을 얻는다.

[예제 7.5] 시계열이 다음을 만족할 때 Yule-Walker 방정식을 이용하여 $\sigma(1)$을 구하라.

$$\text{모형 : } Z_t = a_t - 0.4a_{t-1}$$

여기서 a_t와 Z_{t-1}, Z_{t-2}, Z_{t-3} ⋯은 독립이다.

풀이 $Z_t = a_t - 0.4a_{t-1}$에서 $Z_tZ_{t-1} = a_tZ_{t-1} - 0.4a_{t-1}Z_{t-1}$이 되고

$$\begin{aligned} E(Z_tZ_{t-1}) &= E(a_tZ_{t-1}) - 0.4E(a_{t-1}Z_{t-1}) = -0.4E(a_{t-1}Z_{t-1}) \\ &= -0.4E[a_{t-1}(a_{t-1} - 0.4a_{t-2})] = -0.4E(a_{t-1}^2) = -0.4\sigma_a^2 \end{aligned}$$

이 된다. 따라서 $\sigma(1) = -0.4\sigma_a^2$이다.

[예제 7.5]에서 다룬 모형을 MA(1)모형이라 부르며 이는 8장에서 자세히 다루기로 하고 여기서는 AR(2)모형의 평균, 분산, 자기공분산, 자기상관함수를 구해보자.

AR(2)모형

$$Z_t = \phi_1 Z_{t-1} + \phi_2 Z_{t-2} + a_t$$

【평균】 $\mathrm{E}(Z_t) = \mathrm{E}(\phi_1 Z_{t-1} + \phi_2 Z_{t-2} + a_t)$

$= \phi_1 \mathrm{E}(Z_{t-1}) + \phi_2 \mathrm{E}(Z_{t-2}) + \mathrm{E}(a_t)$에서

$\mathrm{E}(a_t) = 0$이므로

$$\mu = \phi_1\mu + \phi_2\mu \Rightarrow (1-\phi_1-\phi_2)\mu = 0$$

이 된다. 정상성을 만족하면 (7.6)식에 의해서 $1-\phi_1-\phi_2 \neq 0$ 이므로 $\mu=0$이 된다.

【분산】 $\mathrm{Var}(Z_t) = \sigma(0) = \mathrm{Var}(\phi_1 Z_{t-1} + \phi_2 Z_{t-2} + a_t)$

$$
\begin{aligned}
&= \mathrm{Var}(\phi_1 Z_{t-1}) + \mathrm{Var}(\phi_2 Z_{t-2}) + \mathrm{Var}(a_t) \\
&\quad + 2\mathrm{Cov}(\phi_1 Z_{t-1},\ \phi_2 Z_{t-2}) \\
&\quad + 2\,\mathrm{Cov}(\phi_1 Z_{t-1},\ a_t) + 2\,\mathrm{Cov}(\phi_2 Z_{t-2},\ a_t) \\
&\quad (\text{여기서 } \mathrm{Cov}(\phi_1 Z_{t-1},\ a_t) = \mathrm{Cov}(\phi_2 Z_{t-2},\ a_t) = 0) \\
&= \phi_1^2\,\mathrm{Var}(Z_{t-1}) + \phi_2^2\,\mathrm{Var}(Z_{t-2}) + \mathrm{Var}(a_t) \\
&\quad + 2\mathrm{Cov}(\phi_1 Z_{t-1}, \phi_2 Z_{t-2})
\end{aligned}
$$

또한 $\mathrm{Cov}(\phi_1 Z_{t-1}, \phi_2 Z_{t-2}) = \phi_1\phi_2 \mathrm{Cov}(Z_{t-1}, Z_{t-2}) = \phi_1\phi_2\,\sigma(1)$이므로

$$\sigma(0) = \phi_1^2\sigma(0) + \phi_2^2\sigma(0) + \sigma_a^2 + 2\phi_1\phi_2\,\sigma(1) \tag{7.6}$$

이 된다. 그러나 이 식만으로 $\sigma(0)$를 구할 수 없기 때문에 다음의 자기공분산을 살펴보아야 한다.

【자기공분산】 $\mathrm{Cov}(Z_t, Z_{t-k}) = \sigma(k)$

Yule-Walker 방정식을 구하면 다음과 같다.

$$
\begin{aligned}
Z_t &= \phi_1 Z_{t-1} + \phi_2 Z_{t-2} + a_t \\
Z_t \cdot Z_{t-k} &= \phi_1 Z_{t-1}\cdot Z_{t-k} + \phi_2 Z_{t-2}\cdot Z_{t-k} + a_t \cdot Z_{t-k} \\
\mathrm{E}(Z_t \cdot Z_{t-k}) &= \phi_1 \mathrm{E}(Z_{t-1}\cdot Z_{t-k}) + \phi_2 \mathrm{E}(Z_{t-2}\cdot Z_{t-k}) + \mathrm{E}(a_t \cdot Z_{t-k})
\end{aligned}
$$

$$\sigma(k) = \phi_1\,\sigma(k-1) + \phi_2\,\sigma(k-2) + \mathrm{E}(a_t \cdot Z_{t-k})$$

$$k=0 \Rightarrow \sigma(0) = \phi_1\,\sigma(1) + \phi_2\,\sigma(2) + \sigma_a^2$$

$$k=1 \Rightarrow \sigma(1) = \phi_1\,\sigma(0) + \phi_2\,\sigma(1) \tag{7.7}$$

$$k=2 \Rightarrow \sigma(2) = \phi_1\,\sigma(1) + \phi_2\,\sigma(0) \tag{7.8}$$

$$\sigma(k) = \phi_1\sigma(k-1) + \phi_2\sigma(k-2), \quad k \geq 2 \tag{7.9}$$

위 (7.7), (7.8), (7.9)식을 연립하여 풀면 $\sigma(0)$, $\sigma(1)$, $\sigma(2)\cdots$ 등을 구할 수 있다. 이제 (7.6)식을 이용하여 $\sigma(0)$, $\sigma(1)$, $\sigma(2)\cdots$ 등을 구하여 보자.

(7.6)식에서,

$$(1-\phi_1^2-\phi_2^2)\sigma(0) = \sigma_a^2+2\phi_1\phi_2\sigma(1)$$

이 되고 (7.7)식에서

$$(1-\phi_2)\sigma(1)=\phi_1\sigma(0)\ ,\ \text{즉}\ \ \sigma(1)=\frac{\phi_1}{1-\phi_2}\sigma(0)$$

을 (7.6)식에 대입하면 다음과 같다.

$$(1-\phi_1^2-\phi_2^2)\sigma(0)=\sigma_a^2+2\phi_1\phi_2\cdot\frac{\phi_1}{1-\phi_2}\sigma(0)$$

또는

$$\left(1-\phi_1^2-\phi_2^2-\frac{2\phi_1^2\phi_2}{1-\phi_2}\right)\sigma(0)=\sigma_a^2$$

따라서 다음과 같은 자기공분산 함수를 얻을 수 있다.

$$\begin{aligned}
\sigma(0) &= \frac{\sigma_a^2}{\left(1-\phi_1^2-\phi_2^2-\dfrac{2\phi_1^2\phi_2}{1-\phi_2}\right)} \\
\sigma(1) &= \frac{\phi_1}{1-\phi_2}\sigma(0) \\
\sigma(2) &= \phi_1\sigma(1)+\phi_2\sigma(0) \\
&\ \vdots \\
\sigma(k) &= \phi_1\sigma(k-1)+\phi_2\sigma(k-2).
\end{aligned}$$

위의 결과를 반복적으로 대입하면 일반항 $\sigma(k)$의 일반식을 구할 수 있다. 그러나 자기공분산은 $\sigma(0)$, $\sigma(1)$을 초기치로 하는 선형 차분방정식이 되기 때문에 위 방법보다는 6장에서 익힌 방법을 사용하여 구하면 좀 더 쉽게 일반식 $\sigma(k)$를 구할 수 있다.

【자기상관함수 ρ_k】

먼저 시계열이 정상성을 만족하면 $\rho_0 = \dfrac{\sigma(0)}{\sigma(0)}$ 이므로 $\rho_0 = 1$이 언제나 성립한다. 또한 ρ_k, $k \geq 1$인 경우는 위에서 구한 자기공분산을 이용하여 쉽게 얻는다.

① $\sigma(1) = \dfrac{\phi_1}{1-\phi_2}\sigma(0)$에서 $\rho_1 = \dfrac{\sigma(1)}{\sigma(0)} = \dfrac{\phi_1}{1-\phi_2}$

② $\sigma(2) = \phi_1 \sigma(1) + \phi_2 \sigma(0)$

$$\Rightarrow \ \rho_2 = \frac{\sigma(2)}{\sigma(0)} = \phi_1 \frac{\sigma(1)}{\sigma(0)} + \phi_2$$

즉, $\rho_2 = \phi_1 \rho_1 + \phi_2 = \dfrac{\phi_1^2}{1-\phi_2} + \phi_2 = \dfrac{\phi_1^2 + \phi_2 - \phi_2^2}{1-\phi_2}$

③ ρ_k, $k \geq 2$인 경우

$$\rho_k = \phi_1 \rho_{k-1} + \phi_2 \rho_{k-2}$$

($\because \ \sigma(k) = \phi_1 \sigma(k-1) + \phi_2 \sigma(k-2)$

$$\Rightarrow \frac{\sigma(k)}{\sigma(0)} = \phi_1 \frac{\sigma(k-1)}{\sigma(0)} + \phi_2 \frac{\sigma(k-2)}{\sigma(0)}$$

$\Rightarrow \rho_k = \phi_1 \rho_{k-1} + \phi_2 \rho_{k-2}$)

위의 자기상관함수를 살펴보면 ρ_1, ρ_2를 초기치로 하는 선형 차분방정식이 된다. 따라서 6장에서 익힌 정리를 사용하여 ρ_k를 구할 수 있다.

먼저 $\rho_k - \phi_1 \rho_{k-1} - \phi_2 \rho_{k-2} = 0$에서 특성방정식을 구하면

$$\phi(B) = 1 - \phi_1 B - \phi_2 B^2$$

이 된다 이 때의 근의 역수를 R_1, R_2라 하자. 여기서 $\phi(B)$가 서로 다른 두 근을 갖고 있으면 [정리 6.1] 또는 특성방정식의 일반항에 의해

$$\rho_k = b_1 R_1^k + b_2 R_2^k$$

이 되고, 이때 초기치 ρ_1, ρ_2를 대입하면 다음의 결과를 얻는다.

$$\rho_k = \frac{(1-R_2^2)R_1^{k+1} - (1-R_1^2)R_2^{k+1}}{(R_1 - R_2)(1 + R_1 \cdot R_2)}$$

위 식에서 R_1과 R_2는 특성방정식 $1-\phi_1 B - \phi_2 B^2 = 0$의 두 근의 역수로 다음과 같다.

$$R_1 = \frac{-2\phi_2}{\phi_1 + \sqrt{\phi_1^2 + 4\phi_2}}, \quad R_2 = \frac{-2\phi_2}{\phi_1 - \sqrt{\phi_1^2 + 4\phi_2}}$$

AR(1)모형의 경우 ρ_k는 k가 증가함에 따라 지수적으로 감소하였다. 이제 AR(2)모형의 자기상관함수, ρ_k의 형태를 살펴보자. AR(2)모형에서 우리는 정상성을 고려하였다. 즉 AR(2)모형이 정상성을 만족하면 특성방정식의 두 근의 역수인 R_1, R_2의 절대값이 1보다 작게 될 것이다. 따라서 ρ_k의 형태는 R_1, R_2의 값에 따라 다르겠지만 k가 증가함에 따라서 점차 빠르게 감소함을 알 수 있다.

다음은 SAS를 이용하여 AR(2)모형에서 자료를 생성하여 정규분포에서 백색잡음과정을 생성한 후 그림으로 나타내는 프로그램이며, 이 프로그램을 사용하여 얻어진 출력결과인 시계열 그림, 그리고 이때의 자기상관함수와 부분자기상관함수도 함께 출력하였다.

프로그램 예제 7.2

```
Data AR2;
  z1=0;  z2=0;
  retain z 0;
do t=1 to 100;
  z=1.2*z1-0.35*z2+rannor(0);
  output;
  z2=z1;  z1=z;
end;

Proc arima;
  i var=z;
run;
```

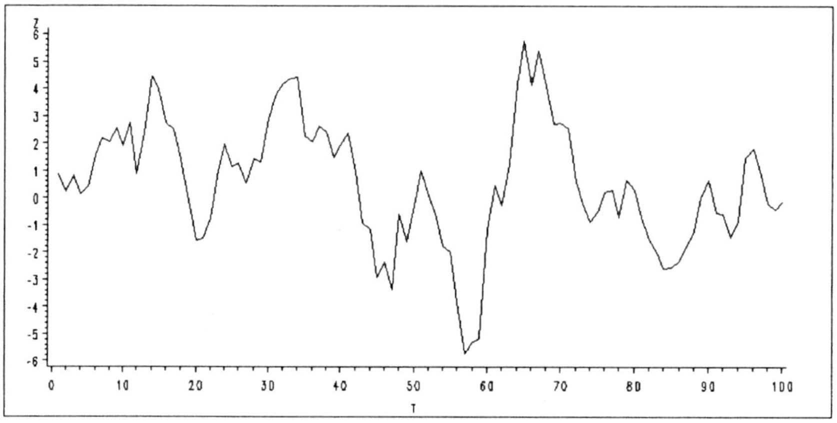

[그림 7.16] AR(2)모형 ; $Z_t = 1.2Z_{t-1} - 0.35Z_{t-2} + a_t$

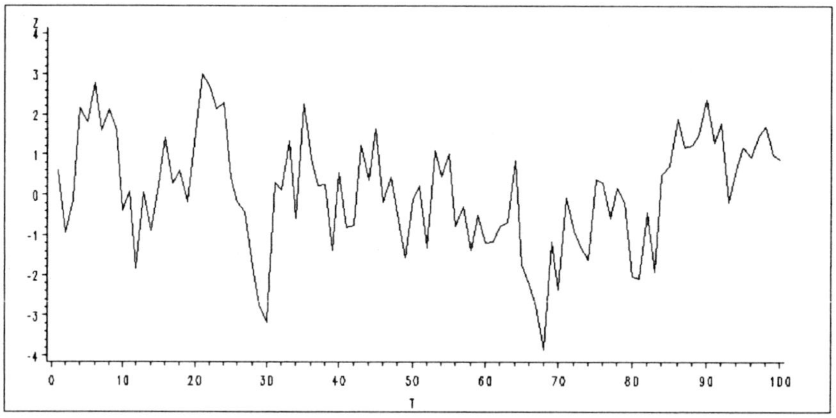

[그림 7.17] AR(2)모형 ; $Z_t = 0.2Z_{t-1} + 0.35Z_{t-2} + a_t$

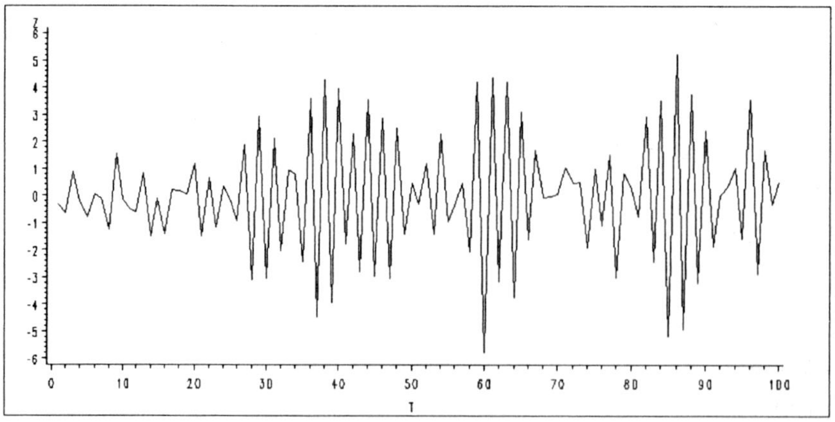

[그림 7.18] AR(2)모형 ; $Z_t = -1.2Z_{t-1} - 0.35Z_{t-2} + a_t$

Model $Z_t = 1.2Z_{t-1} - 0.35Z_{t-2} + a_t$

Autocorrelations

```
Lag Covariance Correlation -1 9 8 7 6 5 4 3 2 1 0 1 2 3 4 5 6 7 8 9 1
  0   3.280389    1.00000  |                    |********************|
  1   2.787079    0.84962  |                .   |*****************   |
  2   2.020861    0.61604  |              .     |************        |
  3   1.308479    0.39888  |             .      |********            |
  4   0.753837    0.22980  |           .        |*****  .            |
  5   0.278806    0.08499  |           .        |**     .            |
  6  -0.079816   -0.02433  |           .        |       .            |
  7  -0.344406   -0.10499  |           .      **|       .            |
  8  -0.466564   -0.14223  |           .     ***|       .            |
  9  -0.544900   -0.16611  |           .     ***|       .            |
 10  -0.582646   -0.17762  |           .    ****|       .            |
 11  -0.589514   -0.17971  |           .    ****|       .            |
 12  -0.483761   -0.14747  |           .     ***|       .            |
 13  -0.294206   -0.08969  |           .      **|       .            |
 14  -0.167456   -0.05105  |           .       *|       .            |
 15  -0.164959   -0.05029  |           .       *|       .            |
 16  -0.205189   -0.06255  |           .       *|       .            |
 17  -0.267056   -0.08141  |           .      **|       .            |
 18  -0.345471   -0.10531  |           .      **|       .            |
 19  -0.410364   -0.12510  |           .     ***|       .            |
 20  -0.497136   -0.15155  |           .     ***|       .            |
 21  -0.527431   -0.16078  |           .     ***|       .            |
 22  -0.450080   -0.13720  |           .     ***|       .            |
 23  -0.253662   -0.07733  |           .      **|       .            |
 24   0.037447    0.01142  |           .        |       .            |
```

[그림 7.19] AR(2)모형의 ACF

Model $Z_t = 1.2Z_{t-1} - 0.35Z_{t-2} + a_t$

Partial autocorrelations

```
Lag Correlation -1 9 8 7 6 5 4 3 2 1 0 1 2 3 4 5 6 7 8 9 1
  1    0.88082  |                   . |******************  |
  2   -0.41091  |            ******** | .                  |
  3    0.07296  |                   . |*.                  |
  4   -0.02274  |                   . | .                  |
  5    0.02096  |                   . | .                  |
  6   -0.02058  |                   . | .                  |
  7    0.03793  |                   . |*.                  |
  8   -0.00751  |                   . | .                  |
  9   -0.01290  |                   . | .                  |
 10   -0.00675  |                   . | .                  |
 11   -0.13332  |                   **| .                  |
 12   -0.03902  |                   .*| .                  |
 13    0.01810  |                   . | .                  |
 14    0.03344  |                   . |*.                  |
 15   -0.02295  |                   . | .                  |
 16    0.01420  |                   . | .                  |
 17    0.03902  |                   . |*.                  |
 18   -0.07988  |                   **| .                  |
 19    0.01573  |                   . | .                  |
 20   -0.01611  |                   . | .                  |
 21    0.00268  |                   . | .                  |
 22   -0.03003  |                   .*| .                  |
 23   -0.08339  |                   **| .                  |
 24    0.01189  |                   . | .                  |
```

[그림 7.20] AR(2)모형의 PACF

Model $Z_t = 0.2Z_{t-1} + 0.35Z_{t-2} + a_t$

```
                        Autocorrelations

Lag Covariance Correlation -1 9 8 7 6 5 4 3 2 1 0 1 2 3 4 5 6 7 8 9 1
 0   0.882945    1.00000  |                    |********************|
 1   0.201568    0.22829  |                  . |*****               |
 2   0.300758    0.34063  |                  . |*******             |
 3   0.031551    0.03573  |                .   |*  .                |
 4   0.125244    0.14185  |                .   |*** .               |
 5  -0.037844   -0.04286  |                .  *|   .                |
 6   0.004334    0.00491  |                .   |   .                |
 7  -0.114128   -0.12926  |                .***|   .                |
 8  -0.022268   -0.02522  |                .  *|   .                |
 9  -0.086824   -0.09833  |                . **|   .                |
10  -0.052588   -0.05956  |                .  *|   .                |
11  -0.095937   -0.10866  |                . **|   .                |
12  -0.076085   -0.08617  |                . **|   .                |
13  -0.025764   -0.02918  |                .  *|   .                |
14   0.019051    0.02158  |                .   |   .                |
15  -0.030962   -0.03507  |                .  *|   .                |
16  -0.008471   -0.00959  |                .   |   .                |
17  -0.019215   -0.02176  |                .   |   .                |
18  -0.055262   -0.06259  |                .  *|   .                |
19  -0.027885   -0.03158  |                .  *|   .                |
20  -0.074749   -0.08466  |                . **|   .                |
21  -0.082833   -0.09381  |                . **|   .                |
22  -0.092287   -0.10452  |                . **|   .                |
23  -0.071817   -0.08134  |                . **|   .                |
24   0.021544    0.02440  |                .   |   .                |
```

[그림 7.21] AR(2)모형의 ACF

Model $Z_t = 0.2Z_{t-1} + 0.35Z_{t-2} + a_t$

```
                  Partial autocorrelations

Lag Correlation -1 9 8 7 6 5 4 3 2 1 0 1 2 3 4 5 6 7 8 9 1
  1    0.30475  |                   . |******              |
  2    0.35509  |                   . |*******             |
  3    0.00110  |                   . | .                  |
  4   -0.00794  |                   . | .                  |
  5    0.00831  |                   . | .                  |
  6   -0.00557  |                   . | .                  |
  7   -0.03755  |                   .*| .                  |
  8    0.04028  |                   . |*.                  |
  9    0.01473  |                   . | .                  |
 10   -0.03407  |                   .*| .                  |
 11   -0.01459  |                   . | .                  |
 12   -0.03570  |                   .*| .                  |
 13    0.11778  |                   . |**                  |
 14    0.05427  |                   . |*.                  |
 15    0.01637  |                   . | .                  |
 16   -0.02299  |                   . | .                  |
 17   -0.05353  |                   .*| .                  |
 18    0.02798  |                   . |*.                  |
 19   -0.03836  |                   .*| .                  |
 20   -0.02463  |                   . | .                  |
 21   -0.02948  |                   .*| .                  |
 22    0.00359  |                   . | .                  |
 23   -0.10199  |                   **| .                  |
 24    0.03467  |                   . |*.                  |
```

[그림 7.22] AR(2)모형의 PACF

Model $Z_t = -1.2Z_{t-1} - 0.35Z_{t-2} + a_t$

Autocorrelations

```
Lag Covariance Correlation -1 9 8 7 6 5 4 3 2 1 0 1 2 3 4 5 6 7 8 9 1
  0   4.787438    1.00000 |                    |********************|
  1  -4.357705   -0.91024 |  ******************|   .                |
  2   3.732428    0.77963 |             .      |****************    |
  3  -3.177506   -0.66372 |       *************|       .            |
  4   2.673092    0.55836 |           .        |***********         |
  5  -2.241204   -0.46814 |           *********|        .           |
  6   1.890769    0.39494 |          .         |******** .          |
  7  -1.624235   -0.33927 |          .  *******|         .          |
  8   1.341424    0.28020 |          .         |******   .          |
  9  -1.078510   -0.22528 |          .    *****|         .          |
 10   0.848098    0.17715 |          .         |****     .          |
 11  -0.659312   -0.13772 |          .      ***|         .          |
 12   0.481419    0.10056 |          .         |**       .          |
 13  -0.400030   -0.08356 |          .       **|         .          |
 14   0.372724    0.07785 |          .         |**       .          |
 15  -0.297665   -0.06218 |          .        *|         .          |
 16   0.178844    0.03736 |          .         |*        .          |
 17  -0.049537   -0.01035 |          .         |         .          |
 18  -0.051350   -0.01073 |          .         |         .          |
 19   0.091166    0.01904 |          .         |         .          |
 20  -0.074209   -0.01550 |          .         |         .          |
 21   0.016615    0.00347 |          .         |         .          |
 22   0.035941    0.00751 |          .         |         .          |
 23  -0.140209   -0.02929 |          .        *|         .          |
 24   0.184708    0.03858 |          .         |*        .          |
```

[그림 7.23] AR(2)모형의 ACF

Model $Z_t = 1.2z_{t-1} - 0.35z_{t-2} + a_t$

Partial autocorrelations

```
Lag Correlation -1 9 8 7 6 5 4 3 2 1 0 1 2 3 4 5 6 7 8 9 1
  1   -0.89284 |  ******************| .                  |
  2   -0.32489 |              ******| .                  |
  3   -0.06099 |                  .*| .                  |
  4   -0.05978 |                  .*| .                  |
  5    0.01750 |                  . | .                  |
  6   -0.01676 |                  . | .                  |
  7    0.06124 |                  . |*.                  |
  8    0.02954 |                  . |*.                  |
  9    0.10253 |                  . |**                  |
 10    0.02036 |                  . | .                  |
 11   -0.02563 |                  .*| .                  |
 12    0.03164 |                  . |*.                  |
 13    0.05724 |                  . |*.                  |
 14    0.04294 |                  . |*.                  |
 15   -0.01641 |                  . | .                  |
 16    0.03691 |                  . |*.                  |
 17    0.01651 |                  . | .                  |
 18   -0.02736 |                  .*| .                  |
 19   -0.06555 |                  .*| .                  |
 20   -0.03756 |                  .*| .                  |
 21    0.07394 |                  . |*.                  |
 22   -0.02211 |                  . | .                  |
 23    0.01751 |                  . | .                  |
 24   -0.12374 |                  **| .                  |
```

[그림 7.24] AR(2)모형의 PACF

[그림 7.19], [그림 7.21], [그림 7.23]은 AR(2)모형의 ACF이고 [그림 7.20], [그림 7.22], [그림 7.24]는 AR(2)모형의 PACF이다. 이들을 살펴보면 ACF는 빠르게 감소하는 반면, PACF는 3시점 이후 절단점을 갖는 것을 알 수 있고, 이로써 AR(2)모형의 특징을 확인할 수 있다.

7.3 p차 자기회귀모형 (p-th order autoregressive model, AR(p) 모형)

이제 자기회귀모형 중에서 가장 일반적인 p차 자기회귀모형을 살펴보자. AR(p)모형은 다음과 같다.

AR(p)모형

$$Z_t = \phi_1 Z_{t-1} + \phi_2 Z_{t-2} + \cdots + \phi_p Z_{t-p} + a_t, \quad a_t \sim \text{white noise } (0, \sigma_a^2)$$

여기서 a_t와 Z_{t-k}, $k \geq 1$은 독립이다.

AR(p)모형이 정상성을 만족할 조건은 특성방정식의 근들의 절대값이 모두 1보다 크다는 것이다. 먼저 특성방정식을 구하면 다음과 같다.

【모형】

$$\begin{aligned} a_t &= Z_t - \phi_1 Z_{t-1} - \phi_2 Z_{t-2} - \cdots - \phi_p Z_{t-p} \\ &= (1 - \phi_1 B - \phi_2 B^2 - \cdots - \phi_p B^p) Z_t \end{aligned}$$

【특성방정식】

$$\phi(B) = 1 - \phi_1 B - \phi_2 B^2 - \cdots - \phi_p B^p$$

만약 $\phi(B)=0$을 만족하는 p개의 근의 절대값이 1보다 크면 이때의 AR(p)모형은 정상성을 만족한다. 그러나 p차 다항식에서 p개의 근을 구하는 것은 그리 쉽지가 않다. 따라서 AR(p)모형을 다룰 때 일반적으로 AR(p)모형은 정상성을 만족하는 것으로 가정한다.

이제 AR(p)모형의 평균, 분산, 자기공분산, 자기상관함수 등을 구해보자.

【평균】 $E(Z_t)$

$$\begin{aligned} E(Z_t) &= \phi_1 E(Z_{t-1})+\phi_2 E(Z_{t-2})+\cdots+\phi_p E(Z_{t-p})+E(a_t)(=0) \\ \mu &= \phi_1\mu+\phi_2\mu+\cdots+\phi_p\mu \end{aligned}$$

이 된다. 이 시계열이 정상성을 만족하므로 $1-\phi_1-\phi_2-\cdots-\phi_p\neq 0$이 되고 $(1-\phi_1-\phi_2-\cdots-\phi_p)\mu=0$에서 $\mu=0$이 된다.

분산과 자기공분산을 구하기 위해 Yule-Walker 방정식을 사용하도록 하자.

【Yule-Walker 방정식】

$$\begin{aligned} Z_t &= \phi_1 Z_{t-1}+\phi_2 Z_{t-2}+\cdots+\phi_p Z_{t-p}+a_t \\ Z_t Z_{t-k} &= \phi_1 Z_{t-1}Z_{t-k}+\phi_2 Z_{t-2}Z_{t-k}+\cdots+\phi_p Z_{t-p}Z_{t-k}+a_t Z_{t-k} \end{aligned}$$

기대치를 취하면

$$\sigma(k)=\phi_1\,\sigma(k-1)+\phi_2\,\sigma(k-2)+\cdots+\phi_p\,\sigma(k-p)+E(a_t\cdot Z_{t-k})$$

【분산】

위 식에 $k=0$을 대입하면 분산을 얻는다.

$$\text{분산 : } \sigma(0)=\phi_1\,\sigma(1)+\phi_2\,\sigma(2)+\cdots+\phi_p\,\sigma(p)+\sigma_a^2 \qquad (7.10)$$

여기서 $E(a_t\cdot Z_t)=\sigma_a^2$을 이용하였다.

【자기공분산】

$k=1$이면

$$\sigma(1)=\phi_1\,\sigma(0)+\phi_2\,\sigma(1)+\cdots+\phi_p\,\sigma(p-1)$$

$k\geq 1$에서

$$\sigma(k)=\phi_1\,\sigma(k-1)+\phi_2\sigma(k-2)+\cdots+\phi_p\,\sigma(k-p) \qquad (7.11)$$

자기상관함수를 구하기 전에 분산을 모형의 계수와 자기상관함수로 표시해보자. (7.10)식을 이용하면

$$\begin{aligned}\sigma(0) &= \phi_1\sigma(1)+\phi_2\sigma(2)+\cdots+\phi_p\sigma(p)+\sigma_a^2\\ &= \phi_1\,\rho_1\,\sigma(0)+\phi_2\,\rho_2\,\sigma(0)+\cdots+\phi_p\,\rho_p\,\sigma(0)+\sigma_a^2\end{aligned}$$

이 된다. 따라서 AR(p)모형의 분산은 $\sigma(0)=\dfrac{\sigma_a^2}{(1-\phi_1\rho_1-\cdots-\phi_p\rho_p)}$ 으로 구해지며, 이 식은 11장의 모수를 추정하는 과정에서 자주 사용되는 공식이니 알아두기 바란다. (7.11)식을 살펴보면 자기공분산 역시 선형 차분방정식을 만족하므로, p개의 초기치와 [정리 6.1]을 이용하면 자기공분산의 일반항을 구할 수 있다.

다음으로 자기상관함수를 구해보자. 자기상관함수는 자기공분산에서 쉽게 구해질 수 있다.

【자기상관함수】

$$\frac{\sigma(k)}{\sigma(0)} = \phi_1\frac{\sigma(k-1)}{\sigma(0)}+\phi_2\frac{\sigma(k-2)}{\sigma(0)}+\cdots+\phi_p\frac{\sigma(k-p)}{\sigma(0)}$$

가 된다. 따라서

$$\rho_k = \phi_1\,\rho_{k-1}+\phi_2\,\rho_{k-2}+\cdots+\phi_p\,\rho_{k-p}$$

를 얻는다. 또한 k에 1, 2. …, p를 대입하면 다음의 결과를 얻는다.

$$\begin{aligned} k=1: \rho_1 &= \phi_1 + \phi_2 \rho_1 + \cdots + \phi_p \rho_{p-1} \\ k=2: \rho_2 &= \phi_1 \rho_1 + \phi_2 + \cdots + \phi_p \rho_{p-2} \\ &\vdots \\ k=p: \rho_p &= \phi_1 \rho_{p-1} + \phi_2 \rho_{p-2} + \cdots + \phi_p \end{aligned}$$

자기상관함수 또한 선형 차분방정식을 만족하며 역시 p개의 초기치가 필요하게 되고, 이 때의 초기치는 $\rho_1, \rho_2, \rho_3, \cdots, \rho_p$를 사용하면 된다.

다음으로 자기상관함수의 형태를 알아보도록 하자. AR(1)모형과 AR(2)모형에서와 같이 특성방정식의 근을 찾아 이것을 표시한다는 것은 어려운 일이다. 그러나 [정리 6.1]을 이용하면 자기상관함수의 형태를 알 수가 있다.

먼저 AR(p)모형에서 자기상관함수를 구하면 아래와 같은 선형 차분방정식이 된다.

$$\rho_k = \phi_1 \rho_{k-1} + \phi_2 \rho_{k-2} + \cdots + \phi_p \rho_{k-p}$$

이때 얻어진 근의 형태에 따라 다음과 같은 결론을 얻을 수 있다.

(1) 특성방정식의 근들이 모두 다를 때, 근의 역수를 R_1, R_2, $\cdots$, R_p라 하면

$$\rho_k = b_1 R_1^k + b_2 R_2^k + \cdots + b_p R_p^k$$

와 같이 된다.

(2) 만약 p번 중근이면 ($R_1 = R_2 = \cdots = R_p = R$)

$$\rho_k = (b_1 + b_2 k + b_3 k^2 + \cdots + b_p k^{p-1}) R^k$$

이 된다.

(3) 몇 개의 중근이 있는 경우도 [정리 6.1]에 의해 구할 수 있다.

위의 내용을 살펴보면 AR(p)모형이 정상성을 만족하면 모든 근들의 역수의 절대값 $|R_i|$이 1보다 작게 된다. 따라서 어떠한 경우에도 자기상관함수 ρ_k는 빠르게 감소하게 된다.

다음의 그림은 AR(3)모형의 시계열 그림과 이때의 자기상관함수(ACF), 그리고 부분자기상관함수(PACF)를 그린 그림이다.

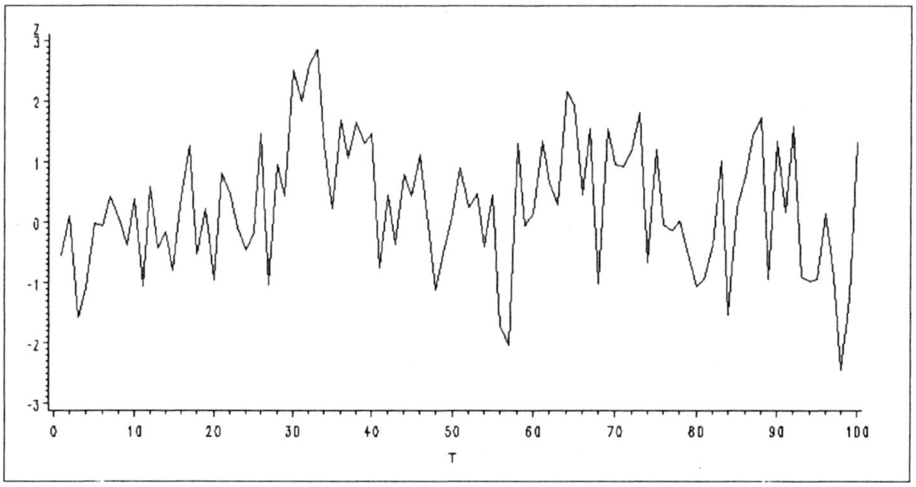

[그림 7.25] AR(3)모형 ; $Z_t = 0.8Z_{t-1} - 0.25Z_{t-2} + 0.2Z_{t-3} + a_t$

Model $Z_t = 0.8Z_{t-1} - 0.25Z_{t-2} + 0.2Z_{t-3} + a_t$

Autocorrelations

```
Lag Covariance  Correlation -1 9 8 7 6 5 4 3 2 1 0 1 2 3 4 5 6 7 8 9 1
  0   1.365979    1.00000   |                    |********************|
  1   0.874610    0.64028   |                .   |*************       |
  2   0.411144    0.30099   |              .     |******              |
  3   0.286152    0.20949   |            .       |****   .            |
  4   0.269147    0.19704   |            .       |****   .            |
  5   0.135579    0.09925   |            .       |**     .            |
  6 -0.0006053   -0.00044   |            .       |       .            |
  7  -0.089255   -0.06534   |            .      *|       .            |
  8  -0.068942   -0.05047   |            .      *|       .            |
  9  -0.080790   -0.05914   |            .      *|       .            |
 10  -0.123199   -0.09019   |            .     **|       .            |
 11  -0.186952   -0.13686   |            .    ***|       .            |
 12  -0.168621   -0.12344   |            .     **|       .            |
 13  -0.062506   -0.04576   |            .      *|       .            |
 14  -0.016511   -0.01209   |            .       |       .            |
 15  -0.062310   -0.04562   |            .      *|       .            |
 16  -0.070302   -0.05147   |            .      *|       .            |
 17  -0.079898   -0.05849   |            .      *|       .            |
 18  -0.107774   -0.07890   |            .     **|       .            |
 19  -0.105409   -0.07717   |            .     **|       .            |
 20  -0.138237   -0.10120   |            .     **|       .            |
 21  -0.179128   -0.13114   |            .    ***|       .            |
 22  -0.200737   -0.14695   |            .    ***|       .            |
 23  -0.140443   -0.10281   |            .     **|       .            |
 24   0.019142    0.01401   |            .       |       .            |
```

[그림 7.26] AR(3)모형의 ACF

Model $Z_t = 0.8Z_{t-1} - 0.25Z_{t-2} + 0.2Z_{t-3} + a_t$

Partial autocorrelations

```
Lag Correlation -1 9 8 7 6 5 4 3 2 1 0 1 2 3 4 5 6 7 8 9 1
  1     0.65995 |                 . |*************       |
  2    -0.08205 |                **| .                   |
  3     0.23753 |                 . |*****               |
  4    -0.04261 |                .*| .                   |
  5     0.04398 |                 . |*.                  |
  6    -0.10633 |                **| .                   |
  7     0.00852 |                 . | .                  |
  8     0.05296 |                 . |*.                  |
  9    -0.03824 |                .*| .                   |
 10     0.06351 |                 . |*.                  |
 11     0.00110 |                 . | .                  |
 12     0.01564 |                 . | .                  |
 13    -0.02002 |                 . | .                  |
 14    -0.02490 |                 . | .                  |
 15    -0.07117 |                .*| .                   |
 16    -0.02283 |                 . | .                  |
 17     0.01249 |                 . | .                  |
 18    -0.06040 |                .*| .                   |
 19    -0.01176 |                 . | .                  |
 20    -0.03087 |                .*| .                   |
 21    -0.07714 |                **| .                   |
 22    -0.03370 |                .*| .                   |
 23     0.01076 |                 . | .                  |
 24    -0.04998 |                .*| .                   |
```

[그림 7.27] AR(3)모형의 PACF

위의 결과를 살펴보면 ACF는 빠르게 감소하고 PACF는 4시점 이후 절단됨을 확인할 수 있다.

요약하여 살펴보면, 일반적으로 자기회귀모형에서 자기상관함수는 빠르게 감소하고, 부분자기상관함수는 절단점을 갖게 된다.

연 습 문 제

1. AR(2)모형이 정상성을 만족할 조건이 다음과 같음을 보여라.

$$\phi_2+\phi_1<1, \quad \phi_2-\phi_1<1, \quad |\phi_2|<1$$

2. 정상성을 만족하는 AR(2)모형을 MA모형으로 표현하라.

3. 다음 모형의 자기상관함수를 구하고 $\rho_0, \rho_1, \rho_2, \cdots, \rho_{10}$ 의 그래프를 그려라.

   ① $Z_t=0.25Z_{t-1}+a_t$

   ② $Z_t=0.8Z_{t-1}+a_t$

   ③ $Z_t=a_t-0.5a_{t-1}$

   여기서 $a_t \overset{iid}{\sim} (0,10)$이다.

4. AR(1)모형 $Z_t=0.55Z_{t-1}+a_t$, $a_t \overset{iid}{\sim} (0,5)$에서 자료 100개를 생성하여 그림을 그리고, 자기상관함수, ACF를 그려라.

5. 다음 시계열의 평균, 분산, 자기공분산을 구하라.

   ① $Z_t=0.75Z_{t-1}+a_t$

   ② $Z_t=a_t-0.6a_{t-1}$

   ③ $Z_t=0.3Z_{t-1}+a_t-0.5a_{t-1}$

   여기서 $a_t \overset{iid}{\sim} (0,5)$이다.

8

이동평균모형과 자기회귀이동평균모형

6장에서 언급한 바와 같이 시계열 분석에서 사용되는 모형은 크게 자기회귀 모형과 이동평균모형으로 나누어진다. 7장에서는 시계열 분석에서 가장 많이 사용되는 자기회귀모형을 살펴보았고 8장에서는 이동평균모형과 함께 자기회귀이동평균모형을 살펴볼 것이다. 8.1절에서는 이동평균모형에 관한 내용을 다루게 되는데 이동평균모형은 현 시점의 자료를 유한개의 백색잡음의 선형결합으로 표현한 모형을 말한다. 따라서 이 모형은 일반 선형과정의 특수한 경우로 해석 할 수 있으며 자기회귀모형에 비하여 이론적으로 쉽다. 8.2절에서는 자기회귀모형과 이동평균모형을 결합한 모형인 자기회귀이동평균모형에 관하여 다룬다. 이 모형은 자기회귀 모형과 이동평균모형을 동시에 포함한 모형으로 정상성을 만족하는 매우 포괄적인 모형이다. 8.3절에서는 각각의 모형을 다른 모형으로 표현하는 방법에 관하여 다룬다. 서로 다른 모형으로의 표현, 즉 AR모형은 MA모형으로 MA모형은 AR모형으로 표현되기 위해서 특정의 조건을 필요로 하며 각각의 모형은 장단점을 가지고 있기 때문에 자료에 맞는 모형을 설정하는 것이 중요하다.

8.1 이동평균모형 (Moving average model, MA모형)

시계열 자료를 모형화 하는데 자기회귀모형 외에 많이 사용되는 모형이 이동평균모형이다. 이동평균 모형은 6장에서 언급된 일반선형과정의 특별한 경우에 해당된다. 다음이 q차 이동평균모형이다.

【이동평균모형】

$$Z_t = a_t - \theta_1 a_{t-1} - \theta_2 a_{t-2} - \cdots - \theta_q a_{t-q}$$

여기서 $\{a_t\} \overset{iid}{\sim} (0,\ \sigma_a^2)$ white noise이다.

여기서 주목할 것은 MA모형은 언제나 정상성을 만족한다는 것이다. 일반 선형과정은 무한개의 백색잡음의 선형결합이었기 때문에 정상성 조건이 필요했다. 그러나 이동평균 모형은 유한개의 백색잡음의 선형결합이므로 $\sum_{i=1}^{q} \phi_i^2 < \infty$ 을 만족하게 되어 언제나 정상성을 만족하게 된다. 결과적으로 이동평균모형에서는 정상성 문제가 발생하지 않는다.

이제 이동평균 모형의 특성을 말해주는 평균, 분산, 자기공분산 그리고 자기상관함수를 구하고 이를 이용하여 각 모형의 특성을 알아보자. 먼저 이동평균모형 중에서 가장 간단한 모형인 1차 이동평균모형을 살펴보기로 하자.

8.1.1 1차 이동평균모형 (First order moving average model, MA(1)모형)

1차 이동평균모형은 이동평균모형 중에서 가장 간단한 모형으로 시계열이 같은 시점의 백색잡음과 바로 전 시점의 백색잡음의 선형 결합으로 이루어진 모형이다.

$$\text{모형} : Z_t = a_t - \theta a_{t-1},\quad a_t : \text{ white noise } (0, \sigma_a^2)$$

이 모형의 특성을 말해주는 평균, 분산, 자기공분산 그리고 자기상관함수를 살펴보기로 하자.

【평균】

$$E(Z_t) = E(a_t + \theta a_{t-1}) = E(a_t) + \theta E(a_{t-1}) = 0$$

【분산】

$$\begin{aligned} Var(Z_t) &= Var(a_t - \theta a_{t-1}) \\ &= Var(a_t) - 2Cov(a_t, \theta a_{t-1}) + \theta^2 Var(a_{t-1}) \\ &= \sigma_a^2 + \theta^2 \sigma_a^2 = (1+\theta^2)\,\sigma_a^2 \end{aligned}$$

【자기공분산】

$$\begin{aligned} Cov(Z_t, Z_{t-1}) &= Cov(a_t - \theta a_{t-1}, a_{t-1} - \theta a_{t-2}) = -\theta Cov(a_{t-1}, a_{t-1}) \\ &= -\theta \sigma_a^2 \end{aligned}$$

$k \ge 2$ 일 때

$$\begin{aligned} Cov(Z_t,\ Z_{t-k}) &= Cov(a_t - \theta a_{t-1}, a_{t-k} - \theta a_{t-k-1}) \\ &= Cov(a_t, a_{t-k}) - \theta Cov(a_t, a_{t-k-1}) - \theta Cov(a_{t-1}, a_{t-k}) \\ &\quad + \theta^2 Cov(a_{t-1}, a_{t-k-1}) \\ &= 0 \end{aligned}$$

따라서 자기공분산은 다음과 같다.

$$\begin{aligned} \sigma(0) &= Var(Z_t) = (1+\theta^2)\,\sigma_a^2 \\ \sigma(1) &= Cov(Z_t, Z_{t-1}) = -\theta \sigma_a^2 \\ \sigma(k) &= 0,\ k \ge 2 \end{aligned}$$

【자기상관함수】

$$\begin{aligned} \rho_1 &= \frac{\sigma(1)}{\sigma(0)} = \frac{-\theta \sigma_a^2}{(1+\theta^2)\sigma_a^2} = \frac{-\theta}{1+\theta^2} \\ \rho_2 &= \rho_3 = \cdots = 0 \end{aligned}$$

앞에서 구한 자기상관함수를 살펴보면 자기회귀모형과는 달리 지수적 감소 또는 빠르게 감소하는 형태를 보이지 않고 절단된 형태를 취한다. 특히 MA(1)모형의 경우 2시차 이후에 절단된 형태를 취하고 있다. 이는 다음의 ACF와 PACF의 그림을 통해서도 확인할 수 있다.

다음으로 주목할 것은 θ 대신에 $\frac{1}{\theta}$를 ρ_1에 대입해도 같은 ρ_1을 얻는다는 것이다. 즉

$\rho_1 = \frac{-\theta}{1+\theta^2} = \frac{-\frac{1}{\theta}}{1+\frac{1}{\theta^2}} = \rho_1$이 된다. 이는 매우 유용한 결과로 기억해 두기 바란다.

또한 모든 θ에 대하여 정상성을 만족한다는 사실도 알아두기 바란다.

다음의 그림은 SAS를 이용하여 정규분포에서 백색잡음과정을 생성한 후 그린 MA(1)모형의 시계열 그림과 자기상관함수의 그림이다.

다음이 위에서 설명된 출력결과를 얻기 위한 SAS 프로그램이다.

프로그램 예제 8.1

```
Data MA1;
  laga=0;
do t=1 to 200;
  a=rannor(0);
  laga=lag(a);
  if laga=. then laga=0;
  z=a+laga;
  output;
end;

symbol1 v=none i=join l=1;
proc gplot;
  plot z*t;

proc arima;
  i var=z;
run;
```

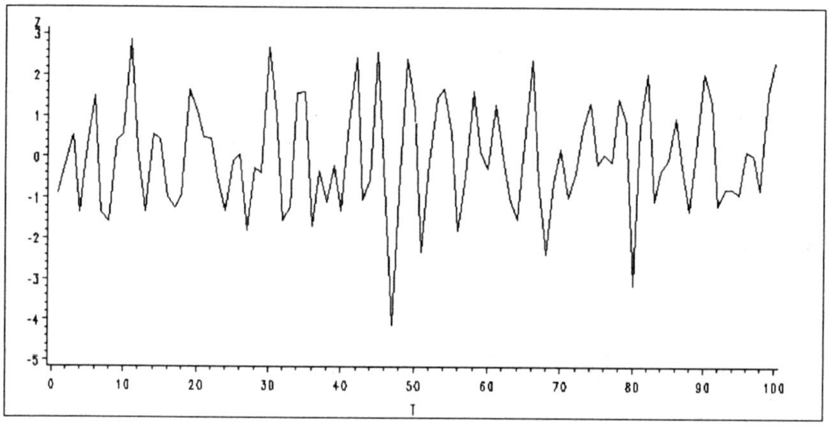

[그림 8.1] MA(1)모형 ; $Z_t = a_t - 0.9a_{t-1}$

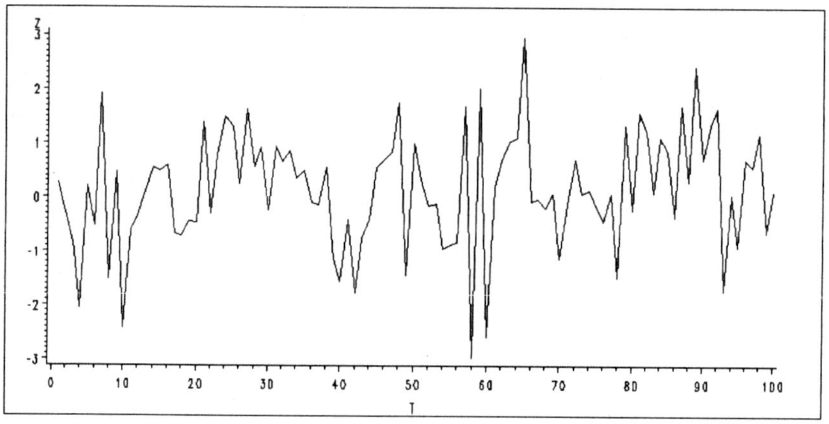

[그림 8.2] MA(1)모형 ; $Z_t = a_t + 0.3a_{t-1}$

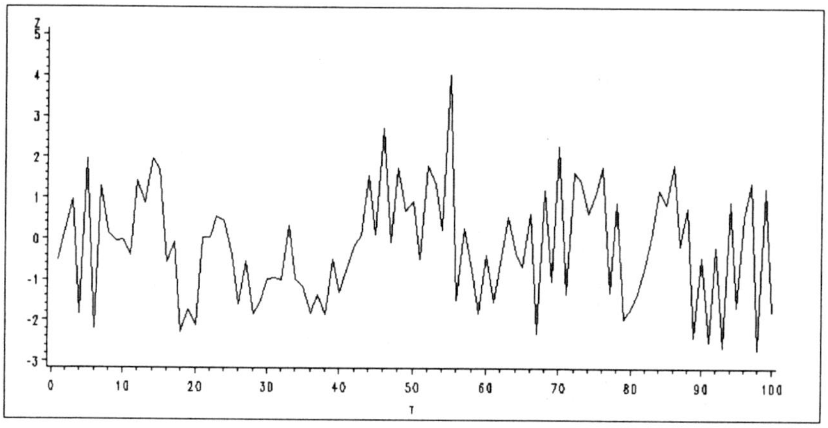

[그림 8.3] MA(1)모형 ; $Z_t = a_t + 0.9a_{t-1}$

Model $Z_t = a_t - 0.9a_{t-1}$

```
                              Autocorrelations

Lag Covariance Correlation -1 9 8 7 6 5 4 3 2 1 0 1 2 3 4 5 6 7 8 9 1  Std Error
  0   1.680739     1.00000 |                    |********************|         0
  1  -0.815856     -.48542 |          **********|  .                 |  0.057831
  2  -0.020537     -.01222 |                 .  |  .                 |  0.070147
  3  -0.005061     -.00301 |                 .  |  .                 |  0.070154
  4   0.056566     0.03366 |                 .  |* .                 |  0.070154
  5  -0.037376     -.02224 |                 .  |  .                 |  0.070208
  6  -0.044335     -.02638 |                 . *|  .                 |  0.070232
  7  -0.042170     -.02509 |                 . *|  .                 |  0.070265
  8   0.198364     0.11802 |                 .  |**.                 |  0.070295
  9  -0.173012     -.10294 |                 .**|  .                 |  0.070955
 10   0.075844     0.04513 |                 .  |* .                 |  0.071452
 11  -0.023384     -.01391 |                 .  |  .                 |  0.071548
 12  -0.001935     -.00115 |                 .  |  .                 |  0.071557
 13  -0.031361     -.01866 |                 .  |  .                 |  0.071557
 14   0.038253     0.02276 |                 .  |  .                 |  0.071573
 15  -0.076259     -.04537 |                 . *|  .                 |  0.071597
 16   0.109309     0.06504 |                 .  |* .                 |  0.071693
 17  -0.066601     -.03963 |                 . *|  .                 |  0.071890
 18   0.112862     0.06715 |                 .  |* .                 |  0.071963
 19  -0.091811     -.05463 |                 . *|  .                 |  0.072173
 20  -0.077338     -.04601 |                 . *|  .                 |  0.072311
 21   0.178172     0.10601 |                 .  |**.                 |  0.072409
 22  -0.179705     -.10692 |                 .**|  .                 |  0.072926
 23   0.054562     0.03246 |                 .  |* .                 |  0.073448
 24   0.047511     0.02827 |                 .  |* .                 |  0.073496
```

[그림 8.4] MA(1)모형의 ACF

Model $Z_t = a_t - 0.9a_{t-1}$

```
                 Partial autocorrelations

Lag Correlation -1 9 8 7 6 5 4 3 2 1 0 1 2 3 4 5 6 7 8 9 1
  1    -0.48542  |          **********|  .                 |
  2    -0.32425  |              ******|  .                 |
  3    -0.24599  |               *****|  .                 |
  4    -0.14600  |                 ***|  .                 |
  5    -0.11693  |                  **|  .                 |
  6    -0.13625  |                 ***|  .                 |
  7    -0.18689  |                ****|  .                 |
  8    -0.02303  |                  . |  .                 |
  9    -0.08361  |                  **|  .                 |
 10    -0.04007  |                  .*|  .                 |
 11    -0.03784  |                  .*|  .                 |
 12    -0.04758  |                  .*|  .                 |
 13    -0.07179  |                  .*|  .                 |
 14    -0.04512  |                  .*|  .                 |
 15    -0.10615  |                  **|  .                 |
 16    -0.05108  |                  .*|  .                 |
 17    -0.05667  |                  .*|  .                 |
 18     0.03661  |                  . |*.                  |
 19     0.01889  |                  . |  .                 |
 20    -0.07923  |                  **|  .                 |
 21     0.04357  |                  . |*.                  |
 22    -0.06935  |                  .*|  .                 |
 23    -0.06082  |                  .*|  .                 |
 24    -0.03258  |                  .*|  .                 |
```

[그림 8.5] MA(1)모형의 PACF

Model $Z_t = a_t + 0.3a_{t-1}$

Autocorrelations

```
Lag Covariance Correlation -1 9 8 7 6 5 4 3 2 1 0 1 2 3 4 5 6 7 8 9 1  Std Error
  0   1.013899    1.00000 |                    |********************|         0
  1   0.227295    0.22418 |                  . |****                |  0.057831
  2  -0.060194    -.05937 |                 .* |  .                 |  0.060668
  3  -0.047128    -.04648 |                 .* |  .                 |  0.060862
  4   0.020759    0.02047 |                  . |  .                 |  0.060981
  5  -0.023049    -.02273 |                  . |  .                 |  0.061004
  6  -0.038048    -.03753 |                 .* |  .                 |  0.061032
  7  -0.054343    -.05360 |                 .* |  .                 |  0.061109
  8  -0.033738    -.03328 |                 .* |  .                 |  0.061266
  9   0.077466    0.07640 |                  . |**                  |  0.061327
 10   0.029086    0.02869 |                  . |*.                  |  0.061644
 11  -0.036577    -.03608 |                 .* |  .                 |  0.061689
 12  0.0079277    0.00782 |                  . |  .                 |  0.061759
 13  -0.010251    -.01011 |                  . |  .                 |  0.061763
 14  -0.047718    -.04706 |                 .* |  .                 |  0.061768
 15 -0.0018390    -.00181 |                  . |  .                 |  0.061888
 16  -0.036990    -.03648 |                 .* |  .                 |  0.061888
 17  -0.052984    -.05226 |                 .* |  .                 |  0.061960
 18  -0.050831    -.05013 |                 .* |  .                 |  0.062107
 19  -0.042414    -.04183 |                 .* |  .                 |  0.062243
 20  -0.039046    -.03851 |                 .* |  .                 |  0.062337
 21  -0.041160    -.04060 |                 .* |  .                 |  0.062416
 22  0.0036237    0.00357 |                 .  |   .                |  0.062504
 23 -0.0048007    -.00473 |                 .  |   .                |  0.062505
 24  -0.082556    -.08142 |                .** |   .                |  0.062506
```

[그림 8.6] MA(1)모형의 ACF

Model $Z_t = a_t + 0.3a_{t-1}$

Partial autocorrelations

```
Lag Correlation -1 9 8 7 6 5 4 3 2 1 0 1 2 3 4 5 6 7 8 9 1
  1     0.22418 |                  . |****                |
  2    -0.11543 |                 ** |  .                 |
  3    -0.00615 |                  . |  .                 |
  4     0.02847 |                  . |*.                  |
  5    -0.04289 |                 .* |  .                 |
  6    -0.01974 |                  . |  .                 |
  7    -0.04545 |                 .* |  .                 |
  8    -0.01884 |                  . |  .                 |
  9     0.08694 |                  . |**                  |
 10    -0.01901 |                  . |  .                 |
 11    -0.02911 |                 .* |  .                 |
 12     0.03235 |                  . |*.                  |
 13    -0.03710 |                 .* |  .                 |
 14    -0.03746 |                 .* |  .                 |
 15     0.02388 |                  . |  .                 |
 16    -0.05265 |                 .* |  .                 |
 17    -0.02799 |                 .* |  .                 |
 18    -0.04458 |                 .* |  .                 |
 19    -0.04048 |                 .* |  .                 |
 20    -0.02311 |                  . |  .                 |
 21    -0.04624 |                 .* |  .                 |
 22     0.01255 |                  . |  .                 |
 23    -0.01292 |                  . |  .                 |
 24    -0.10124 |                 ** |  .                 |
```

[그림 8.7] MA(1)모형의 PACF

Model $Z_t = a_t + 0.9a_{t-1}$

```
                              Autocorrelations
Lag Covariance Correlation -1 9 8 7 6 5 4 3 2 1 0 1 2 3 4 5 6 7 8 9 1  Std Error
  0   1.869775    1.00000 |                    |********************|          0
  1   0.966956    0.51715 |                  . |**********          |   0.057831
  2   0.033756    0.01805 |                  . |  .                 |   0.071648
  3  -0.013827    -.00739 |                  . |  .                 |   0.071663
  4  -0.013250    -.00709 |                  . |  .                 |   0.071666
  5  -0.030022    -.01606 |                  . |  .                 |   0.071668
  6 -0.0090955    -.00486 |                  . |  .                 |   0.071680
  7   0.085283    0.04561 |                  . |* .                 |   0.071681
  8   0.109996    0.05883 |                  . |* .                 |   0.071778
  9   0.120537    0.06447 |                  . |* .                 |   0.071939
 10   0.095153    0.05089 |                  . |* .                 |   0.072132
 11  -0.012696    -.00679 |                  . |  .                 |   0.072252
 12   0.021643    0.01158 |                  . |  .                 |   0.072254
 13   0.119395    0.06386 |                  . |* .                 |   0.072260
 14   0.046406    0.02482 |                  . |  .                 |   0.072449
 15  -0.030978    -.01657 |                  . |  .                 |   0.072477
 16 -0.0038748    -.00207 |                  . |  .                 |   0.072490
 17   0.024903    0.01332 |                  . |  .                 |   0.072490
 18   0.133679    0.07149 |                  . |* .                 |   0.072498
 19   0.265987    0.14226 |                  . |***                 |   0.072734
 20   0.334414    0.17885 |                  . |****                |   0.073658
 21   0.210803    0.11274 |                  . |**.                 |   0.075097
 22  -0.018411    -.00985 |                  . |  .                 |   0.075661
 23  -0.097586    -.05219 |                  . *|  .                |   0.075665
 24  -0.071955    -.03848 |                  . *|  .                |   0.075785
```

[그림 8.8] MA(1)모형의 ACF

Model $Z_t = a_t + 0.9a_{t-1}$

```
                   Partial Autocorrelations
Lag Correlation -1 9 8 7 6 5 4 3 2 1 0 1 2 3 4 5 6 7 8 9 1
  1    0.51715 |                  . |**********          |
  2   -0.34044 |             *******|  .                 |
  3    0.24110 |                  . |*****               |
  4   -0.19160 |                ****|  .                 |
  5    0.13162 |                  . |***                 |
  6   -0.09543 |                  **|  .                 |
  7    0.14905 |                  . |***                 |
  8   -0.08795 |                  **|  .                 |
  9    0.14948 |                  . |***                 |
 10   -0.11063 |                  **|  .                 |
 11    0.06138 |                  . |*.                  |
 12    0.00380 |                  . |  .                 |
 13    0.06837 |                  . |*.                  |
 14   -0.08794 |                  **|  .                 |
 15    0.06654 |                  . |*.                  |
 16   -0.05564 |                  .*|  .                 |
 17    0.05808 |                  . |*.                  |
 18    0.07098 |                  . |*.                  |
 19    0.08643 |                  . |**                  |
 20    0.09777 |                  . |**                  |
 21   -0.05919 |                  .*|  .                 |
 22   -0.01031 |                  . |  .                 |
 23   -0.03699 |                  .*|  .                 |
 24    0.02507 |                  . |*.                  |
```

[그림 8.9] MA(1)모형의 PACF

ACF와 PACF를 살펴보면 AR모형과 달리 MA모형에서는 ACF에서 절단점을 갖고, PACF가 빠르게 감소함을 볼 수 있다. 위 그림의 ACF는 2시점 이후 절단점을 보이고 있어 모의실험 프로그램에서의 MA(1)모형을 다시 한 번 확인할 수 있다.

이상의 자기상관함수와 부분자기상관함수에서 보듯이 1차 이동평균모형의 자기상관함수는 2시점 이후에서는 절단된 형태를 보여 주고 있고, 부분자기상관함수는 빠르게 감소함을 보여 주고 있다. 이 형태는 모형식별을 위해 매우 중요하므로 7장의 자기회귀모형의 특징과 함께 기억해 두기 바란다.

8.1.2 2차 이동평균모형 (Second order moving average model, MA(2)모형)

이 절에서는 MA(1)모형보다 복잡한 MA(2)모형을 다루기로 한다. 이 시계열은 같은 시점의 백색잡음과 전 시점의 백색잡음 그리고 시차가 2인 백색잡음의 선형결합으로 이루어져 있다.

MA(2)모형

$$Z_t = a_t - \theta_1 a_{t-1} - \theta_2 a_{t-2}, \quad a_t \overset{iid}{\sim} (0, \sigma_a^2) : \text{ white noise}$$

앞 절에서와 같이 2차 이동평균의 특성을 말해주는 평균, 분산, 자기 공분산, 그리고 자기상관함수를 살펴보자.

【평균】

$$\mathrm{E}(Z_t) = \mathrm{E}(a_t - \theta_1 a_{t-1} - \theta_2 a_{t-2}) = 0$$

【분산】

$$\begin{aligned}\sigma(0) &= \mathrm{Var}(Z_t) = \mathrm{Var}(a_t - \theta_1 a_{t-1} - \theta_2 a_{t-2}) \\ &= \mathrm{Var}(a_t) + \theta_1^2 \mathrm{Var}(a_{t-1}) + \theta_2^2 \mathrm{Var}(a_{t-2}) - 2\theta_1 \mathrm{Cov}(a_t, a_{t-1}) \\ &\quad + 2\theta_1\theta_2 \mathrm{Cov}(a_{t-1}, a_{t-2}) - 2\theta_2 \mathrm{Cov}(a_t, a_{t-2})\end{aligned}$$

$$
\begin{aligned}
&= \mathrm{Var}(a_t) + \theta_1^2 \mathrm{Var}(a_{t-1}) + \theta_2^2 \mathrm{Var}(a_{t-2}) \\
&= (1+\theta_1^2+\theta_2^2)\sigma_a^2
\end{aligned}
$$

【자기공분산】

$$
\begin{aligned}
\sigma(1) &= \mathrm{Cov}(Z_t, Z_{t-1}) \\
&= \mathrm{Cov}(a_t - \theta_1 a_{t-1} - \theta_2 a_{t-2},\ a_{t-1} - \theta_1 a_{t-2} - \theta_2 a_{t-3}) \\
&= \mathrm{Cov}(a_t, a_{t-1}) - \theta_1 \mathrm{Cov}(a_{t-1}, a_{t-1}) - \theta_2 \mathrm{Cov}(a_{t-2}, a_{t-1}) \\
&\quad - \theta_1 \mathrm{Cov}(a_t, a_{t-2}) + \theta_1^2 \mathrm{Cov}(a_{t-1}, a_{t-2}) + \theta_1\theta_2 \mathrm{Cov}(a_{t-2}, a_{t-2}) \\
&\quad - \theta_2 \mathrm{Cov}(a_t, a_{t-3}) + \theta_1\theta_2 \mathrm{Cov}(a_{t-1}, a_{t-3}) + \theta_2^2 \mathrm{Cov}(a_{t-2}, a_{t-3}) \\
&= -\theta_1 \mathrm{Cov}(a_{t-1}, a_{t-1}) + \theta_1\theta_2 \mathrm{Cov}(a_{t-2}, a_{t-2}) \\
&= (-\theta_1 + \theta_1\theta_2)\sigma_a^2
\end{aligned}
$$

$$
\begin{aligned}
\sigma(2) &= \mathrm{Cov}(a_t - \theta_1 a_{t-1} - \theta_2 a_{t-2},\ a_{t-2} - \theta_1 a_{t-3} - \theta_2 a_{t-4}) \\
&= \mathrm{Cov}(-\theta_2 a_{t-2}, a_{t-2}) = -\theta_2 \sigma_a^2
\end{aligned}
$$

$k \geq 3$ 인 경우의 자기공분산을 살펴보면 다음과 같다.

$$
\sigma(k) = \mathrm{Cov}(a_t - \theta_1 a_{t-1} - \theta_2 a_{t-2},\ a_{t-k} - \theta_1 a_{t-1-k} - \theta_2 a_{t-2-k}) = 0
$$

따라서 시차가 3이상이면 자기공분산은 0이 된다.

【자기상관함수】

$$
\begin{aligned}
\rho_1 &= \frac{(-\theta_1 + \theta_1\theta_2)\sigma_a^2}{(1+\theta_1^2+\theta_2^2)\sigma_a^2} = \frac{-\theta_1 + \theta_1\theta_2}{1+\theta_1^2+\theta_2^2} \\
\rho_2 &= \frac{-\theta_2}{1+\theta_1^2+\theta_2^2} \\
\rho_3 &= \rho_4 = \cdots = 0
\end{aligned}
$$

다음의 그림은 SAS를 이용하여 MA(2)에서 자료를 생성하고 이를 그림으로 나타낸 것이다. 또한 이때의 자기상관함수와 부분자기상관함수도 함께 출력하였다.

프로그램 예제 8.2

```
Data MA2;
  laga1=0; laga2=0;
do t=1 to 200;
  a=rannor(0);
  laga1=lag(a);
  laga2=lag(laga1);
  if laga2=. then laga2=0;
  if laga1=. then laga1=0;
  z=a+1.2*laga1+0.35*laga2;
  output;
end;
symbol1 v=none i=join l=1;
proc gplot;
  plot z*t;

proc arima;
  i var=z;
run;
```

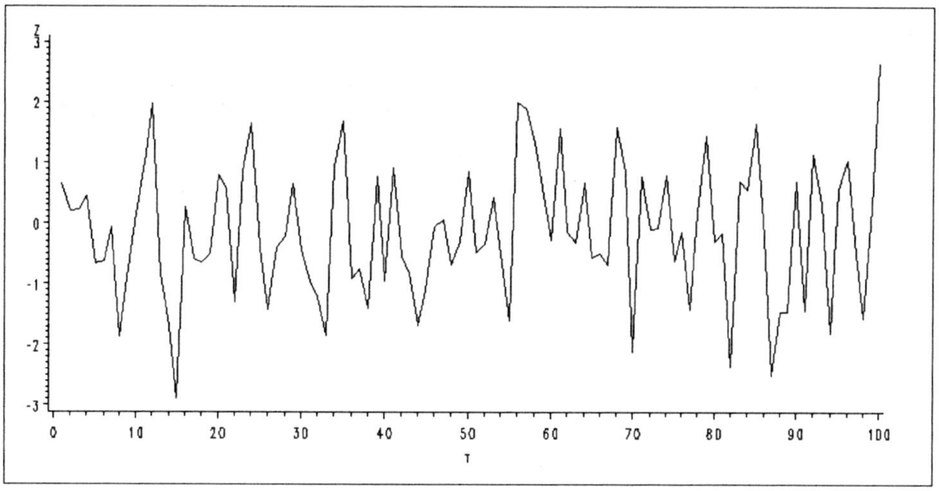

[그림 8.10] MA(2)모형 ; $Z_t = a_t + 1.2a_{t-1} + 0.35a_{t-2}$

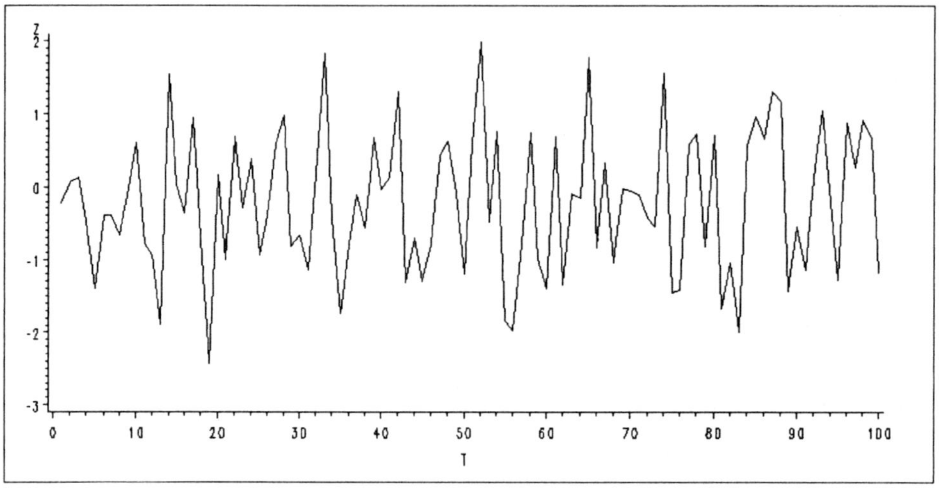

[그림 8.11] MA(2)모형 ; $Z_t = a_t - 0.2a_{t-1} - 0.35a_{t-2}$

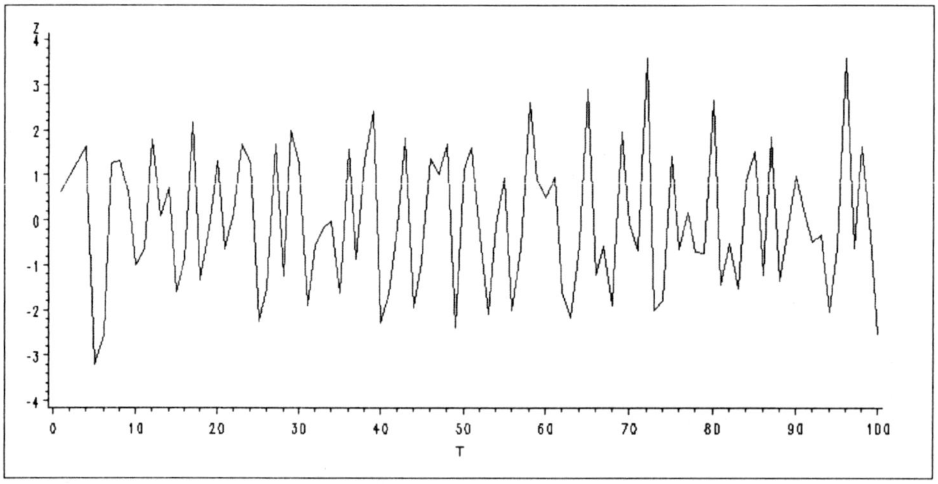

[그림 8.12] MA(2)모형 ; $Z_t = a_t - 1.2a_{t-1} + 0.35a_{t-2}$

Model $Z_t = a_t + 1.2a_{t-1} + 0.35a_{t-2}$

```
                                 Autocorrelations
Lag Covariance Correlation -1 9 8 7 6 5 4 3 2 1 0 1 2 3 4 5 6 7 8 9 1  Std Error
 0   2.721897    1.00000  |                    |********************|          0
 1   1.854714    0.68140  |                  . |**************      |   0.057735
 2   0.655174    0.24070  |                 .  |*****               |   0.080179
 3   0.188836    0.06938  |                 .  |* .                 |   0.082553
 4  -0.039822    -.01463  |                 .  |  .                 |   0.082747
 5  -0.118886    -.04368  |                 . *|  .                 |   0.082756
 6  -0.008662    -.00318  |                 .  |  .                 |   0.082833
 7   0.011404    0.00419  |                 .  |  .                 |   0.082833
 8  -0.000732    -.00027  |                 .  |  .                 |   0.082834
 9   0.126850    0.04660  |                 .  |* .                 |   0.082834
10   0.208644    0.07665  |                 .  |**.                 |   0.082921
11   0.172126    0.06324  |                 .  |* .                 |   0.083157
12   0.160768    0.05906  |                 .  |* .                 |   0.083317
13   0.151087    0.05551  |                 .  |* .                 |   0.083457
14   0.027093    0.00995  |                 .  |  .                 |   0.083580
15  -0.037893    -.01392  |                 .  |  .                 |   0.083583
16   0.051516    0.01893  |                 .  |  .                 |   0.083591
17   0.101605    0.03733  |                 .  |* .                 |   0.083605
18   0.063488    0.02332  |                 .  |  .                 |   0.083661
19  -0.063443    -.02331  |                 .  |  .                 |   0.083683
20  -0.242478    -.08908  |                .** |  .                 |   0.083704
21  -0.288492    -.10599  |                .** |  .                 |   0.084020
22  -0.166567    -.06120  |                 . *|  .                 |   0.084464
23  -0.032876    -.01208  |                 .  |  .                 |   0.084612
24   0.032536    0.01195  |                 .  |  .                 |   0.084618
```

[그림 8.13] MA(2)모형의 ACF

Model $Z_t = a_t + 1.2a_{t-1} + 0.35a_{t-2}$

```
                       Partial Autocorrelations
Lag Correlation -1 9 8 7 6 5 4 3 2 1 0 1 2 3 4 5 6 7 8 9 1
 1     0.68140  |                  . |**************      |
 2    -0.41742  |           ******** | .                  |
 3     0.27428  |                  . |*****               |
 4    -0.27437  |              ***** | .                  |
 5     0.21979  |                  . |****                |
 6    -0.11132  |                 ** | .                  |
 7     0.02588  |                  . |*.                  |
 8     0.02680  |                  . |*.                  |
 9     0.06407  |                  . |*.                  |
10    -0.02067  |                  . | .                  |
11     0.03553  |                  . |*.                  |
12     0.01300  |                  . | .                  |
13     0.00904  |                  . | .                  |
14    -0.06669  |                  .*| .                  |
15     0.07744  |                  . |**                  |
16     0.00041  |                  . | .                  |
17     0.00935  |                  . | .                  |
18    -0.01807  |                  . | .                  |
19    -0.09968  |                 ** | .                  |
20    -0.01168  |                  . | .                  |
21    -0.00546  |                  . | .                  |
22     0.01427  |                  . | .                  |
23     0.01396  |                  . | .                  |
24    -0.00784  |                  . | .                  |
```

[그림 8.14] MA(2)모형의 PACF

Model $Z_t = a_t - 0.2a_{t-1} - 0.35a_{t-2}$

```
                                  Autocorrelations
Lag Covariance Correlation -1 9 8 7 6 5 4 3 2 1 0 1 2 3 4 5 6 7 8 9 1 Std Error
 0   2.590173    1.00000 |                    |********************|         0
 1   0.690837    0.26671 |                  . |*****               |  0.057735
 2  -0.618003    -.23860 |               *****| .                  |  0.061706
 3  -0.087007    -.03359 |                  . *| .                 |  0.064708
 4   0.221620    0.08556 |                  . |**.                 |  0.064766
 5   0.178882    0.06906 |                  . |* .                 |  0.065142
 6  -0.001192    -.00046 |                  . |  .                 |  0.065385
 7  -0.305589    -.11798 |                  .**|  .                |  0.065385
 8  -0.242655    -.09368 |                  .**|  .                |  0.066091
 9   0.187388    0.07235 |                  . |* .                 |  0.066532
10   0.203943    0.07874 |                  . |**.                 |  0.066794
11   0.050950    0.01967 |                  . |  .                 |  0.067103
12   0.015041    0.00581 |                  . |  .                 |  0.067122
13  -0.078295    -.03023 |                  . *|  .                |  0.067123
14  -0.041195    -.01590 |                  . |  .                 |  0.067169
15   0.098605    0.03807 |                  . |* .                 |  0.067181
16   0.050561    0.01952 |                  . |  .                 |  0.067253
17  -0.184201    -.07112 |                  . *|  .                |  0.067272
18  -0.211237    -.08155 |                  .**|  .                |  0.067522
19  -0.179716    -.06938 |                  . *|  .                |  0.067850
20  -0.128809    -.04973 |                  . *|  .                |  0.068086
21  -0.161149    -.06222 |                  . *|  .                |  0.068207
22  -0.026656    -.01029 |                  . |  .                 |  0.068396
23   0.112430    0.04341 |                  . |* .                 |  0.068401
24   0.066096    0.02552 |                  . |* .                 |  0.068493
```

[그림 8.15] MA(2)모형의 ACF

Model $Z_t = a_t - 0.2a_{t-1} - 0.35a_{t-2}$

```
                          Partial Autocorrelations
Lag Correlation -1 9 8 7 6 5 4 3 2 1 0 1 2 3 4 5 6 7 8 9 1
 1     0.26671 |                  . |*****               |
 2    -0.33345 |             *******| .                  |
 3     0.16982 |                  . |***                 |
 4    -0.04971 |                  .*| .                  |
 5     0.09733 |                  . |**                  |
 6    -0.04132 |                  .*| .                  |
 7    -0.09286 |                  **| .                  |
 8    -0.03218 |                  .*| .                  |
 9     0.06414 |                  . |*.                  |
10    -0.00042 |                  . | .                  |
11     0.06071 |                  . |*.                  |
12     0.00738 |                  . | .                  |
13    -0.03046 |                  .*| .                  |
14    -0.00493 |                  . | .                  |
15     0.01000 |                  . | .                  |
16     0.00296 |                  . | .                  |
17    -0.05814 |                  .*| .                  |
18    -0.03103 |                  .*| .                  |
19    -0.08305 |                  **| .                  |
20    -0.03662 |                  .*| .                  |
21    -0.09161 |                  **| .                  |
22     0.04944 |                  . |*.                  |
23     0.01419 |                  . | .                  |
24     0.02190 |                  . | .                  |
```

[그림 8.16] MA(2)모형의 ACF

Model $Z_t = a_t - 1.2a_{t-1} 0.35a_{t-2}$

```
                           Autocorrelations

Lag Covariance Correlation -1 9 8 7 6 5 4 3 2 1 0 1 2 3 4 5 6 7 8 9 1  Std Error
  0   2.179684     1.00000 |                    |********************|          0
  1  -1.439253     -.66030 |       *************| .                  |   0.057735
  2   0.486106     0.22302 |                 .  |****                |   0.078994
  3  -0.178133     -.08172 |                 .**|  .                 |   0.081065
  4   0.049676     0.02279 |                 .  |  .                 |   0.081339
  5  -0.031228     -.01433 |                 .  |  .                 |   0.081361
  6   0.060678     0.02784 |                 .  |* .                 |   0.081369
  7   0.043574     0.01999 |                 .  |  .                 |   0.081401
  8  -0.092008     -.04221 |                 . *|  .                 |   0.081417
  9  -0.067102     -.03079 |                 . *|  .                 |   0.081490
 10   0.204978     0.09404 |                 .  |**                  |   0.081529
 11  -0.126331     -.05796 |                 . *|  .                 |   0.081890
 12  0.0082726     0.00380 |                 .  |  .                 |   0.082026
 13  -0.043566     -.01999 |                 .  |  .                 |   0.082027
 14   0.180581     0.08285 |                 .  |**.                 |   0.082043
 15  -0.221496     -.10162 |                 .**|  .                 |   0.082322
 16   0.208221     0.09553 |                 .  |**.                 |   0.082739
 17  -0.226549     -.10394 |                 .**|  .                 |   0.083105
 18   0.217345     0.09971 |                 .  |**.                 |   0.083538
 19  -0.159959     -.07339 |                 . *|  .                 |   0.083933
 20   0.070049     0.03214 |                 .  |* .                 |   0.084147
 21   0.104105     0.04776 |                 .  |* .                 |   0.084188
 22  -0.200741     -.09210 |                 .**|  .                 |   0.084278
 23   0.070355     0.03228 |                 .  |* .                 |   0.084613
 24  0.0087823     0.00403 |                 .  |  .                 |   0.084654
```

[그림 8.17] MA(2)모형의 ACF

Model $Z_t = a_t - 1.2a_{t-1} 0.35a_{t-2}$

```
            Partial Autocorrelations

Lag Correlation -1 9 8 7 6 5 4 3 2 1 0 1 2 3 4 5 6 7 8 9 1
  1    -0.66030 |       *************| .                  |
  2    -0.37763 |            ********| .                  |
  3    -0.26513 |               *****| .                  |
  4    -0.21530 |                ****| .                  |
  5    -0.20064 |                ****| .                  |
  6    -0.13905 |                 ***| .                  |
  7    -0.00566 |                  . | .                  |
  8     0.01825 |                  . | .                  |
  9    -0.10515 |                  **| .                  |
 10    -0.00750 |                  . | .                  |
 11     0.05918 |                  . |*.                  |
 12     0.02661 |                  . |*.                  |
 13    -0.06203 |                  .*| .                  |
 14     0.07270 |                  . |*.                  |
 15     0.05009 |                  . |*.                  |
 16     0.10054 |                  . |**                  |
 17    -0.01865 |                  . | .                  |
 18     0.03825 |                  . |*.                  |
 19     0.04543 |                  . |*.                  |
 20    -0.01634 |                  . | .                  |
 21     0.08940 |                  . |**                  |
 22     0.05375 |                  . |*.                  |
 23    -0.02940 |                  .*| .                  |
 24    -0.08096 |                  **| .                  |
```

[그림 8.18] MA(2)모형의 PACF

앞의 자기상관함수는 2차 이동평균의 자기상관함수로 이는 모두 3시점 이후에서 절단점을 가지고 있으며, 부분자기상관함수는 빠르게 감소하고 있다. 3시차 이후의 절단이라는 MA(2)모형의 식별형태는 모형식별을 위해 매우 중요하므로 기억해 두기 바란다.

8.1.3 q차 이동평균모형 (q-th order moving average model, MA(q)모형)

이동평균모형 중에서 가장 일반적인 MA(q)모형을 고려하자. 모형은 다음과 같다.

MA(q)모형

$$Z_t = a_t - \theta_1 a_{t-1} - \theta_2 a_{t-2} - \cdots - \theta_q a_{t-q}$$

$$\{a_t\} : a_t \overset{iid}{\sim} (0, \sigma_a^2) : \text{white noise}$$

이 절에서도 이동평균모형의 특성을 나타내 주는 평균, 분산, 자기공분산, 그리고 자기상관함수에 대해 살펴보자.

【평균】

$$\begin{aligned} E(Z_t) &= E(a_t - \theta_1 a_{t-1} - \theta_2 a_{t-2} - \cdots - \theta_q a_{t-q}) \\ &= E(a_t) - \theta_1 E(a_{t-1}) - \cdots - \theta_q E(a_{t-q}) = 0 \end{aligned}$$

【분산】

$$\begin{aligned} Var(Z_t) &= Var(a_t - \theta_1 a_{t-1} - \theta_2 a_{t-2} - \cdots - \theta_q a_{t-q}) \\ &= Var(a_t) + \theta_1^2 Var(a_{t-1}) + \cdots + \theta_q^2 V(a_{t-q}) \\ &\quad - 2\theta_1 Cov(a_t, a_{t-1}) - 2\theta_2 Cov(a_t, a_{t-2}) \\ &\quad - \cdots + 2\theta_{q-1}\theta_q Cov(a_{t-q+1}, a_{t-q}) \end{aligned}$$

여기서 a_t는 독립이기 때문에 $i \neq j$일 경우 $Cov(a_{t-i}, a_{t-j}) = 0$이 된다. 따라서 $Var(Z_t) = (1 + \theta_1^2 + \theta_2^2 + \cdots + \theta_q^2)\sigma_a^2$이다.

【자기공분산】

먼저

$$Z_t = a_t - \theta_1 a_{t-1} - \theta_2 a_{t-2} - \cdots - \theta_{k-1} a_{t-k+1} - \theta_k a_{t-k} - \cdots - \theta_q a_{t-q}$$
$$= A + B$$

라 하자. 여기서 $A = a_t - \theta_1 a_{t-1} - \cdots - \theta_{k-1} a_{t-k+1}$,

$B = -\theta_k a_{t-k} - \cdots - \theta_q a_{t-q}$

이다. 그리고

$$Z_{t-k} = a_{t-k} - \theta_1 a_{t-k-1} - \cdots - \theta_{q-k} a_{t-q} - \theta_{q-k+1} a_{t-1-q} - \cdots - \theta_q a_{t-k-q}$$
$$= C + D$$

라 하자. 여기서 $C = a_{t-k} - \theta_1 a_{t-k-1} - \cdots - \theta_{q-k} a_{t-q}$,

$D = -\theta_{q-k+1} a_{t-1-q} - \cdots - \theta_q a_{t-k-q}$이다.

그러면

$$\begin{aligned}
&\mathrm{Cov}(Z_t, Z_{t-k}) \\
&= \mathrm{Cov}(A+B, C+D) \\
&= \mathrm{Cov}(A, C) + \mathrm{Cov}(A, D) + \mathrm{Cov}(B, C) + \mathrm{Cov}(B, D) \\
&= \mathrm{Cov}(B, C) \\
&= \mathrm{Cov}(-\theta_k a_{t-k} - \theta_{k+1} a_{t-k-1} - \cdots - \theta_q a_{t-q}, \\
&\qquad\qquad a_{t-k} - \theta_1 a_{t-k-1} - \cdots - \theta_{q-k} a_{t-q}) \\
&= -\theta_k \mathrm{Var}(a_{t-k}) + \theta_{k+1}\theta_1 \mathrm{Var}(a_{t-k+1}) + \cdots + \theta_q \theta_{q-k} \mathrm{Var}(a_{t-q}) \\
&= (-\theta_k + \theta_{k+1}\theta_1 + \cdots \theta_q \theta_{q-k}) \cdot \sigma_a^2
\end{aligned}$$

이 된다. 만약 $k \geq q+1$이면 같은 시점의 백색잡음이 없기 때문에 $\sigma(k) = 0$이 된다. 따라서

$$\sigma(k) = \text{Cov}(Z_t, Z_{t-k}) = \begin{cases} (-\theta_k + \theta_{k+1}\theta_1 + \cdots + \theta_q\theta_{q-k}) \cdot \sigma_a^2 & k \le q \\ 0 & k \ge q+1 \end{cases}$$

【자기상관함수】

$$\rho_k = \frac{\sigma(k)}{\sigma(0)} = \begin{cases} \dfrac{-\theta_k + \theta_{k+1}\theta_1 + \cdots + \theta_q\theta_{q-k}}{1 + \theta_1^2 + \theta_2^2 + \cdots + \theta_q^2}, & k = 0, 1, 2, \cdots, q \\ 0, & k = q+1, q+2, \cdots \end{cases}$$

따라서 자기상관함수는 $q+1$차 이후는 '0'이 되어 $q+1$차 이후는 절단된 형태이다.

8.2 자기회귀이동평균모형 (Autoregressive moving average model, ARMA모형)

시계열 자료가 AR모형만으로 또는 MA모형만으로 표현되지 않는 경우를 생각해보자. 이러한 경우에는 AR모형과 MA모형이 혼합된 모형이 필요하게 된다. 이렇게 자기회귀모형과 이동평균모형이 혼합된 모형을 ARMA모형이라 부른다. 이는 AR모형 또는 MA모형의 일반적 형태로 생각할 수 있으며 AR모형을 설명하는 부분과 MA모형을 설명하는 부분으로 나누어진다. ARMA모형은 다음과 같다.

ARMA(p, q)모형(p차 AR모형과 q차 MA모형이 동시에 있는 모형)

$$Z_t = \phi_1 Z_{t-1} + \phi_2 Z_{t-2} + \cdots + \phi_p Z_{t-p} + a_t - \theta_1 a_{t-1} - \cdots - \theta_q a_{t-q}$$

여기서 a_t는 백색잡음과정이고 a_t와 Z_{t-k}, $k \ge 1$은 독립이다.

일반적으로 ARMA모형에 관한 이론은 복잡하기 때문에 이 절에서는 ARMA모형 중에서 가장 간단한 모형인 ARMA(1,1)모형만을 살펴보기로 한다.

ARMA(1,1)모형

ARMA(1,1)모형은 AR(1)모형과 MA(1)모형이 혼합된 것으로 모형은 다음과 같다.

ARMA(1,1)모형 : $Z_t = \phi Z_{t-1} + a_t - \theta a_{t-1}$, 여기서 $|\phi| < 1$이라 가정

이동평균모형과 달리 ARMA(1,1)모형에는 AR부분이 있기 때문에 정상성 조건이 필요하게 된다. 따라서 ARMA(1,1)모형이 정상성을 만족하려면 AR(1)부분이 정상성을 만족해야 하므로 이를 위하여 $|\phi| < 1$이라는 가정이 필요하게 된다. 이제 ARMA(1,1)모형의 특성을 말해주는 평균, 분산, 자기공분산, 자기상관함수를 살펴보자.

【평균】

$$\begin{aligned} \mathrm{E}(Z_t) &= \mathrm{E}(\phi Z_{t-1} + a_t - \theta a_{t-1}) = \phi \mathrm{E}(Z_{t-1}) + \mathrm{E}(a_t) - \theta \mathrm{E}(a_{t-1}) \\ &= \phi \mathrm{E}(Z_{t-1}) \end{aligned}$$

따라서 $\mu = \phi\mu$가 되어 AR(1)모형에서처럼 $\mathrm{E}(Z_t) = \mu = 0$이 된다.

ARMA(1,1)모형은 AR부분과 MA부분이 혼합되어 있으므로 분산과 공분산을 구하는 것이 다른 모형에 비하여 복잡하다. 다음은 분산과 자기공분산을 구하는데 선행되어야 할 몇 가지 공식이다.

$$\begin{aligned} \circ\ \mathrm{E}(a_t \cdot Z_t) &= \mathrm{E}[a_t(\phi Z_{t-1} + a_t - \theta a_{t-1})] \\ &= \phi \mathrm{E}(a_t \cdot Z_{t-1}) + \mathrm{E}(a_t^2) - \theta \mathrm{E}(a_t \cdot a_{t-1}) \\ &= \sigma_a^2 \end{aligned}$$

$$(\because \mathrm{E}(a_t \cdot Z_{t-1}) = 0,\quad E(a_t^2) = \sigma_a^2,\quad E(a_t \cdot a_{t-1}) = 0)$$

$$\begin{aligned} \circ\ \mathrm{E}(a_{t-1} \cdot Z_t) &= \mathrm{E}[a_{t-1}(\phi Z_{t-1} + a_t - \theta a_{t-1})] \\ &= \phi \mathrm{E}(a_{t-1} \cdot Z_{t-1}) + \mathrm{E}(a_{t-1} \cdot a_t) - \theta \mathrm{E}(a_{t-1}^2) \\ &= \phi \cdot \sigma_a^2 - \theta \cdot \sigma_a^2 = (\phi - \theta)\sigma_a^2 \end{aligned}$$

$$(\because\ \mathrm{E}(a_{t-1} \cdot Z_{t-1}) = \sigma_a^2,\quad \mathrm{E}(a_{t-1} \cdot a_t) = 0,\quad \mathrm{E}(a_{t-1}^2) = \sigma_a^2)$$

이제 위의 공식을 이용하여 자기공분산 $\sigma(k)$를 구해보자. Yule-Walker 방정식을 사용하면 편리하므로 이를 이용하기로 하자.

【분산과 자기공분산】

$$Z_t = \phi Z_{t-1} + a_t - \theta a_{t-1}$$

$$\Rightarrow Z_t \cdot Z_{t-k} = \phi Z_{t-1} \cdot Z_{t-k} + a_t \cdot Z_{t-k} - \theta a_{t-1} \cdot Z_{t-k}$$

기대값을 취하면

$$\sigma(k) = \phi\sigma(k-1) + E(a_t \cdot Z_{t-k}) - \theta E(a_{t-1} \cdot Z_{t-k})$$

이 식에 $k = 0, 1, 2, \cdots$ 등을 대입하자.

$k = 0$일 때

$$\begin{aligned}\sigma(0) &= \phi\sigma(1) + E(a_t \cdot Z_t) - \theta E(a_{t-1} \cdot Z_t) \\ &= \phi\sigma(1) + \sigma_a^2 - \theta(\phi - \theta)\sigma_a^2 \\ &= \phi\sigma(1) + (1 - \theta\phi + \theta^2)\sigma_a^2 \qquad (8.1)\end{aligned}$$

$k = 1$일 때

$$\begin{aligned}\sigma(1) &= \phi\sigma(0) + E(a_t \cdot Z_{t-1}) - \theta E(a_{t-1} \cdot Z_{t-1}) \\ &= \phi\sigma(0) + 0 - \theta\sigma_a^2 \\ &= \phi\sigma(0) - \theta \cdot \sigma_a^2 \qquad (8.2)\end{aligned}$$

$k \geq 2$일 때

$$\sigma(k) = \phi\sigma(k-1)$$

(8.2)식을 (8.1)식에 대입하면, $\sigma(0) = \phi(\phi\sigma(0) - \theta\sigma_a^2) + (1 - \theta\phi + \theta^2)\sigma_a^2$ 또는 $\sigma(0)(1 - \phi^2) = (1 - 2\theta\phi + \theta^2)\sigma_a^2$이 되어 분산 $\sigma(0) = \dfrac{1 - 2\theta\phi + \theta^2}{1 - \phi^2} \cdot \sigma_a^2$이 된다.

또한

$$\begin{aligned}\sigma(1) &= \phi\sigma(0)-\theta\cdot\sigma_a^2=\frac{\phi(1-2\theta\phi+\theta^2)}{1-\phi^2}\sigma_a^2-\theta\sigma_a^2\\ &= \frac{(\phi-\theta)-\theta\phi(\phi-\theta)}{1-\phi^2}\sigma_a^2\end{aligned}$$

을 얻는다.

ARMA(1,1)모형은 자기공분산 또한 선형 차분방정식을 만족한다. 따라서 초기치 $\sigma(1)$과 일반항을 구하는 공식을 이용하면 쉽게 $\sigma(k)$의 일반항을 구할 수 있다. 다음으로 자기상관함수를 구하면 아래와 같다.

【자기상관함수】

$$\rho_1=\frac{\sigma(1)}{\sigma(0)}=\frac{(\phi-\theta)-\theta\phi(\phi-\theta)}{1-2\theta\phi+\theta^2}$$

$$\rho_2=\phi\rho_1$$

$$\vdots$$

$$\rho_k=\phi^{k-1}\rho_1$$

위의 자기상관함수로부터 다음과 같은 결과를 얻을 수 있다. 먼저 자기상관함수는 AR(1)모형의 자기상관함수와 MA(1)모형의 자기상관함수의 특성을 모두 갖고 있다. 그리고 ρ_1은 1보다 작은 임의의 수가 된다. 이는 MA(1)모형의 자기상관함수가 시차 1에서는 0.5보다 작은 임의의 수(연습문제)이고 이와 동시에 AR(1)모형에서 나온 자기상관함수의 영향을 받기 때문이다. ρ_k, $k\geq 2$에서는 MA(1)모형이 시차 2이상인 경우에 절단된 형태이기 때문에 영향을 주지 못하며 AR(1)모형의 특성인 지수적 감소 현상만 나타나게 된다. 이는 AR(1)모형과 ARMA(1,1)모형을 구별하는 하나의 방법으로 사용이 되고 있으나 때에 따라서는 구별이 쉽지가 않다. 이제 다음의 예제를 통해 ARMA(1,1)모형의 자기상관함수의 모양을 살펴보자.

[예제 8.1] 다음의 ARMA(1,1)모형에서 분산, 자기공분산, 자기상관함수를 구하라.

$$모형 : Z_t = 0.5Z_{t-1} + a_t - 0.2a_{t-1}, \quad \sigma_a^2 = 10$$

풀이 ① 분산

$$\sigma(0) = \frac{1-2\phi\theta+\theta^2}{1-\phi^2} \cdot \sigma_a^2 = \frac{1-2\times\frac{1}{2}\times 0.2+(0.2)^2}{1-\left(\frac{1}{2}\right)^2} \times 10 = 11.2$$

② 자기 공분산

$$\begin{aligned} \sigma(1) &= \phi\sigma(0) - \theta \cdot \sigma_a^2 = 0.5\times 11.2 - 0.2\times 10 = 3.6 \\ \sigma(2) &= \phi\sigma(1) = 0.5\times 3.6 = 1.8 \\ &\vdots \\ \sigma(k) &= \phi^{k-1} \cdot \sigma(1) = (0.5)^{k-1} \times 3.6 \end{aligned}$$

③ 자기상관함수

$$\begin{aligned} \rho_0 &= 1 \\ \rho_1 &= \frac{\sigma(1)}{\sigma(0)} = \frac{3.6}{11.2} = 0.3191 \\ \rho_2 &= \frac{\sigma(2)}{\sigma(0)} = \frac{1.8}{11.2} = 0.1607 \\ &\vdots \\ \rho_k &= \phi^{k-1} \cdot \frac{\sigma(1)}{\sigma(0)} = \phi^{k-1} \cdot \rho_1 = \left(\frac{1}{2}\right)^{k-1} \times 0.3191 \end{aligned}$$

ARMA(1,1)모형의 일반형인 ARMA(p, q)모형을 간략히 살펴보면 다음과 같다.

$$모형 : Z_t = \phi_1 Z_{t-1} + \cdots + \phi_p Z_{t-p} + a_t - \theta a_{t-1} - \cdots - \theta_q a_{t-q}$$

먼저 ARMA(p, q)모형의 정상성은 AR(p)모형의 정상성에 좌우된다. 즉 AR부분의 특성방정식 $\phi(B) = (1-\phi_1 B - \phi_2 B^2 - \cdots - \phi_p B^p)$의 근들의 절대값이 모두 1보다 크면 정상성을 만족한다. 예를 들어 ARMA(1,1)모형에서 즉, 모형 $Z_t = \phi Z_{t-1} + a_t - \theta a_{t-1}$에

서 AR부분의 특성방정식은 $\phi(B)=1-\phi B$가 되고 이때의 근이 $\frac{1}{\phi}$이므로 $\left|\frac{1}{\phi}\right|>1$이며 다시 말하면, $|\phi|<1$이면 정상성을 만족하게 된다. ARMA(p, q)모형에 관한 내용은 참고서적을 살펴보기 바란다.

8.3 가역성과 상호표현 (Invertibility and dual representation)

이 장의 도입부분에 어떤 조건을 만족하면 서로 다른 표현이 가능해진다고 언급했었다. 정상성을 만족하는 AR(p)모형은 무한 차수의 MA모형으로 변환할 수 있으며 가역성을 만족하는 MA(q)모형은 무한 차수의 AR모형으로 변환될 수 있다. AR(p)모형의 정상성 조건은 7장에서 이미 살펴보았으므로 이 절에서는 새로운 개념인 가역성에 대하여 살펴보고 이들 두 성질을 시계열 모형이 만족했을 때 다른 표현으로 어떻게 바꾸는지를 살펴보기로 하자.

8.3.1 가역성 (Invertibility)

가역성이란 MA(q)모형을 무한차수의 AR모형으로 표시할 수 있는 성질로 MA(q)모형의 특성방정식의 근들의 절대값이 모두 1보다 클 때 MA(q)모형이 가역성을 만족한다고 말한다. 따라서 MA모형을 분석하는 첫 단계로 가역성을 만족하는지 살펴보아야 한다. 만약 MA모형이 가역성을 만족하지 않으면 추정 및 검정과정에서 문제가 발생한다. 그러면 AR모형으로 변환시킬 수 있는 성질인 가역성을 살펴보기 위하여 MA모형 중에서 가장 간단한 MA(1)모형을 살펴보자.

MA(1)모형

모형 : $Z_t = a_t - \theta a_{t-1}$, 여기서 a_t는 백색잡음이다.

MA모형을 후진연산자를 사용하여 표현하면

$$Z_t = (1-\theta B)a_t$$

가 된다. 따라서 MA부분의 특성방정식은 다음과 같다.

$$\theta(B) = 1-\theta B$$

이 특성방정식의 근을 구하면 $B=\frac{1}{\theta}$이 되고, 따라서 $\left|\frac{1}{\theta}\right|>1$ 또는 $|\theta|<1$이 가역성 조건이 된다.

다음으로 MA(2)모형의 가역성 조건을 살펴보자.

MA(2)모형

모형 : $Z_t = a_t - \theta_1 a_{t-1} - \theta_2 a_{t-2}$, 여기서 a_t는 백색잡음이다.

MA(2)모형을 후진연산자를 사용하여 표시하면

$$Z_t = (1-\theta_1 B - \theta_2 B^2)a_t$$

가 되고 이때의 특성방정식은

$$\theta(B) = 1-\theta_1 B - \theta_2 B^2$$

이다. MA(2)모형이 가역성을 만족할 조건은 이 특성방정식의 두 근의 절대값이 모두 1보다 크다는 것이다. 가역성을 만족할 조건이 AR(2)모형이 정상성을 만족할 조건과 같은 형태이므로 MA(2)모형이 가역성을 만족할 조건은 다음과 같다.

$$\theta_1+\theta_2<1, \quad \theta_2-\theta_1<1, \quad |\theta_2|<1$$

가역성은 MA모형을 AR모형으로 표시할 수 있는 중요한 성질이기 때문에 만약 가역성을 만족하는 것과 만족하지 않는 것이 있을 때는 가역성을 만족하는 모형을 선택해야 한다. 다음의 예제를 통해서 이를 살펴보도록 하자.

[예제 8.2] 다음의 MA(1)모형을 고려하자.

$$Z_t = a_t - \theta a_{t-1}$$

여기서 $\rho_1 = -\frac{2}{5}$일 때 가역성을 만족하는 θ를 찾아라.

풀이 8.1절에서 유도한 공식을 사용하면 $\rho_1 = \frac{-\theta}{1+\theta^2} = -\frac{2}{5}$가 된다.

위의 식을 만족하는 θ를 찾아내면 $\theta = 2$ 또는 $\frac{1}{2}$이다. 이때 가역성을 만족하려면 $|\theta| < 1$이어야 하므로 가역성을 만족하는 θ는 $\frac{1}{2}$이 된다.

ARMA(p, q)모형의 경우에도 MA부분이 가역성을 만족해야 하기 때문에 MA부분의 특성방정식의 근들의 절대값이 모두 1보다 큰 것을 사용해야만 한다.

8.3.2 상호표현 (Dual representation)

AR(p)모형, MA(q)모형, ARMA(p, q)모형이 모두 정상성과 가역성을 만족한다고 하자. 이 경우 AR(p)모형은 MA모형으로, MA(q)모형은 AR모형으로, 그리고 ARMA(p, q)모형은 AR모형 또는 MA모형으로 표현이 가능하게 된다. AR(1)모형의 경우 7장에서 이미 일반 선형모형으로의 전환을 살펴보았으므로 이 절에서는 MA(1)모형을 AR모형으로 전환하는 방법 위주로 살펴보도록 하자. 먼저 MA(1)모형을 살펴보자.

MA(1)모형

$$\text{모형} : Z_t = a_t - \theta a_{t-1} = (1-\theta B) a_t$$

따라서 $a_t = \frac{1}{(1-\theta B)} Z_t$가 된다. 여기서 가역성을 만족하므로 $|\theta| < 1$이고 $\frac{1}{1-\theta B} = 1 + \theta B + \theta^2 B^2 + \theta^3 B^3 + \cdots$이 되므로 MA(1)모형은 $a_t = Z_t + \theta Z_{t-1} + \theta^2 Z_{t-2} + \cdots$ 가 되며, 이는 무한차수의 AR모형이다.

또한 정상성을 만족하는 ARMA(1,1)모형을 일반선형모형으로 표현하면 아래와 같다.

$$Z_t = a_t + (\phi - \theta) \sum_{j=1}^{\infty} \phi^{j-1} \cdot a_{t-j}$$

위의 결과는 다음과 같이 유도된다.

먼저 ARMA(1,1)모형을 후진 연산자를 사용하여 표현하자. 그러면

$$Z_t = \phi Z_{t-1} + a_t - \theta a_{t-1}$$
$$Z_t - \phi Z_{t-1} = a_t - \theta a_{t-1}$$

에서

$$(1 - \phi \mathrm{B}) Z_t = (1 - \theta \mathrm{B}) a_t$$

를 얻는다. 따라서

$$\begin{aligned}
Z_t &= \frac{(1-\theta \mathrm{B})}{(1-\phi \mathrm{B})} a_t \quad (\Leftarrow \text{ 일반적인 표현}) \\
&= \frac{a_t}{1-\phi \mathrm{B}} - \theta \mathrm{B} \cdot \frac{a_t}{1-\phi \mathrm{B}} \\
&= (1 + \phi \mathrm{B}) + \phi^2 \mathrm{B}^2 + \cdots) a_t - \theta \mathrm{B}(1 + \phi \mathrm{B} + \phi^2 \mathrm{B}^2 + \cdots) a_t \\
&= a_t + \phi a_{t-1} + \phi^2 a_{t-2} + \cdots - \theta \mathrm{B}(a_t + \phi a_{t-1} + \phi^2 a_{t-2} + \cdots) \\
&= a_t + \phi a_{t-1} + \phi^2 a_{t-2} + \cdots - \theta a_{t-1} - \theta \phi a_{t-2} - \theta \phi^2 a_{t-3} + \cdots \\
&= a_t + (\phi - \theta) a_{t-1} + \phi(\phi - \theta) a_{t-2} + \phi^2(\phi - \theta) a_{t-3} + \cdots \\
&= a_t + (\phi - \theta) \sum_{j=1}^{\infty} \phi^{j-1} a_{t-j}
\end{aligned}$$

가 된다.

또한 ARMA(1,1)모형이 가역성을 만족하면 AR모형으로 표현이 가능해진다. 이때의 표현은 연습문제를 풀어보기 바란다. 다음으로 정상성을 만족하는 AR(2)모형을 일반 선형과정으로 표현해 보자.

AR(2)모형

$$Z_t = \phi_1 Z_{t-1} + \phi_2 Z_{t-2} + a_t \quad \text{또는} \quad (1 - \phi_1 \mathrm{B} - \phi_2 \mathrm{B}^2)\, Z_t = a_t$$

따라서 $Z_t = \dfrac{1}{(1 - \phi_1 \mathrm{B} - \phi_2 \mathrm{B}^2)} \cdot a_t$ 이다.

AR(2)모형을 일반 선형과정으로 변환할 경우 $\dfrac{1}{(1-\phi_1 B - \phi_2 B^2)}$ 을 구해야 한다. 이에 대한 계산 방법을 간략히 소개하고 자세한 것은 연습문제로 풀어보기 바란다.

먼저 $\dfrac{1}{(1-\phi_1 B - \phi_2 B^2)} = 1 + \pi_1 B + \pi_2 B^2 + \pi_3 B^3 + \cdots$라 하자. 그러면 $1 = (1-\phi_1 B - \phi_2 B^2)(1 + \pi_1 B + \pi_2 B^2 + \pi_3 B^3 + \cdots)$이 성립하고 우변을 전개하여 B^i의 계수를 비교하면 어떤 규칙이 생긴다. 이 규칙은 선형 차분방정식을 만족하게 되고 [정리 6.1]을 사용하면 $\pi_1, \pi_2, \pi_3, \cdots$ 를 구할 수 있다. 이와 같이 후진연산자와 [정리 6.1]을 이용하면 AR모형을 MA모형으로 MA모형을 AR모형으로 바꿀 수 있게 된다.

8.4 자기공분산 생성함수 (Autocovariance generating function)

모형의 특성을 가장 잘 나타내 주는 것이 자기상관함수이다. 자기상관함수를 구하기 위해서는 자기공분산을 알아야 한다. 이 절에서는 자기공분산를 구하는 방법인 자기공분산 생성함수를 살펴보기로 하자.

자기공분산 생성함수 (AGF)

$$\gamma(B) = \sigma_a^2 \Psi(B)\, \Psi(B^{-1})$$

여기서 $\Psi(B)$는 시계열을 일반 선형과정으로 표시했을 때의 특성방정식이고 σ_a^2은 백색잡음과정의 분산이다. 이 자기공분산 생성함수에서 후진연산자 B^k 또는 B^{-k}의 계수가 자기공분산 $\sigma(k)$가 된다.

자기공분산 생성함수는 일반적으로 MA모형에서 자기공분산을 구하는데 주로 사용된다. 그 이유는 AR모형의 경우 먼저 이를 일반 선형과정으로 바꾸어야 되며 또한 AR모형의 특성방정식이 무한대 개의 항을 갖고 있어 $\Psi(B)$, $\Psi(B^{-1})$를 구하는 것이 어렵기 때문이다.

다음의 예를 통해서 자기공분산 생성함수를 이용하여 자기공분산을 구하는 방법을 살펴보자.

[예제 8.3] 시계열이 다음과 같이 정의되어 있다. 이 시계열의 자기공분산를 구하라.

$$Z_t = a_t - \theta a_{t-1}$$

풀이 MA(1)모형이므로 자기공분산를 구하는데 자기공분산 생성함수를 사용해 보자. 모형의 특성방정식을 구하면 $\Psi(B) = 1 - \theta B$가 된다. 따라서 자기공분산 생성함수는

$$\begin{aligned}\gamma(B) = \sigma_a^2(1-\theta B)(1-\theta B^{-1}) &= \sigma_a^2(1-\theta B-\theta B^{-1}+\theta^2)\\ &= \sigma_a^2\{-\theta B^{-1}+(1+\theta^2)B^0 \ -\theta B\}\end{aligned}$$

이다. 자기공분산 생성함수를 살펴보면 B^0의 계수는 $\sigma_a^2(1+\theta^2)$이고 B^1의 계수는 $-\theta\sigma_a^2$이며 그 이상의 차수는 없다. 따라서

$$\sigma(0) = (1+\theta^2)\sigma_a^2\ ,\ \ \sigma(1) = -\theta\sigma_a^2\ ,\ \ \sigma(k) = 0, \quad k \geq 2$$

이 된다.

[예제 8.3]의 결과는 8.1절에서 유도한 결과와 일치하며 결국 어떤 방법을 사용하여 자기공분산을 구하든 문제는 없다. 일반적으로 MA모형의 경우 자기공분산 생성함수(AGF)를 이용하는 것이 8.1절에서 사용한 방법보다 쉽지만 어떤 방법이든 본인이 쉽다고 생각하는 방법을 이용하여 구하면 좋을 것이다.

연 습 문 제

1. MA(1)모형에서 1차 자기상관함수 ρ_1이 $|\rho_1| \leq \frac{1}{2}$ 임을 보여라.

2. 정상성을 만족하는 ARMA(1,1)모형을 MA모형으로 표현하라.

3. MA(2)모형에서 AGF를 이용하여 자기공분산 $\sigma(k)$를 구하라.

4. 다음 모형의 자기상관함수를 구하고 $\rho_0, \rho_1, \rho_2, \cdots, \rho_{10}$ 의 그래프를 그려라.

   $Z_t = a_t - 0.5a_{t-1}$, 여기서 $a_t \overset{iid}{\sim} (0, 10)$이다.

5. 다음 시계열의 평균, 분산, 자기공분산을 구하라.

   ① $Z_t = a_t - 0.6a_{t-1}$

   ② $Z_t = 0.3Z_{t-1} + a_t - 0.5a_{t-1}$

   여기서 $a_t \overset{iid}{\sim} (0, 5)$이다.

6. MA(q)모형에서 AGF를 이용하여 자기공분산 $\sigma(k)$를 구하라.

9

비정상 시계열 모형

5장에서 우리는 시계열의 정상성을 살펴보았으며 이를 토대로 정상성 조건을 만족하는 정상 시계열에 관하여 살펴보았다. 그러나 실제로 관찰되는 많은 시계열 자료는 오히려 비정상 시계열이라 할 수 있다. 정상 시계열과 달리 비정상 시계열의 특징은 시간이 흐름에 따라 평균 또는 분산이 변한다는 것이다. 이 장에서는 대표적 비정상 시계열인 자기회귀누적이동평균모형을 살펴보기로 한다.

비정상 시계열 (nonstationary time series)
정상성을 만족하지 못하는 시계열

다음의 시계열 $y_t = 3 + 1.2t + 0.3y_{t-1} + a_t$를 살펴보자. 이 모형을 살펴보기 위해 SAS를 이용하여 100개의 자료를 생성한 후 이를 시계열 그림으로 나타내면 다음과 같다.

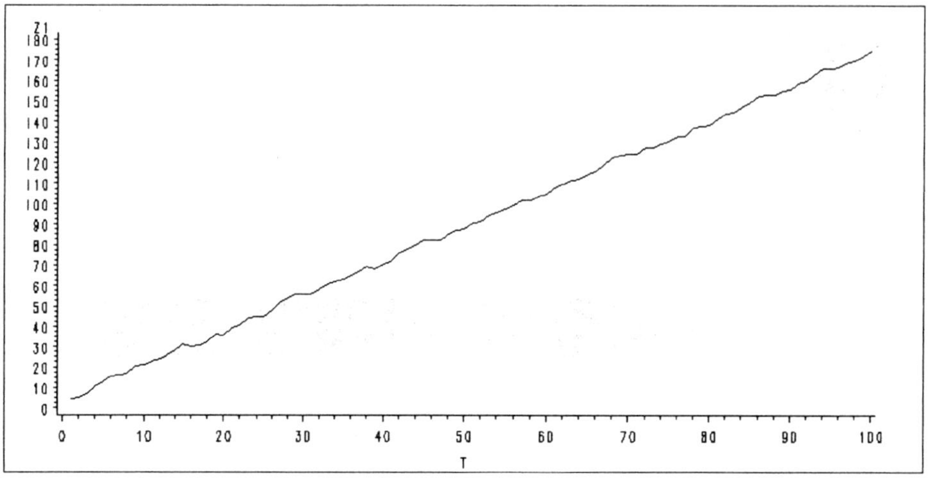

[그림 9.1] $y_t = 3 + 1.2t + 0.3y_{t-1} + a_t$의 모의 자료 그림

이 시계열은 절편이 3이고 기울기가 1.2인 시간 변수 't'를 따라서 증가하기 때문에 이는 평균이 일정하다는 정상성 가정을 만족하지 못한다. 그러므로 이러한 시계열을 분석하기 위해서는 먼저 비정상 시계열을 정상 시계열로 바꾸어 주어야 한다. 다음에서 위와 같은 비정상 시계열을 정상 시계열로 바꾸는 방법을 살펴보자.

먼저 다음의 두 식을 살펴보자.

$$Y_t = 3 + 1.2t + 0.3Y_{t-1} + a_t \tag{9.1}$$

$$Y_{t-1} = 3 + 1.2(t-1) + 0.3Y_{t-2} + a_{t-1} \tag{9.2}$$

(9.1)식에서 (9.2)식을 빼면

$$Y_t - Y_{t-1} = 1.2t - 1.2(t-1) + 0.3Y_{t-1} - 0.3Y_{t-2} + a_t - a_{t-1}$$

이 되고 $W_t = Y_t - Y_{t-1}$이라 하면 위의 모형은 다음과 같이 표현된다.

$$W_t = 1.2 + 0.3W_{t-1} + a_t - a_{t-1}$$

따라서 차분된 자료 W_t는 가역성은 만족하지 않지만 정상성을 만족하는 ARMA(1,1)모형을 따르게 된다. 물론 이 예에서처럼 추세가 확실히 있는 경우는 차분을 이용하여 분석을 하는 것보다 15장에서 다루게 될 분해시계열 방법을 이용하여 분석하는 것이 더욱 좋다.

이와 같이 어떤 비정상 시계열은 차분을 통해 정상 시계열로 변환 될 수 있다. 즉 차분된 시계열 자료는 정상성을 만족하게 된다. 일반적으로 평균이 일정하지 않은 비정상 시계열은 차분을 통하여 비정상 시계열을 정상 시계열로 바꾸어 줄 수 있고 분산이 일정하지 않은 비정상 시계열은 변환(transformation)을 통해 정상시계열로 바꾸어 줄 수 있다. 그러면 차분법과 변환에 관하여 좀 더 자세히 살펴보자.

9.1 차분법 (Difference)

평균이 일정하지 않은 비정상 시계열은 많은 경우에 있어서 차분을 통하여 정상 시계열로 바꿀 수 있다. 먼저 다음의 모형을 살펴보자.

$$\text{AR(1)모형}: \; Z_t = \phi Z_{t-1} + a_t, \;\; a_t : \text{white noise}$$

위 모형에서 ϕ의 변화에 따른 시계열을 살펴보면

(1) 만약 $|\phi| < 1$이면 위 시계열은 정상 시계열이다.

(2) 만약 $|\phi| > 1$이면 이 모형은 t가 증가할수록 폭발적으로 (explosively) 증가 또는 감소하거나 진동한다. 이러한 시계열은 실제로 거의 존재하지 않으며, 따라서 시계열 분석에서는 유용한 모형이 아니다.

(3) 만약 $\phi = 1$이면 확률보행과정이 되고 이 과정은 이미 5장에서 다루었다. 모형 $Z_t = Z_{t-1} + a_t$로 이를 다시 쓰면 $Z_t - Z_{t-1} = a_t$가 된다. 여기서 $W_t = Z_t - Z_{t-1}$이라 하면 차분된 시계열 $W_t = a_t$로 이는 정상 시계열이 된다.

차분이란 현 시점의 자료에서 전 시점의 자료를 빼주는 것을 말한다. 일반적으로 바로 전 시점의 자료로 빼는 것을 일반차분(regular difference)이라 하고 여러 시점 전의 자료로 빼는 것을 계절차분(seasonal difference)이라 한다. 계절차분의 경우 계절성을 갖는 비정상 시계열을 정상 시계열로 바꿀 때 사용하는 것으로 계절차분은 14장에서 자세히 다룬다.

차분 (difference)

일반차분 : 현 시점과 전 시점의 차

$$W_t = Z_t - Z_{t-1}$$

계절차분 : 계절주기가 s일 때 현 시점과 s시점 전의 차

$$W_t = Z_t - Z_{t-s}$$

자료가 비정상 시계열일 때 차분을 통해 정상 시계열로 만들어 주는 예제를 살펴보자.

[예제 9.1] 시계열 Z_t가 다음과 같이 정의되었다고 하자.

$$Z_t = M_t + a_t, \quad M_t = M_{t-1} + b_t$$

$a_t \sim (0, \sigma_a^2)$, $b_t \sim (0, \sigma_b^2)$는 서로 독립인 백색잡음과정이다.

이 시계열이 비정상 시계열 임을 보이고 정상 시계열로 만들어라.

풀이 시계열 Z_t는 확률보행과정 M_t와 백색잡음과정 a_t의 합이므로 이 시계열이 직관적으로 비정상임을 알 수 있다. 시계열의 분산을 구하면 다음과 같다.

$$\text{Var}(Z_t) = \text{Var}(M_t + a_t) = \text{Var}(M_t) + \text{Var}(a_t)$$

5장에서 배운 확률보행과정의 결과를 이용하면 $\text{Var}(M_t) = t \cdot \sigma_b^2$이 된다. 따라서 $\text{Var}(Z_t) = t \cdot \sigma_b^2 + \sigma_a^2$ 이 된다. 위에서 얻은 분산이 시점 t에 관계가 있으므로 Z_t는 비정상 시계열이다.

다음은 비정상 시계열을 정상 시계열로 만들어 주기 위하여 차분을 한 결과이다.

$$\begin{array}{rrcll} -) & Z_t & = & M_t & + \; a_t \\ & Z_{t-1} & = & M_{t-1} & + \; a_{t-1} \\ \hline & Z_t - Z_{t-1} & = & M_t - M_{t-1} & + \; a_t - a_{t-1} \\ & W_t & = & b_t & + \; a_t - a_{t-1} \end{array}$$

따라서 차분된 시계열 W_t는 $\{b_t\}$와 $\{a_t\}$가 독립이기 때문에 정상성 조건들을 만족한다.

[예제 9.2] 다음의 시계열을 정상 시계열로 만들어라.

$$Z_t = M_t + a_t, \quad M_t = M_{t-1} + b_t, \quad b_t = b_{t-1} + \varepsilon_t$$

$\{a_t\}$, $\{\varepsilon_t\}$는 독립인 백색잡음.

풀이 정상 시계열을 만들기 위하여 차분을 두 번 하자.

$$\begin{aligned} Z_t - Z_{t-1} &= M_t - M_{t-1} + a_t - a_{t-1} \\ W_t &= b_t + a_t - a_{t-1} \\ W_t - W_{t-1} &= b_t - b_{t-1} + a_t - a_{t-1} - a_{t-1} + a_{t-2} \\ X_t &= \varepsilon_t + a_t - 2a_{t-1} + a_{t-} \end{aligned}$$

$\{\varepsilon_t\}$, $\{a_t\}$는 독립인 백색잡음이기 때문에 두 번 차분된 시계열 X_t는 정상 시계열이 된다.

지금까지 차분을 통해서 비정상 시계열을 정상 시계열로 바꾸어 주는 방법을 배웠다. 8장에서 배운 ARMA(p, q)모형보다 더 일반적인 형태의 모형은 다음 절에서 살펴보도록 하자.

9.2 자기회귀누적이동평균모형 (Autoregressive integrated moving average model, ARIMA (p, d, q) 모형)

이 모형은 시계열 모형의 가장 일반적인 모형으로 비정상 시계열인 확률보행과정을 포함하고 있다. 따라서 비정상 시계열을 모형화 할 때 알맞은 모형이 된다. 자기회귀누적이동평균모형의 정의는 다음과 같다.

자기회귀누적이동평균모형

만약 시계열 $\{Z_t\}$의 d번 차분 시계열 $\{W_t = \nabla^d Z_t\}$이 ARMA(p, q)모형이면 우리는 시계열 $\{Z_t\}$가 차수 p, d, q인 ARIMA모형, 즉 ARIMA(p, d, q)모형을 갖는다고 한다. 여기서 $\nabla = (1-B)$이다.

d번 정상차분을 한 자료인 W_t가 ARMA(p, q)모형을 따를 때 원 시계열 Z_t는 자기회귀누적이동평균모형을 따른다고 한다. 따라서 차분하기 전 자료인 Z_t에는 비정상 시계열의 원인을 제공하는 확률보행과정이 포함되어 있다. 이 확률보행과정은 차분을 통하여 사라지게 되므로 결과적으로 차분된 시계열은 정상 시계열이 된다. 결국 이러한 비정상 시계열 자료의 분석은 먼저 차분을 통하여 정상 시계열을 만들고 이 자료를 이용하여 분석하여야 한다.

자기회귀누적이동평균모형, 즉 ARIMA(p, d, q)모형은 차수 p, d, q의 값에 따라 다른 이름으로 불린다. 먼저 $d=0$이면 ARMA(p, q)모형이라 부르고 이 모형은 정상성을 만족한다. $p=0$이면 IMA(d, q)모형이라 부르고 d번 차분한 시계열이 MA(q)모형을 따르게 된다. 다시 말하면 이 시계열에는 d차의 확률보행과정이 포함되어 있으며 이로 인해 이 시계열은 비정상 시계열이다. $q=0$이면 ARI(p, d)모형이라 부르며 d번 차분한 시계열이 AR(p)모형을 따르게 된다. 이 시계열 역시 비정상 시계열이다. 위에서 언급한 모형의 이름은 많이 사용하므로 알아두기 바란다. 다음의 예제를 통하여 시계열이 어떤 모형을 따르는지 살펴보도록 하자.

[예제 9.3] 시계열이 다음과 같이 정의되었다.

$$\text{모형 : } Z_t = 1.5Z_{t-1} - 0.5Z_{t-2} + a_t$$

이 시계열 모형의 이름을 말하라.

풀이 모형의 이름을 찾는 문제이므로 ARIMA(p, d, q)에서 차수 p, d, q를 찾으면 된다. 먼저 시계열을 다시 적어보자.

$$Z_t - 1.5Z_{t-1} + 0.5Z_{t-2} = a_t$$

그러면 앞의 모형은 $Z_t - Z_{t-1} - 0.5Z_{t-1} + 0.5Z_{t-2} = a_t$ 또는 $(Z_t - Z_{t-1}) - 0.5(Z_{t-1} - Z_{t-2}) = a_t$가 된다. 이를 $(Z_t - Z_{t-1}) = \nabla Z_t$로, $(Z_{t-1} - Z_{t-2}) = \nabla Z_{t-1}$로 표현하자.

또한 1차 차분된 시계열을 $W_t = \nabla Z_t = (1-B)Z_t$라 하면 $W_t - 0.5W_{t-1} = a_t$로 W_t는 AR(1)모형이 된다. 1차 차분된 시계열 W_t가 AR(1)모형을 따르므로 원 시계열 Z_t는 ARIMA(1,1,0) 모형 또는 ARI(1,1)모형이 된다.

[예제 9.4] 다음의 모형에서 ARIMA(p, d, q)모형의 차수 p, d, q를 정하라.

$$\text{모형}: \ Z_t = Z_{t-1} + a_t - 0.3a_{t-1}$$

풀이 모형을 다시 적으면 $Z_t - Z_{t-1} = a_t - 0.3a_{t-1}$이 된다.
$W_t = Z_t - Z_{t-1}$이라 하면 $W_t = a_t - 0.3a_{t-1}$이 되어 1차 차분된 시계열이 MA(1)모형이 된다. 따라서 원 시계열 Z_t의 모형은 ARIMA(0,1,1)이 되고 $p=0,\ d=1,\ q=1$이 된다.

위의 방법으로도 차수를 구할 수 있으나 이 방법은 그리 좋은 방법이 아니다. 시계열의 차수를 정하는 방법으로 가장 좋은 것은 모형을 후진연산자를 사용하여 표시하는 방법이다. 다시 말하면, 모형에서 AR부분의 특성방정식을 구하고 MA부분의 특성방정식도 구한 다음 각 부분의 특성방정식을 인수 분해하면 쉽게 차수 p, d, q를 정할 수 있다. 다음의 예제를 통하여 차수를 정하는 방법을 익히도록 하자.

[예제 9.5] ([예제 9.3] 연속) 후진 연산자를 사용하여 [예제 9.3]에서 주어진 모형의 이름을 말하라.

풀이 $Z_t - 1.5Z_{t-1} + 0.5Z_{t-2} = a_t$에서 후진연산자를 사용하여 적으면
$(1 - 1.5\,B + 0.5\,B^2)Z_t = a_t$가 된다. 이를 인수 분해하면
$(1 - B)(1 - 0.5\,B)Z_t = a_t$이다.
여기서 $(1 - B)$: 1번 차분, $(1 - 0.5\,B)$: AR(1)이므로 $Z_t =$ ARI(1,1) 모형이 된다.

[예제 9.6] 다음 시계열의 차수를 정하라.

$$Z_t = 0.3Z_{t-1} + a_t - 0.3a_{t-1}$$

풀이 언뜻 보기에는 ARMA(1,1)모형처럼 보일 것이다. 그러나 회귀계수 0.3이 AR부분과 MA부분에 동시에 있다는 것을 눈여겨보기 바란다. 위의 모형을 후진 연산자를 사용하여 적으면 다음과 같다.

$$(1-0.3B)Z_t = (1-0.3B)a_t$$

위 식에서 양변의 특성방정식에서 동일항이 존재하므로 약분을 하여야 한다. 약분을 하면 모형은 $Z_t = a_t$가 되고 이것은 백색잡음과정이다. 백색잡음과정은 $p=d=q=0$인 경우에 해당된다.

다음은 비정상 시계열 중에서 대표적인 모형의 ACF와 PACF를 그림으로 나타낸 것이다. 7장과 8장에 걸쳐 익힌 정상 시계열의 ACF, PACF와 비교하면 많은 다른 점들을 발견할 수 있을 것이다. 먼저 ρ_1의 값이 매우 커서 '1'에 가깝고 ρ_k가 줄어드는 속도가 상당히 느린 것을 확인 할 수 있는데, 자료 분석에서 이런 형태의 ACF가 얻어지면 자료가 비정상 시계열에서 나왔음을 알아야 한다.

Model $Z_t = 1.7Z_{t-1} - 0.7Z_{t-2} + a_t$

```
                         Autocorrelations
Lag Covariance Correlation -1 9 8 7 6 5 4 3 2 1 0 1 2 3 4 5 6 7 8 9 1  Std Error
  0  56.799834    1.00000 |                    |********************|         0
  1  56.114942    0.98794 |                  . |********************|  0.057735
  2  55.097422    0.97003 |                 .  |******************* |  0.099198
  3  54.069497    0.95193 |                 .  |******************* |  0.126938
  4  53.007103    0.93323 |                .   |******************* |  0.148843
  5  51.861862    0.91306 |                .   |******************  |  0.167214
  6  50.579718    0.89049 |                .   |******************  |  0.183080
  7  49.113412    0.86468 |               .    |*****************   |  0.196989
  8  47.662188    0.83913 |               .    |*****************   |  0.209259
  9  46.298292    0.81511 |               .    |****************    |  0.220190
 10  45.029107    0.79277 |               .    |****************    |  0.230028
 11  43.797703    0.77109 |              .     |***************     |  0.238962
 12  42.555178    0.74921 |              .     |***************     |  0.247117
 13  41.410919    0.72907 |              .     |***************     |  0.254576
 14  40.369674    0.71074 |              .     |**************      |  0.261443
 15  39.404135    0.69374 |             .      |**************      |  0.267806
 16  38.535281    0.67844 |             .      |**************      |  0.273731
 17  37.616361    0.66226 |             .      |*************       |  0.279279
 18  36.614400    0.64462 |             .      |*************       |  0.284466
 19  35.634518    0.62737 |             .      |*************       |  0.289294
 20  34.625774    0.60961 |             .      |************        |  0.293794
 21  33.579439    0.59119 |             .      |************        |  0.297981
 22  32.418194    0.57074 |             .      |***********.        |  0.301865
 23  31.205334    0.54939 |             .      |***********.        |  0.305441
 24  30.016895    0.52847 |             .      |***********.        |  0.308718
```

[그림 9.2] ARI(1,1)모형의 ACF

Model $Z_t = 1.7Z_{t-1} - 0.7Z_{t-2} + a_t$

```
                 Partial Autocorrelations

Lag Correlation -1 9 8 7 6 5 4 3 2 1 0 1 2 3 4 5 6 7 8 9 1
  1    0.99707  |                  . |********************|
  2   -0.49952  |          **********| .                  |
  3   -0.16953  |                 ***| .                  |
  4   -0.07634  |                  **| .                  |
  5   -0.03323  |                  .*| .                  |
  6    0.05577  |                  . |*.                  |
  7    0.00043  |                  . | .                  |
  8   -0.07531  |                  **| .                  |
  9    0.00573  |                  . | .                  |
 10   -0.03188  |                  .*| .                  |
 11    0.02881  |                  . |*.                  |
 12   -0.08525  |                  **| .                  |
 13   -0.14153  |                 ***| .                  |
 14   -0.06758  |                  .*| .                  |
 15   -0.07231  |                  .*| .                  |
 16   -0.04175  |                  .*| .                  |
 17   -0.00656  |                  . | .                  |
 18    0.02554  |                  . |*.                  |
 19    0.04612  |                  . |*.                  |
 20   -0.00711  |                  . | .                  |
 21    0.02563  |                  . |*.                  |
 22    0.00716  |                  . | .                  |
 23    0.03850  |                  . |*.                  |
 24    0.00920  |                  . | .                  |
```

[그림 9.3] ARI(1,1)모형의 PACF

Model $Z_t = Z_{t-1} + a_t + 0.3a_{t-1}$

```
                        Autocorrelations

Lag Covariance Correlation -1 9 8 7 6 5 4 3 2 1 0 1 2 3 4 5 6 7 8 9 1  Std Error
  0  56.799834    1.00000  |                    |********************|          0
  1  56.114942    0.98794  |                  . |********************|   0.057735
  2  55.097422    0.97003  |                .   |******************* |   0.099198
  3  54.069497    0.95193  |               .    |******************* |   0.126938
  4  53.007103    0.93323  |              .     |******************* |   0.148843
  5  51.861862    0.91306  |             .      |******************  |   0.167214
  6  50.579718    0.89049  |             .      |******************  |   0.183080
  7  49.113412    0.86468  |            .       |*****************   |   0.196989
  8  47.662188    0.83913  |            .       |*****************   |   0.209259
  9  46.298292    0.81511  |           .        |****************    |   0.220190
 10  45.029107    0.79277  |           .        |****************    |   0.230028
 11  43.797703    0.77109  |          .         |***************     |   0.238962
 12  42.555178    0.74921  |          .         |***************     |   0.247117
 13  41.410919    0.72907  |          .         |***************     |   0.254576
 14  40.369674    0.71074  |          .         |**************      |   0.261443
 15  39.404135    0.69374  |         .          |**************      |   0.267806
 16  38.535281    0.67844  |         .          |**************      |   0.273731
 17  37.616361    0.66226  |         .          |*************       |   0.279279
 18  36.614400    0.64462  |         .          |*************       |   0.284466
 19  35.634518    0.62737  |        .           |*************       |   0.289294
 20  34.625774    0.60961  |        .           |************        |   0.293794
 21  33.579439    0.59119  |        .           |************        |   0.297981
 22  32.418194    0.57074  |        .           |***********.        |   0.301865
 23  31.205334    0.54939  |        .           |***********.        |   0.305441
 24  30.016895    0.52847  |        .           |***********.        |   0.308718
```

[그림 9.4] IMA(1,1)모형의 ACF

Model $Z_t = Z_{t-1} + a_t + 0.3a_{t-1}$

```
                        Partial Autocorrelations

Lag Correlation -1 9 8 7 6 5 4 3 2 1 0 1 2 3 4 5 6 7 8 9 1
  1    0.98794   |                    .|********************|
  2   -0.25037   |               *****|  .                  |
  3    0.04508   |                   . |*.                  |
  4   -0.04833   |                   .*|  .                 |
  5   -0.05848   |                   .*|  .                 |
  6   -0.09122   |                   **|  .                 |
  7   -0.11435   |                   **|  .                 |
  8    0.05499   |                   . |*.                  |
  9    0.03321   |                   . |*.                  |
 10    0.04918   |                   . |*.                  |
 11    0.00496   |                   . |  .                 |
 12   -0.01564   |                   . |  .                 |
 13    0.07311   |                   . |*.                  |
 14    0.00593   |                   . |  .                 |
 15    0.00748   |                   . |  .                 |
 16    0.03468   |                   . |*.                  |
 17   -0.08505   |                   **|  .                 |
 18   -0.05185   |                   .*|  .                 |
 19    0.00154   |                   . |  .                 |
 20   -0.06068   |                   .*|  .                 |
 21   -0.02183   |                   . |  .                 |
 22   -0.08840   |                   **|  .                 |
 23    0.02110   |                   . |  .                 |
 24    0.02612   |                   . |*.                  |
```

[그림 9.5] IMA(1,1)모형의 PACF

Model $Z_t = 1.5Z_{t-1} - 0.5Z_{t-2} + a_t - 0.7a_{t-1}$

```
                             Autocorrelations

Lag Covariance Correlation -1 9 8 7 6 5 4 3 2 1 0 1 2 3 4 5 6 7 8 9 1   Std Error
  0  10.048255    1.00000  |                    |********************|          0
  1   9.447442    0.94021  |                  . |*******************  |   0.057735
  2   9.044731    0.90013  |                .   |******************   |   0.096055
  3   8.640692    0.85992  |               .    |*****************    |   0.120947
  4   8.313533    0.82736  |              .     |*****************    |   0.139850
  5   8.059241    0.80205  |              .     |****************     |   0.155311
  6   7.764015    0.77267  |             .      |***************      |   0.168553
  7   7.506150    0.74701  |             .      |***************      |   0.179973
  8   7.222770    0.71881  |            .       |**************       |   0.190027
  9   6.959335    0.69259  |            .       |**************       |   0.198884
 10   6.661089    0.66291  |            .       |*************        |   0.206767
 11   6.421578    0.63907  |           .        |*************        |   0.213735
 12   6.260266    0.62302  |           .        |************         |   0.220012
 13   6.080018    0.60508  |           .        |************         |   0.225816
 14   5.810976    0.57831  |           .        |************         |   0.231157
 15   5.563493    0.55368  |           .        |***********          |   0.235931
 16   5.350531    0.53248  |          .         |***********          |   0.240223
 17   5.128838    0.51042  |          .         |**********           |   0.244126
 18   4.870946    0.48476  |          .         |**********           |   0.247657
 19   4.563588    0.45417  |          .         |*********.           |   0.250800
 20   4.275718    0.42552  |          .         |*********.           |   0.253527
 21   4.053926    0.40345  |          .         |********  .          |   0.255896
 22   3.900104    0.38814  |          .         |********  .          |   0.258008
 23   3.658734    0.36412  |          .         |*******   .          |   0.259947
 24   3.556380    0.35393  |          .         |*******   .          |   0.261642
```

[그림 9.6] ARIMA(1,1)모형의 ACF

```
                 Model  Zt = 1.5Zt-1 - 0.5Zt-2 + at - 0.7at-1
                          Partial Autocorrelations

Lag Correlation -1 9 8 7 6 5 4 3 2 1 0 1 2 3 4 5 6 7 8 9 1
  1    0.94021   |                  . |*******************  |
  2    0.13913   |                  . |***                  |
  3    0.00481   |                  . | .                   |
  4    0.04982   |                  . |*.                   |
  5    0.06821   |                  . |*.                   |
  6   -0.02353   |                  . | .                   |
  7    0.01656   |                  . | .                   |
  8   -0.01732   |                  . | .                   |
  9    0.00060   |                  . | .                   |
 10   -0.03991   |                  .*| .                   |
 11    0.02892   |                  . |*.                   |
 12    0.06822   |                  . |*.                   |
 13   -0.00119   |                  . | .                   |
 14   -0.08632   |                  **| .                   |
 15   -0.00275   |                  . | .                   |
 16    0.02408   |                  . | .                   |
 17   -0.02122   |                  . | .                   |
 18   -0.05465   |                  .*| .                   |
 19   -0.06255   |                  .*| .                   |
 20   -0.01964   |                  . | .                   |
 21    0.03427   |                  . |*.                   |
 22    0.05973   |                  . |*.                   |
 23   -0.06349   |                  .*| .                   |
 24    0.08892   |                  . |**                   |
```

[그림 9.7] ARIMA(1,1)모형의 ACF

9.3 변환 (Transformation)

일반적으로 차분은 시계열의 평균이 시간이 지남에 따라 변할 경우 이를 일정하게 해주는 방법이다. 분산이 일정하지 않은 비정상 시계열의 경우에는 변환을 해야 하는데, 일반적으로 많이 사용되는 변환은 Box-Cox의 멱 변환(power transformation)이다. 멱 변환은 분산을 안정화시키는 변환 즉, 분산을 일정하게 만드는 방법으로 이는 이론 통계시간에 배우기 때문에 이 절에서는 생략하기로 한다. 다만 시계열 자료를 그림으로 그렸을 때 분산이 시점에 따라 일정하지 않게 나오는 경우 자료에 로그를 취하거나 또는 제곱근을 취하거나 또는 역수를 취해서 분산이 일정해지도록 만들면 된다. 다음이 많이 사용되는 멱 변환의 예이다.

변환 모수 λ	변 환
-1.0	$1/X_t$
-0.5	$1/\sqrt{X_t}$
0.0	$\ln X_t$
0.5	$\sqrt{X_t}$
1.0	X_t (변환안함)

<표 9.1> Box-Cox 멱 변환 : $Z_t = \dfrac{X_t^\lambda - 1}{\lambda}$

Box-Cox 멱 변환에 관한 자세한 내용은 참고서적을 살펴보기 바란다.

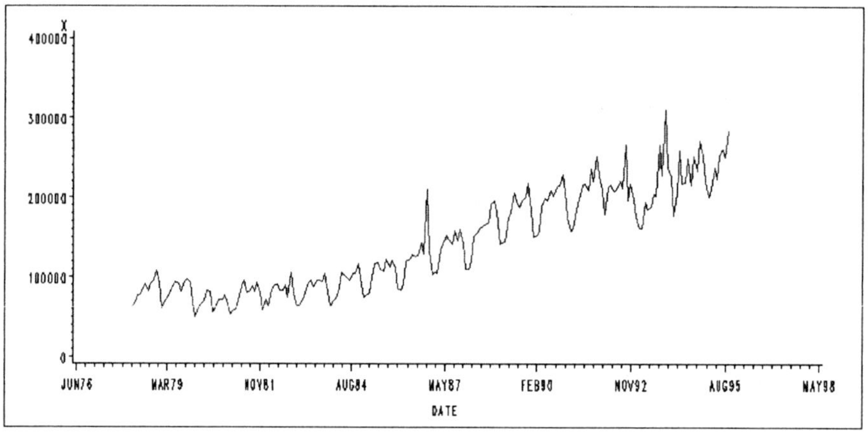

[그림 9.8] 내한 외국인 수

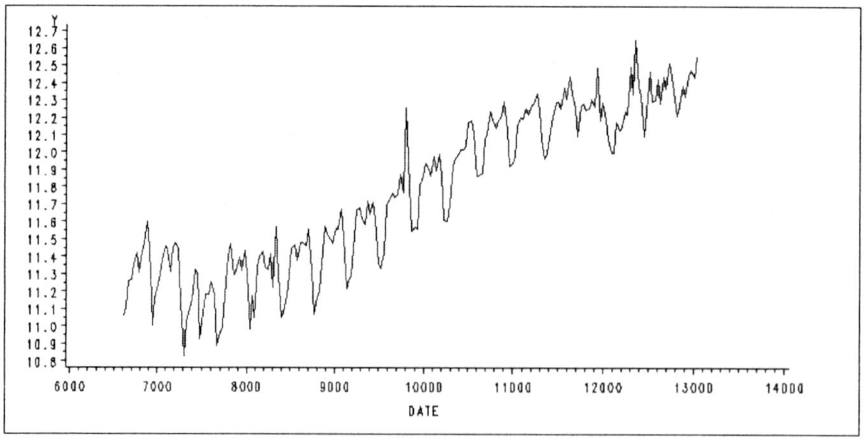

[그림 9.9] 내한 외국인 수(log 변환)

[그림 9.8]은 부록에 있는 내한 외국인 자료를 그림으로 그린 것이다. 이 자료는 시간이 흐를수록 분산이 커지기 때문에 로그변환을 한 후의 그림을 추가로 [그림 9.9]에 그려 놓았다. [그림 9.9]는 시간이 흐름에 따라 분산이 일정함을 볼 수 있다. 분석을 위해서는 이 변환된 자료인 Y를 사용하여야 한다.

9.4 변환에 사용되는 SAS 명령어

이 절에서는 SAS 명령어 중에서 차분에 관한 명령어를 살펴보자.

1. dif(n)(변수) : 차분, difference의 약어

예 : 시계열 Y의 1차 차분된 시계열 X를 얻고 싶으면

$$X = dif(Y);$$

를 사용한다. 만약 1차 차분을 두 번한 시계열 Z를 얻고 싶으면

$$Z = dif(X);$$

를 사용하면 된다.

프로그램 예제 9.1

```
Data test;
do t = 1 to 50;
  y = rannor(0);
output;
end;
Data test2; set test;
  x=dif(y);
  z=dif(x);
proc print data=test2;
run;
```

2. $Y(s)$: 계절주기가 s일 때 계절 차분 된 시계열을 PROC ARIMA에서 사용할 때, 즉

$$Y(s) = (1 - B^s)Y$$

를 의미한다.

일반적으로 PROC ARIMA에서 비정상 시계열인 경우 차분된 시계열을 사용하여 모형을 식별하고 모수를 추정하게 된다. 이때 위에서 사용한 *dif*를 사용하거나, 변수 옆에 '(s)'를 붙이면 계절주기 s인 경우의 계절 차분 된 시계열을 얻게 된다. 다음은 *dif*와 $Y(s)$를 사용한 프로그램의 예이다.

프로그램 예제 9.2

```
Data test;
do t = 1 to 50;
    y = rannor(0);
    output;
end;
run;
Data new; set test;
   z=dif(y);
   Z1=dif4(y);
Proc arima;
   i var=y;          /* 원 자료 사용 */
   i var=y(1);       /* 한번 일반차분된 자료 사용 */
   i var=y(4);       /* 주기가 4인 계절 차분된 자료 사용 */
run;
```

위 프로그램에서 모형식별시 i Var = Z;와 i Var = y(1);은 한분차분한 시계열을 가지고 모형식별을 하라는 뜻으로 같은 결과를 갖고, 또한 i Var = Z1;과 i Var = y(4);는 4차계절 차분된 자료에 대하여 모형식별을 하라는 뜻으로 같은 결과를 갖는다.

연 습 문 제

1. 다음의 시계열에서 ARIMA(p, d, q)모형의 차수 p, d, q를 정하라.

   ① $Z_t = 0.3Z_{t-1} + a_t$

   ② $Z_t = a_t - a_{t-1} + 0.25a_{t-2}$

   ③ $Z_t = 0.4Z_{t-1} + a_t - 0.7a_{t-1}$

   ④ $Z_t = Z_{t-1} + a_t + 0.3a_{t-1}$

2. [예제 9.1]에서 시계열 W_t는 $W_t = b_t + a_t - a_{t-1}$로 정의되었다. W_t가 정상성을 만족함을 정상성 조건 3가지를 이용하여 증명하라.

3. [예제 9.2]에서 시계열 X_t는 $X_t = \varepsilon_t + a_t - 2a_{t-1} + a_{t-2}$로 정의되었다. X_t가 정상성을 만족함을 정상성 조건 3가지를 이용하여 증명하라.

4. 다음의 ARI(1,1)모형

$$Z_t = 1.3Z_{t-1} - 0.3Z_{t-2} + a_t$$

   를 고려하자.

   ① $a_t \overset{iid}{\sim} (0, \sigma_a^2)$을 가정하고 SAS를 이용하여 200개의 자료를 생성하고 이를 그림으로 그려라. 단 seed=137941; a_t=normal(seed)를 이용하라.

   ② SACF를 구하라.

   ③ $W_t = Z_t - Z_{t-1}$이라 하면 W_t는 어떤 모형인가 ?

   ④ W_t의 ACF를 이론적으로 구하라.

   ⑤ W_t는 정상성을 만족하는가?

   ⑥ SAS를 이용하여 W_t의 SACF를 구하라.

   여기서 SACF는 표본 자기상관함수(sample atocorrelation function)를 의미한다.

5. 다음의 시계열 모형을 고려하자.

a. $(1-B)Z_t = (1-0.6B)a_t$

b. $(1-B)Z_t = 5 + (1-0.6B)a_t$

c. $(1-0.9B)(1-B)Z_t = a_t$

d. $(1-0.9B)(1-B)Z_t = (1-0.5B)a_t$

① 200개의 자료를 생성하라. 단, Seed = 1867231, normal(seed)를 사용하여라.

② 각 자료의 그래프를 그려라.

③ 각 모형의 SACF를 구하라.

④ 각 시계열 모형의 이론적인 차수를 말하라.

6. 다음의 시계열 모형을 고려하자.

$$Z_t = a_t + ca_{t-1} + \cdots + ca_1$$

여기서 c는 상수이다.

① 이 시계열의 평균과 분산을 구하라.

② 이 시계열은 정상 시계열인가?

③ $W_t = (1-B)Z_t$라 할 때 W_t의 평균과 분산을 구하라. W_t는 정상성을 만족하는가?

10

모형의 식별

우리는 7장에서 9장까지 시계열 분석의 기초가 되는 각 모형의 일반적인 특성을 살펴보았다. 이러한 각 모형의 특성은 모형 식별에 중요한 도구로 사용된다. 모형식별 과정은 먼저 자료로부터 각 모형의 특성을 설명하는 통계량을 구하고 구해진 통계량과 이론적으로 구한 특성들을 비교하여 가장 알맞은 모형을 찾아내는 것이다. 일반적으로 주어진 시계열에 가장 좋은 모형을 찾는 것은 그리 쉬운 일이 아니다. 자료에 따라서는 여러 모형이 구해지게 되는데 구해진 모형 중에서는 가능한 한 적은 수의 모수를 포함한 모형이 바람직하며 여기에 여러 다른 통계적 기준을 바탕으로 최적의 모형을 찾아내게 된다.

시계열을 ARIMA모형에 적합 시키기 위한 Box-Jenkins의 3단계 모형화 방법은 1장에서 이미 설명하였다. 모형화의 3단계 중 그 첫 단계가 모형의 식별 단계이다. 이 장에서는 모형의 식별을 다루고 모수의 추정단계는 11장에서, 그리고 모형의 검진은 12장에서 다루기로 한다.

10.1 식별

자료가 주어지면 자료로부터 표본 평균, 표본 분산, 표본 자기공분산, 표본 자기상관함수 등을 구할 수 있다. 구해진 표본 자기상관함수를 이미 익혔던 이론적 자기상관함수와 비교하여 유사한 자기상관함수를 갖는 모형을 선택하게 된다. 여기서 식별이란 ARIMA (p, d, q)모형의 차수 p, d, q의 값을 결정하는 것을 말한다. 모형의 식별 방법에는 여러 가지가 있으며 기본적으로 사용되는 것은 자기상관함수, 부분자기상관함수, 역 자기상관함수 등이다. 이 중에서 부분자기상관함수와 역 자기상관함수는 AR모형의 차수를 결정하는데 주로 사용되며 자기상관함수는 MA모형의 차수를 결정하는데 사용된다. 역 자기상관함수는 부분자기상관함수에 비해 차수를 결정하는데 일반적으로 좋지 않다고 알려져 있기 때문에 본 교재에서는 역 자기상관함수보다는 부분자기상관함수를 위주로 다루기로 한다. 그러나 SAS에서는 역 자기상관함수를 출력해주므로 독자들은 분석에서 이를 참고하기 바란다.

위에서 언급한 표본 자기상관함수와 표본 부분자기상관함수는 기본적으로 모형 식별에 사용되며 간단한 시계열 분석에서는 이들만으로도 모형 식별이 가능하다. 그러나 복잡한 시계열 자료의 분석에서는 위의 두 통계량만을 이용하여 모형 식별을 하는 것은 매우 어렵다. 이 경우에는 추가적으로 다른 통계량(AIC, SBC, FPE 등)을 구하고 이들을 종합하여 모형을 식별하게 된다.

10.2 표본 자기상관함수와 표본 부분자기상관함수(Sample autocorrelation function and sample partial autocorrelation function, SACF, SPACF)

10.2.1 표본 자기상관함수

이 절에서는 자기상관함수와 부분자기상관함수의 추정량인 표본 자기상관함수와 표본 부분자기상관함수를 다룬다. 이 두 통계량은 모형식별에서 기본적으로 사용되므로 숙지하기 바란다.

7장과 8장에서 각 모형에 대한 평균, 분산, 자기공분산 그리고 자기상관함수를 구하고 이들의 특성들을 살펴보았다. 모수의 추정에 관한 내용은 다음 장에서 다루기로 하고 모형 식별에 사용되는 자기상관함수의 추정을 살펴보도록 하자.

먼저 5장에서 정의된 자기공분산과 자기상관함수는 다음과 같다.

$$\mathrm{Var}(Z_t) = \sigma(0), \quad \mathrm{Cov}(Z_t, Z_{t-k}) = \sigma(k)$$

$$\rho_k = \mathrm{Corr}(Z_t, Z_{t-k}) = \frac{\sigma(k)}{\sigma(0)}$$

이들 분산, 자기공분산, 자기상관함수는 미지의 모수이고 분석을 위해서는 이들 모수에 관한 추정량이 필요하다. 각 모형은 평균이 '0'인 경우와 '0'이 아닌 경우로 나누어지는데 먼저 평균이 '0'이 아닌 모형에서의 표본 자기공분산을 정의하자.

표본 자기공분산, 기호 : $\hat{\sigma}(k)$, $\sigma^*(k)$
$\sigma^*(k) = \frac{1}{n-k} \sum_{t=1}^{n-k} (Z_t - \overline{Z})(Z_{t+k} - \overline{Z}),$
$\hat{\sigma}(k) = \frac{1}{n} \sum_{t=1}^{n-k} (Z_t - \overline{Z})(Z_{t+k} - \overline{Z}).$
여기서, $\overline{Z} = \frac{1}{n} \sum_{t=1}^{n} Z_t$

평균이 '0'이 아닌 모형에서는 평균의 추정치가 필요하게 되며 평균의 추정치는 표본 평균이 사용된다. 그리고 표본 자기공분산 공식에서 k 대신에 '0'을 대입한 결과가 분산의 추정량이 된다. 위의 공식에서 자기공분산을 추정하는 방법은 두 가지로 나와있다. 먼저 $\sigma^*(k)$는 자유도를 고려한 표본 자기공분산으로 회귀분석 등에서 자주 사용되는 표본 자기공분산이다. 그리고 $\hat{\sigma}(k)$는 최대우도추정량을 사용하여 얻어진 표본 자기공분산이다. 자료의 수가 클 경우 위의 두 추정량은 차이가 없다.

모형 식별을 위해서는 다음에 정의된 표본 자기상관함수가 사용되며 이 표본 자기상관함수를 살펴보면 위에서 얻어진 두 개의 공식 중에서 어떤 공식을 사용하여도 같은 결론을 얻게됨을 알 수 있다. 다음이 표본 자기상관함수이다.

표본 자기상관함수, 기호 : r_k

$$r_k = \widehat{\text{Corr}}(Z_t, Z_{t+k}) = \widehat{\text{Corr}}(Z_t, Z_{t-k})$$

$$r_k = \widehat{\text{Corr}}(Z_t, Z_{t+k}) = \frac{\sum_{t=1}^{n-k}(Z_t-\overline{Z})(Z_{t+k}-\overline{Z})}{\sum_{t=1}^{n}(Z_t-\overline{Z})^2}$$

$$= \frac{\hat{\sigma}(k)}{\hat{\sigma}(0)} = \frac{\sigma^*(k)}{\sigma^*(0)}, \quad k = 0, 1, 2, \cdots$$

표본 자기상관함수는 일반적으로 사용되는 표본상관계수 공식과 차이가 없다. 예를 들어 1차 자기상관함수 ρ_1의 추정치 r_1을 구한다고 한다면 Z_t, Z_{t-1}의 표본 상관계수를 구하는 것과 같게 된다. 즉 $r_1 = \widehat{\text{Corr}}(Z_t, Z_{t-1})$은 다음과 같이 구할 수 있다.

$$\widehat{\text{Corr}}(Z_t, Z_{t-1}) = \frac{\sum_{t=2}^{n}(Z_t-\overline{Z})(Z_{t-1}-\overline{Z})}{\sqrt{\sum_{t=1}^{n}(Z_t-\overline{Z})^2}\sqrt{\sum_{t=2}^{n}(Z_{t-1}-\overline{Z})^2}}$$

시계열이 정상성을 만족하면 $\text{Var}(Z_t) = \text{Var}(Z_{t-1}) = \sigma(0)$이고 실제로 자료의 개수 n이 크면 $\sum_{t=1}^{n}(Z_t-\overline{Z})^2 \approx \sum_{t=2}^{n}(Z_{t-1}-\overline{Z})^2$이므로

$$r_1 = \widehat{\text{Corr}}(Z_t, Z_{t-1}) = \frac{\sum_{t=2}^{n}(Z_t-\overline{Z})(Z_{t-1}-\overline{Z})}{\sum_{t=1}^{n}(Z_t-\overline{Z})^2}$$

이 되어 위의 공식을 얻게 된다. 같은 논리로 r_k도 구할 수 있다. 여기서 $\sigma^*(k)$ 또는 $\hat{\sigma}(k)$ 중 어떤 것을 사용하여도 같은 r_k가 되므로 모형 식별을 위해서는 어느 것을 사용해도 무방하다.

이제 평균이 '0'인 모형을 살펴보자. 이 경우 각 모형에서 시계열의 평균이 $\text{E}(Z_t) = 0$

이 되는 것을 7장과 8장을 통하여 이미 배웠다. 따라서 자기공분산은

$$\mathrm{Cov}(Z_t, Z_{t+k}) = \sigma(k) = \mathrm{E}(Z_t Z_{t+k})$$

가 되기 때문에 평균이 '0'이 아닌 모형에서 정의한 표본 자기공분산, 표본 자기상관함수에서 평균의 추정량 $\overline{Z}$가 없어지게 된다. 결국 표본 자기공분산, 표본자기상관함수는 다음과 같이 구할 수 있다.

표본 자기공분산, 표본 자기상관함수

(모형에 평균이 없을 때)

$$\sigma^*(k) = \frac{1}{n-k}\sum_{t=1}^{n-k} Z_t \cdot Z_{t+k}, \quad \hat{\sigma}(k) = \frac{1}{n}\sum_{t=1}^{n-k} Z_t \cdot Z_{t+k}$$

$$r_k = \frac{\sum_{t=1}^{n-k} Z_t \cdot Z_{t+k}}{\sum_{t=1}^{n} Z_t^2}, \qquad k = 0, 1, 2, \cdots$$

앞 장에서 이론적으로 구한 자기상관함수는 모형에 따라 각기 다른 형태를 지니고 있었다. 그 중에서 MA(q)모형의 경우 $q+1$차 이후에는 절단된 형태를 갖는 것으로 나타났다. 문제는 MA(q)모형의 경우 자료에서 구한 표본 자기상관함수가 $q+1$차 이후에 정확하게 '0'으로 나오느냐 하는 것이다. 통계적으로 볼 때 이는 불가능한 일일 것이다. 따라서 MA(q)모형을 식별하기 위하여 $q+1$차 이후의 표본 자기상관함수가 '0'인지를 검정해야 한다. 이를 위해 일반적으로 신뢰구간이 사용되며 신뢰구간을 구하기 위하여 표본 자기상관함수 r_k에 대한 분산이 필요하게 된다. 특히 표본 자기상관함수는 MA(q)모형의 차수를 결정하는데 사용이 되므로 MA(q)모형에서의 신뢰구간에 유의하기 바란다. SAS에서는 신뢰구간을 점선으로 표시해 주기 때문에 쉽게 '0'인지 아닌지를 검정할 수 있다. 다음은 일반적인 모형에서의 표본 자기상관함수의 분산을 나타낸 것이다.

표본 자기상관함수 r_k의 분포와 분산

∘ 일반 선형과정에서

$Z_t = \mu + \sum_{j=0}^{\infty} \psi_j \cdot a_{t-j}$에서 $\{a_t\}$: 백색잡음, $\sum_{j=0}^{\infty} |\psi_j| < \infty$, $\sum_{j=0}^{\infty} j \cdot \psi_j^2 < \infty$일 때 (즉, 정상시계열일 때) n이 커지면 $\sqrt{n}(r_1 - \rho_1), \sqrt{n}(r_2 - \rho_2), \cdots, \sqrt{n}(r_m - \rho_m)$은 점근적으로 결합정규확률분포를 갖고 그때의 평균은 '0'이며 임의의 두 확률변수들 사이의 공분산은

$$\begin{aligned} &\text{Cov}(r_k, r_{k+j}) \\ &\approx \frac{1}{n} \sum_{i=-\infty}^{\infty} (\rho_i \rho_{i+j} + \rho_{i+k+j} \rho_{i-k} - 2\rho_k \rho_i \rho_{i-k-j} \\ &\qquad - 2\rho_{k+j} \rho_i \rho_{i-k} + 2\rho_k \rho_{k+j} \rho_i^2) \end{aligned}$$

이 된다.

이 식의 유도과정은 학부 수준을 넘으므로 생략하기로 하자. 그러나 위의 결과에서 표본 자기상관함수는 n이 클 경우 자기상관함수에 매우 가깝게 된다. 또한 통계량 r_1, $r_2, \cdots, r_m$은 공분산이 존재하므로 독립이 아니다. 앞에서도 언급하였듯이 이 식에서 우리에게 필요한 것은 $\rho_k = 0$을 검정하기 위한 r_k의 분산이다.

위의 식에서 k가 크고, ρ_k가 빠르게 0으로 가면

$$\text{Var}(r_k) \approx \frac{1}{n} \sum_{p=-\infty}^{\infty} \rho_p^2$$

이 된다. 따라서 MA(q)모형의 경우 시차 k가 q보다 크면 $\rho_{q+1} = \rho_{q+2} = \cdots = 0$이므로 위의 식에 의해서

$$\text{Var}(r_k) \approx \frac{1 + 2\sum_{j=1}^{q} \rho_j^2}{n}$$

이 성립하게 된다.

백색잡음의 경우, 즉 MA(0)인 경우에는 $\rho_1 = \rho_2 = \cdots = 0$ 이므로

$$\mathrm{Var}(r_k) \approx \frac{1}{n}, \quad \mathrm{Corr}(r_k, r_j) \approx 0, \quad k \neq j$$

가 성립하게 된다.

위의 결과를 이용하면 MA(q)모형인지 아닌지를 판별해 주는 신뢰구간을 구할 수 있다. 즉 $k > q$에서 r_k가 다음의 신뢰구간 안에 포함되면 약 0.05(값 = $1.96 \approx 2$)의 유의수준 하에서 ρ_k가 '0'이라고 할 수 있다. 이는 위에서 유도한 분산공식에 ρ_k 대신 r_k를 대입하여 계산한 값으로 ρ_k의 신뢰구간은

$$\left(-2\frac{\sqrt{1+2\sum_{j=1}^{q} r_j^2}}{\sqrt{n}}, \quad 2\frac{\sqrt{1+2\sum_{j=1}^{q} r_j^2}}{\sqrt{n}} \right)$$

이다.

다음의 예제들을 통하여 모형식별 과정을 살펴보자.

[예제 10.1] 다음의 물음에 답하라.

시 점 (t)	1	2	3	4	5	6	7	8	9	10
자　료	5	3	5	3	2	1	4	6	8	10

(1) 위의 자료에서 $\overline{Z}$와 $\hat{\sigma}(0)$를 구하라.

(2) $\hat{\sigma}(1)$, $\hat{\sigma}(2)$, $\hat{\sigma}(3)$을 구하라.

(3) r_1, r_2, r_3를 구하라.

(4) 위의 자료가 MA(1)모형을 따른다고 가정했을 때 ρ_2의 신뢰구간을 구하고 '$\rho_2 = 0$'을 검정하라.

풀이 (1) $\overline{Z} = \frac{1}{n}\sum_{t=1}^{n} Z_t = \frac{1}{10}(5+3+\cdots+10) = 4.7$

$$\hat{\sigma}(0) = \frac{1}{n}\sum_{t=1}^{n}(Z_t - \overline{Z})^2$$

$$= \frac{1}{10}[(5-4.7)^2 + (3-4.7)^2 + \cdots + (10-4.7)^2] = 6.81$$

(2) $\hat{\sigma}(k) = \frac{1}{n}\sum_{t=1}^{n-k}(Z_t - \overline{Z})(Z_{t+k} - \overline{Z})$ 공식에서

$$\hat{\sigma}(1) = \frac{1}{n}\sum_{t=1}^{n-1}(Z_t - \overline{Z})(Z_{t+1} - \overline{Z})$$

$$= \frac{1}{10}[(5-4.7)(3-4.7) + (3-4.7)(5-4.7) + \cdots + (8-4.7)(10-4.7)]$$

$$= 3.651$$

$$\hat{\sigma}(2) = \frac{1}{n}\sum_{t=1}^{n-2}(Z_t - \overline{Z})(Z_{t+2} - \overline{Z})$$

$$= \frac{1}{10}[(5-4.7)(5-4.7) + (3-4.7)(3-4.7) + \cdots + (6-4.7)(10-4.7)]$$

$$= 1.012$$

$$\hat{\sigma}(3) = \frac{1}{n}\sum_{t=1}^{n-3}(Z_t - \overline{Z})(Z_{t+3} - \overline{Z})$$

$$= \left[\frac{(5-4.7)(3-4.7)}{10} + \frac{(3-4.7)(2-4.7)}{10} + \cdots + \frac{(4-4.7)(10-4.7)}{10}\right]$$

$$= -1.53$$

(3) $r_k = \frac{\hat{\sigma}(k)}{\hat{\sigma}(0)}$ ≡>

$$r_1 = \frac{\hat{\sigma}(1)}{\hat{\sigma}(0)} = 0.537, \quad r_2 = \frac{\hat{\sigma}(2)}{\hat{\sigma}(0)} = 0.149, \quad r_3 = \frac{\hat{\sigma}(3)}{\hat{\sigma}(0)} = -0.224$$

(4) $\left(-2\dfrac{\sqrt{1+2\sum_{j=1}^{q} r_j^2}}{\sqrt{n}},\quad 2\dfrac{\sqrt{1+2\sum_{j=1}^{q} r_j^2}}{\sqrt{n}}\right)$에서

$$\left(-\frac{2}{\sqrt{10}}\sqrt{(1+2r_1^2)},\quad \frac{2}{\sqrt{10}}\sqrt{(1+2r_1^2)}\right)=(-0.79,0.79)$$

위 예제의 경우는 자료의 수가 너무 작아 신뢰구간을 구하여 검정을 하는 것은 별 의미가 없다. 그러니 신뢰구간이 어떻게 구해지는지 알아두기 바란다.

[예제 10.2] 시계열자료가 백색잡음과정인지를 확인하려 한다. 이때 자료의 수가 100이라면 표본 자기상관함수 r_k는 어떤 구간 안에 포함되어야 하는가?

풀이 백색잡음의 경우 신뢰구간은 $\left(-\frac{2}{\sqrt{n}},\ \frac{2}{\sqrt{n}}\right)$이다. 따라서 모든 r_k, $k\geq 1$가 $(-0.2,\ 0.2)$ 사이에 있어야 한다.

10.2.2 부분자기상관함수 (Partial autocorrelation function, PACF)

앞 절에서는 MA(q)모형의 차수 q를 식별하기 위한 통계량인 표본 자기상관함수에 대하여 살펴보았다. 이 절에서는 AR(p)모형의 차수 p를 결정해주는 통계량인 부분자기상관함수와 이의 추정량인 표본 부분자기상관함수에 대하여 살펴보기로 하자. 부분자기상관함수는 중회귀분석에서 나오는 부분상관계수와 같은 개념으로 부분자기상관함수의 정의는 다음과 같다.

부분자기상관함수 : 기호, ϕ_{kk}

$$\phi_{kk} = \mathrm{Corr}(Z_t,\ Z_{t-k}|Z_{t-1},\ Z_{t-2},\ \cdots,\ Z_{t-k+1})$$

일반적으로 부분자기상관함수는 AR(p)모형의 차수 p를 결정하는데 사용하므로 AR모형을 중심으로 설명하겠다. 7장에서 살펴보았듯이 AR(p)모형에서 Z_t와 Z_{t-k}는 상관관

계가 있다. 이를 알아보기 위하여 Z_t와 Z_{t-k}를 일반선형 과정으로 표시하자. 그러면 $Z_t = \sum_{i=0}^{\infty} \psi_i a_{t-i}$와 $Z_{t-k} = \sum_{i=0}^{\infty} \psi_i a_{t-k-i}$가 된다. 위의 두 식에는 공통적인 $\{a_t\}$항이 있으므로 Z_t와 Z_{t-k}의 자기상관함수 ρ_k는 '0'이 아니다. 또한 ρ_k의 형태는 차수 k가 증가할수록 빠르게 감소한다는 것을 이미 배웠다. 그러나 Z_t와 Z_{t-k} 사이에 있는 변수, $Z_{t-1}, Z_{t-2}, \cdots, Z_{t-k+1}$로 수정을 한 후에는 Z_t와 Z_{t-k}가 서로 관계가 없을 수도 있다. 다음의 예제를 통해서 이를 살펴보도록 하자.

[예제 10.3] AR(1)모형 : $Z_t = \phi Z_{t-1} + a_t$, $\{a_t\}$: 백색잡음을 고려하자. 이 모형에서 $\text{Corr}(Z_t, Z_{t-2})$와 $\text{Corr}(Z_t, Z_{t-2}|Z_{t-1})$을 구하라.

풀이 먼저 7장의 결과를 살펴보면 $\text{Corr}(Z_t, Z_{t-2}) = \rho_2 = \phi^2$이 된다. 다음으로

$$\begin{aligned}
&\text{Cov}(Z_t, Z_{t-2}|Z_{t-1}) \\
&= \text{Cov}(Z_t - \phi Z_{t-1}, Z_{t-2} - \phi Z_{t-1}|Z_{t-1}) \\
&= \text{Cov}(Z_t - \phi Z_{t-1}, Z_{t-2} - \phi Z_{t-1}) \\
&= \text{Cov}(Z_t, Z_{t-2}) - \phi \text{Cov}(Z_{t-1}, Z_{t-2}) - \phi \text{Cov}(Z_t, Z_{t-1}) \\
&\quad + \phi^2 \text{Cov}(Z_{t-1}, Z_{t-1}) \\
&= (\phi^2 - \phi\phi - \phi\phi + \phi^2)\sigma(0) = 0
\end{aligned}$$

이 된다. 따라서 부분자기상관함수는 '0'이 된다.

참고로 AR(1)모형에서는 Z_t가 발생되기 이전에 발생된 모든 실현 값이 갖고있는 Z_t에 관한 모든 상관적인 정보는 Z_{t-1}이 가지고 있음을 알아두기 바란다.

이제 부분자기상관함수를 구하는 방법을 살펴보자.

k차 부분자기상관함수, ϕ_{kk}를 찾는 법

(ρ_1, ρ_2, …, ρ_k가 알려진 경우)

부분자기상관함수는 다음의 Yule-Walker 방정식을 이용한다.

Yule-Walker 방정식

$$\begin{aligned} \rho_1 &= \phi_{k1} + \phi_{k2}\rho_1 + \cdots + \phi_{kk}\rho_{k-1} \\ \rho_2 &= \phi_{k1}\rho_1 + \phi_{k2} + \cdots + \phi_{kk}\rho_{k-2} \\ &\vdots \\ \rho_k &= \phi_{k1}\rho_{k-1} + \phi_{k2}\rho_{k-2} + \cdots + \phi_{kk} \end{aligned}$$

의 연립방정식을 풀었을 때 ϕ_{kk}가 주어진 시계열의 시차 k의 부분 자기상관함수가 된다.

이 Yule-Walker 방정식은 시차 k의 부분자기상관함수 값을 구하는데 사용되는 것으로 전에 익혔던 Yule-Walker 방정식과 약간 다름을 알아두기 바란다. Yule-Walker 방정식을 사용하여 부분자기상관함수를 구하는 방법을 예제를 통하여 알아보도록 하자.

[예제 10.4] 다음의 AR(1)모형에서 부분자기상관함수를 구하라.

$$\text{모형 : } Z_t = \phi Z_{t-1} + a_t$$

풀이 7장의 결과를 이용하면 AR(1) 모형의 자기상관함수는 $\rho_1 = \phi$, $\rho_2 = \phi^2$, $\rho_3 = \phi^3$, … 이 된다.

(1) 1차 부분자기상관함수 ϕ_{11}

Yule-Walker 방정식에서 $k=1$을 대입하면 $\rho_1 = \phi_{11}$이다. 따라서 1시차 부분자기상관함수 $\phi_{11} = \rho_1$이 된다.

1차 부분자기상관함수는 언제나 1차 자기상관함수가 된다.

(2) 2차 부분자기상관함수 ϕ_{22}

Yule-Walker 방정식에서 $k=2$를 대입한다. 그러면 두 개의 식이 나오게 되고 이 식을 연립하여 풀면 된다. 즉

$$\rho_1 = \phi_{21} + \phi_{22}\rho_1 \tag{10.1}$$

$$\rho_2 = \phi_{21}\rho_1 + \phi_{22} \tag{10.2}$$

(10.1)과 (10.2)식을 연립하여 풀면 (10.3), (10.4)식과 같고

$$\phi_{21} = (1-\phi_{22})\rho_1 = (1-\phi_{22})\phi \tag{10.3}$$

$$\phi_{22} = \rho_2 - \phi_{21}\rho_1 = \phi^2 - (1-\phi_{22})\phi^2 = \phi_{22}\phi^2 \tag{10.4}$$

(10.4)식에서 $\phi_{22}(1-\phi^2)=0$ 이 된다. 이때 $|\phi|<1$이므로 $\phi_{22}=0$이 된다.

(3) 다음으로 ϕ_{33}를 구하자. 즉 $k=3$일 때를 살펴보자. Yule-Walker 방정식에서

$$\begin{aligned}
\rho_1 &= \phi_{31} + \phi_{32}\rho_1 + \phi_{33}\rho_2 \\
\rho_2 &= \phi_{31}\rho_1 + \phi_{32} + \phi_{33}\rho_1 \\
\rho_3 &= \phi_{31}\rho_2 + \phi_{32}\rho_1 + \phi_{33}
\end{aligned}$$

을 얻는다. 이를 행렬로 표시하면 다음과 같다.

$$\begin{pmatrix} 1 & \rho_1 & \rho_2 \\ \rho_1 & 1 & \rho_1 \\ \rho_2 & \rho_1 & 1 \end{pmatrix} \begin{pmatrix} \phi_{31} \\ \phi_{32} \\ \phi_{33} \end{pmatrix} = \begin{pmatrix} \rho_1 \\ \rho_2 \\ \rho_3 \end{pmatrix}$$

또한, 위의 식은 다음과 같이 되고 ϕ_{33}가 우리가 원하는 결과이다.

$$\begin{pmatrix} \phi_{31} \\ \phi_{32} \\ \phi_{33} \end{pmatrix} = \begin{pmatrix} 1 & \phi & \phi^2 \\ \phi & 1 & \phi \\ \phi^2 & \phi & 1 \end{pmatrix}^{-1} \begin{pmatrix} \phi \\ \phi^2 \\ \phi^3 \end{pmatrix}$$

여기서 ϕ_{33}를 구하면 $\phi_{33}=0$이 된다.

(4) ϕ_{kk}, $k \geq 4$이상일 경우도 구해보면 $\phi_{kk}=0$이 된다. 따라서 시차 2이상인 경우에 ϕ_{kk}는 모두 '0'이 되므로 부분자기상관함수는 시차 2이상에서 절단된 형태를 갖는다.

위의 [예제 10.4]의 결과를 모의 실험을 통하여 살펴보자.

$$\text{모형 : } Z_t = 0.5Z_{t-1} + a_t$$

이 모형에서 이론적인 부분자기상관함수는

$$\rho_1 = 0.5, \quad \rho_2 = 0, \quad \rho_3 = 0, \quad \cdots$$

이다. 이론적인 부분자기상관함수와 다음의 [그림 10.1]의 모의 실험에서 얻어진 결과를 비교하면 좋을 것이다.

Model $Z_t = 0.5Z_{t-1} + a_t$

```
                     Partial Autocorrelations

Lag Correlation -1 9 8 7 6 5 4 3 2 1 0 1 2 3 4 5 6 7 8 9 1
  1     0.46379  |               .   |*********          |
  2    -0.06609  |               .  *|   .               |
  3    -0.05103  |               .  *|   .               |
  4     0.05299  |               .   |*  .               |
  5    -0.09222  |               . **|   .               |
  6    -0.03768  |               .  *|   .               |
  7    -0.08274  |               . **|   .               |
  8     0.03622  |               .   |*  .               |
  9    -0.05792  |               .  *|   .               |
 10    -0.04316  |               .  *|   .               |
 11    -0.06593  |               .  *|   .               |
 12    -0.02903  |               .  *|   .               |
 13     0.07034  |               .   |*  .               |
 14     0.00246  |               .   |   .               |
 15    -0.05514  |               .  *|   .               |
 16     0.01693  |               .   |   .               |
 17    -0.03558  |               .  *|   .               |
 18    -0.06035  |               .  *|   .               |
 19     0.01204  |               .   |   .               |
 20    -0.08292  |               . **|   .               |
 21    -0.08231  |               . **|   .               |
 22    -0.08466  |               . **|   .               |
 23    -0.01478  |               .   |   .               |
 24     0.10364  |               .   |** .               |
```

[그림 10.1] AR(1)모형의 SPACF

[예제 10.4]에서 살펴보았듯이 행렬을 이용하여 부분자기상관함수를 구하는 방법이 일반적이다. 먼저 Yule-Walker 방정식을 행렬로 표시해 보자.

$$\begin{pmatrix} 1 & \rho_1 & \rho_2 & \cdots & \rho_{k-1} \\ \rho_1 & 1 & \rho_1 & \cdots & \rho_{k-2} \\ & & \vdots & & \\ \rho_{k-1} & \cdots & \rho_2 & \rho_1 & 1 \end{pmatrix} \begin{pmatrix} \phi_{k1} \\ \phi_{k2} \\ \vdots \\ \phi_{kk} \end{pmatrix} = \begin{pmatrix} \rho_1 \\ \rho_2 \\ \vdots \\ \rho_k \end{pmatrix}$$

따라서

$$\begin{pmatrix} \phi_{k1} \\ \phi_{k2} \\ \vdots \\ \phi_{kk} \end{pmatrix} = \begin{pmatrix} 1 & \rho_1 & \rho_2 & \cdots & \rho_{k-1} \\ \rho_1 & 1 & \rho_1 & \cdots & \rho_{k-2} \\ & & \vdots & & \\ \rho_{k-1} & \cdots & \rho_2 & \rho_1 & 1 \end{pmatrix}^{-1} \begin{pmatrix} \rho_1 \\ \rho_2 \\ \vdots \\ \rho_k \end{pmatrix}$$

이 되고 여기서 ϕ_{kk}를 찾으면 이것이 부분자기상관함수이다.

모형 식별을 위해서는 표본 부분자기상관함수를 살펴봐야 하므로 표본 부분자기상관함수를 구하는 방법을 알아보도록 하자. 위의 식에서 자기상관함수 $\rho_1, \rho_2, \cdots, \rho_k$가 알려져 있지 않기 때문에 표본에서 구한 표본 자기상관함수 $r_1, r_2, \cdots, r_k$를 이용하여 표본 부분자기상관함수를 구하면 된다. 따라서 위의 행렬표현에서 $\rho_1, \rho_2, \cdots, \rho_k$ 대신에 $r_1, r_2, \cdots, r_k$를 대입한 후 식을 풀면 된다. 즉 표본 자기상관함수 $\hat{\phi}_{kk}$는

$$\begin{pmatrix} \phi_{k1} \\ \phi_{k2} \\ \vdots \\ \phi_{kk} \end{pmatrix} = \begin{pmatrix} 1 & r_1 & r_2 & \cdots & r_{k-1} \\ r_1 & 1 & r_1 & \cdots & r_{k-2} \\ & & \vdots & & \\ r_{k-1} & \cdots & r_2 & r_1 & 1 \end{pmatrix}^{-1} \begin{pmatrix} r_1 \\ r_2 \\ \vdots \\ r_k \end{pmatrix}$$

을 풀었을 때 ϕ_{kk}의 값이다. 위의 식을 잘 살펴보면 이는 중 회귀분석에서 나오는 회귀계수의 추정식을 행렬로 표시한 것과 같음을 알 수 있다. 즉 이것은 중회귀분석에서의 정규방정식을 행렬로 표시한 것으로 (2)장의 공식 $(X'X)^{-1}X'Y$에 해당된다. 이를 자세히 알아보자. 먼저 이론을 간단히 하기 위하여 평균이 '0'인 경우를 살펴보자. 물론 평균이 '0'이 아닌 경우로도 쉽게 확장할 수 있다.

평균이 '0'인 AR(p)모형

$$\text{모형}: \ Z_t = \phi_{k1}Z_{t-1} + \phi_{k2}Z_{t-2} + \cdots + \phi_{kk}Z_{t-k} + a_t$$

이 때 $Y = \begin{pmatrix} Z_{k+1} \\ Z_{k+2} \\ \vdots \\ Z_n \end{pmatrix}$, $X = \begin{pmatrix} Z_k & Z_{k-1} & \cdots & Z_1 \\ Z_{k+1} & Z_k & \cdots & Z_2 \\ \vdots & & & \\ Z_{n-1} & Z_{n-2} & \cdots & Z_{n-k} \end{pmatrix}$ 이라 하자. 그러면

$$\begin{pmatrix} \widehat{\phi_{k1}} \\ \widehat{\phi_{k2}} \\ \vdots \\ \widehat{\phi_{kk}} \end{pmatrix} = (X'X)^{-1}X'Y$$

가 된다. 여기서 $\hat{\phi} = (X'X)^{-1}X'Y$는

$$\begin{pmatrix} \widehat{\phi_{k1}} \\ \widehat{\phi_{k2}} \\ \vdots \\ \widehat{\phi_{kk}} \end{pmatrix} = \begin{pmatrix} \sum Z_{t-1}^2 & \sum Z_{t-1}Z_{t-2} & \cdots & \sum Z_{t-1}Z_{t-k} \\ \sum Z_{t-1}Z_{t-2} & \sum Z_{t-2}^2 & \cdots & \sum Z_{t-1}Z_{t-k} \\ \vdots & & \ddots & \\ \sum Z_{t-1}Z_{t-k} & \cdots & & \sum Z_{t-k}^2 \end{pmatrix}^{-1} \begin{pmatrix} \sum Z_t Z_{t-1} \\ \sum Z_t Z_{t-2} \\ \vdots \\ \sum Z_t Z_{t-k} \end{pmatrix}$$

$$\approx \begin{pmatrix} 1 & \frac{\sum Z_t Z_{t-2}}{\sum Z_{t-1}^2} & \cdots & \frac{\sum Z_{t-1}Z_{t-k}}{\sum Z_{t-1}^2} \\ \frac{\sum Z_{t-1}Z_{t-2}}{\sum Z_{t-1}^2} & 1 & \cdots & \frac{\sum Z_{t-2}Z_{t-k}}{\sum Z_{t-1}^2} \\ \vdots & & \ddots & \\ \frac{\sum Z_{t-1}Z_{t-k}}{\sum Z_{t-1}^2} & & & 1 \end{pmatrix}^{-1} \begin{pmatrix} \frac{\sum Z_t Z_{t-1}}{\sum Z_{t-1}^2} \\ \frac{\sum Z_t Z_{t-2}}{\sum Z_{t-1}^2} \\ \vdots \\ \frac{\sum Z_t Z_{t-k}}{\sum Z_{t-1}^2} \end{pmatrix}$$

이 된다. 따라서

$$\begin{pmatrix} \widehat{\phi_{k1}} \\ \widehat{\phi_{k2}} \\ \vdots \\ \widehat{\phi_{kk}} \end{pmatrix} = \begin{pmatrix} 1 & r_1 & r_2 & \cdots & r_{k-1} \\ r_1 & 1 & r_1 & \cdots & r_{k-2} \\ & & \vdots & & \\ r_{k-1} & \cdots & r_2 & r_1 & 1 \end{pmatrix}^{-1} \begin{pmatrix} r_1 \\ r_2 \\ \vdots \\ r_k \end{pmatrix}$$

를 얻게 되고, 이는 Yule-Walker 방정식에서 $\rho_1, \rho_2, \cdots, \rho_k$ 대신에 $r_1, r_2, \cdots, r_k$를 대

입한 식과 일치하게 된다. 결국 표본 부분자기상관함수를 구하는 가장 쉬운 방법은 회귀분석을 이용하는 방법이다. 다음이 회귀분석을 이용하여 표본 부분자기상관함수를 구하는 방법이다.

> 표본 부분자기상관함수를 구하는 회귀분석 방법
>
> 종속변수를 Z_t, 독립변수를 Z_{t-1}, Z_{t-2}, $\cdots$, Z_{t-k+1}, Z_{t-k}로 하는 중회귀모형
>
> $$Z_t = \phi_{k1}Z_{t-1} + \phi_{k2}Z_{t-2} + \cdots + \phi_{kk}Z_{t-k} + a_t$$
>
> 에서 $\widehat{\phi_{k1}}$, $\widehat{\phi_{k2}}$, $\cdots$, $\widehat{\phi_{kk}}$을 추정하였을 때 (회귀분석 방법에서 최소제곱추정량) Z_{t-k}의 계수의 추정량 $\widehat{\phi_{kk}}$가 k차 표본 부분자기상관함수가 된다.

위의 식에서도 언급하였듯이 Yule-Walker 방정식을 사용한 것과 회귀분석 방법을 사용한 것이 정확하게 일치하지는 않는다. 그러나 어떤 방법을 사용하여도 무방하다. 물론 PROC ARIMA를 사용하면 전 차수에 걸쳐 표본 부분자기상관함수를 출력하여 준다.

AR(p)모형의 차수를 결정하기 위하여 AR(p)모형의 부분자기상관함수의 형태를 알아야 한다. [예제 10.4]에서 AR(1)모형의 부분자기상관함수는 시차 2이상에서는 절단된 형태로 나타났었다. MA(q)모형에서 자기상관함수가 $q+1$차 이후에 절단된 형태를 취하는 것처럼 AR(p)모형에서 부분자기상관함수는 $p+1$차 이후에 절단된 형태를 취한다. 이는 AR(p)과정의 차수 p를 구하는 중요한 내용이므로 기억해 두기 바란다.

이론적인 부분자기상관함수는 $p+1$차 이후 절단된 형태를 보여야 한다. 그러나 표본 부분자기상관함수는 $p+1$차 이후 정확하게 '0'이 되지는 않는다. 때문에 $p+1$차 이후가 '0'인지 아닌지에 대한 검정이 필요하게 된다. 이를 위해서는 표본 부분자기상관함수에 대한 분산이 필요하게 된다. 다음은 이에 관한 이론이다.

표본 부분자기상관함수의 분산

AR(p)모형의 표본 부분자기상관함수는 시차가 p보다 크면 점근 편의가 '0'이고 서로 다른 시차에 대해 점근적으로 독립이며 점근 분산이 $\frac{1}{n}$이 된다. 따라서 $k \geq p+1$에서 표본 부분자기상관함수 $\widehat{\phi_{kk}}$가 $\left(\frac{-2}{\sqrt{n}}, \frac{2}{\sqrt{n}}\right)$에 포함되면 이 표본 부분자기상관함수는 AR(p)과정에서 나왔다고 할 수 있다.

SAS에서도 PROC ARIMA를 사용하면 표본 부분자기상관함수를 출력해 주고 점선으로 표본 부분자기상관함수의 신뢰구간을 표시해 주므로 AR(p)모형의 차수 p의 결정을 가능하게 해준다.

[예제 10.5] 100개의 자료에서 구한 표본 부분자기상관함수가

$$\widehat{\phi_{11}} = 0.3, \quad \widehat{\phi_{22}} = 0.7, \quad \widehat{\phi_{33}} = 0.13, \quad \widehat{\phi_{44}} = 0.03, \quad \widehat{\phi_{55}} = 0.08$$

과 같이 주어져 있다. 모형을 식별하라.

풀이 자료의 개수가 100개이므로 $\widehat{\phi_{kk}}$ 신뢰구간은

$$\left(-\frac{2}{\sqrt{n}}, \frac{2}{\sqrt{n}}\right) = (-0.2, 0.2)$$

가 된다.

주어진 표본 부분자기상관함수를 보면 $\widehat{\phi_{33}}$ 이후가 모두 신뢰구간 안에 포함된다. 따라서 AR(2)모형이라 말할 수 있다.

10.3 모형의 식별 (결론)

앞 절에서 모형 식별에 필요한 통계량인 표본 자기상관함수 (SACF)와 표본 부분자기상관함수 (SPACF)에 대해 살펴보았다. 이를 종합해 보면 다음과 같다.

1. **AR(p)모형** : 자기상관함수는 빠르게 감소하는 형태를 취하고 부분자기상관함수는 $p+1$차 이후 절단된 형태를 취한다.

2. **MA(q)모형** : 자기상관함수는 시차 $q+1$차 이후 절단 형태를 취하고 부분자기상관함수는 빠르게 감소하는 형태를 취한다.

3. **ARMA(p, q)모형** : 자기상관함수는 $q-p$차 이후에 빠르게 감소하는 형태를 취하고 (그전에는 규칙이 없음) 부분자기상관함수는 $p-q$차 이후에 빠르게 감소하는 형태를 취한다.

이상이 이론적인 내용이며 표본에서 구한 표본 자기상관함수와 표본 부분자기상관함수를 이론적인 것과 비교하여 차수를 정하면 된다.

참고로 역 자기상관함수(IACF)를 간략히 살펴보자. 역 자기상관함수는 시계열이 ARMA (p, q)모형을 따를 때 ARMA(p, q)모형의 ACF로 정의된다. 예를 들어보면 다음과 같다.

예 10.1 다음의 AR(1)모형을 살펴보자.

$$\text{모형 : } Z_t = 0.6Z_{t-1} + a_t$$

이는 정상성을 만족하는 시계열이다. 이 정상성을 만족하는 AR(1)모형의 역 자기상관함수(IACF)는 MA(1)모형

$$Z_t = a_t + 0.6a_{t-1}$$

의 자기상관함수로 정의된다. 따라서 역 자기상관함수는 MA(1)모형의 자기상관함수의 형태인 2차 이후의 절단된 형태를 취하게 되며 이는 또한 AR(1)모형의 부분자기상관함수의 형태가 된다.

이와 같이 역 자기상관함수의 일반적 형태는 부분자기상관함수와 같은 형태를 취한다. 역 자기상관함수의 형태는 다음과 같다.

1. AR(p)모형 : $p+1$차 이후에 절단된 형태를 취한다.

2. MA(q)모형 : 빠르게 감소하는 형태를 취한다.

3. ARMA(p,q)모형 : $p-q$차 이후에 빠르게 감소하는 형태를 취한다.

역 자기상관함수에 비하여 부분자기상관함수가 차수를 결정하는데 더 효율적인 것으로 알려져 있으므로 역 자기상관함수는 참고로 하기 바라며 자세한 내용은 참고서적을 참조하기 바란다.

10.4 표본 자기상관함수(SACF)와 표본 부분자기상관함수(SPACF)를 구하는 SAS 명령어

이 절에서는 시계열 분석에서 주로 사용되는 절차인 PROC ARIMA 중에서 표본 자기상관함수(SACF)와 표본 부분자기상관함수(SPACF)를 구하는 SAS 명령어를 살펴보자. 분석에 있어서 SACF, SPACF는 기본적으로 사용되기 때문에 SAS/ARIMA 프로시져의 identify 문에서 기본적으로 이를 출력해 준다.

먼저 자료가 들어있는 file이름을 test라 하고, 분석하고자 하는 변수를 X라 하자. 이 경우 프로그램은 다음과 같다.

```
Proc arima Data=test;
i var=x;
run;
```

여기서 i는 identify의 약어로 분석할 변수를 인식하기 위해 필요한 용어이다.

다음은 비정상 시계열로 판명되어 한번 차분한 자료를 이용하여 분석할 경우에 사용하는 프로그램이다.

프로그램 예제 10.1

```
Proc arima Data=test;
i var=x(1);
run;
```

이 프로그램을 수행하면 시계열 X의 1차 차분 시계열의 SACF, SPACF가 출력되어 나온다.

다음은 AR(1)모형을 이용하여 난수를 생성하고, SACF와 SPACF를 출력하는 프로그램이다.

프로그램 예제 10.2

```
Data test;
x=0; y=0;
do t=1 to 100;
  x=0.5*x+rannor(0);
  y=y+rannor(0);
  output;
end;
Proc arima; i var=x;
run;
Proc arima; i var=y(1);
run;
```

다음은 모의자료를 이용하여 각 모형에서의 SACF, SPACF를 SAS를 사용하여 그린 그림이다.

Model $Z_t = -0.9Z_{t-1} + a_t$

```
                         Autocorrelations
Lag Covariance Correlation -1 9 8 7 6 5 4 3 2 1 0 1 2 3 4 5 6 7 8 9 1
  0   5.405012    1.00000 |                    |********************|
  1  -5.009319   -0.92679 | *******************|  .                 |
  2   4.667738    0.86359 |             .      |*****************   |
  3  -4.402374   -0.81450 |    ****************|       .            |
  4   4.103450    0.75919 |           .        |***************     |
  5  -3.805891   -0.70414 |      **************|         .          |
  6   3.525110    0.65219 |         .          |*************       |
  7  -3.303935   -0.61127 |        ************|           .        |
  8   3.020181    0.55877 |        .           |***********.        |
  9  -2.747877   -0.50839 |       .  **********|            .       |
 10   2.495979    0.46179 |       .            |*********   .       |
 11  -2.285311   -0.42281 |       .    ********|            .       |
 12   2.054920    0.38019 |       .            |********    .       |
 13  -1.888943   -0.34948 |      .      *******|             .      |
 14   1.769856    0.32745 |      .             |*******      .      |
 15  -1.623070   -0.30029 |      .       ******|             .      |
 16   1.448070    0.26791 |      .             |*****        .      |
 17  -1.277528   -0.23636 |      .        *****|             .      |
 18   1.131576    0.20936 |      .             |****         .      |
 19  -1.022667   -0.18921 |      .         ****|             .      |
 20   0.935604    0.17310 |      .             |***          .      |
 21  -0.877978   -0.16244 |      .          ***|             .      |
 22   0.802142    0.14841 |      .             |***          .      |
 23  -0.822213   -0.15212 |      .          ***|             .      |
 24   0.775797    0.14353 |      .             |***          .      |
```

[그림 10.2] AR(1)모형의 SACF

Model $Z_t = -0.9Z_{t-1} + a_t$

```
               Partial Autocorrelations
Lag Correlation -1 9 8 7 6 5 4 3 2 1 0 1 2 3 4 5 6 7 8 9 1
  1   -0.92679 | *******************|   .                |
  2    0.03298 |                .   |*  .                |
  3   -0.07067 |                .  *|   .                |
  4   -0.05823 |                .  *|   .                |
  5    0.02485 |                .   |   .                |
  6   -0.01648 |                .   |   .                |
  7   -0.05175 |                .  *|   .                |
  8   -0.09589 |                . **|   .                |
  9    0.01376 |                .   |   .                |
 10   -0.02359 |                .   |   .                |
 11   -0.03517 |                .  *|   .                |
 12   -0.04463 |                .  *|   .                |
 13   -0.06694 |                .  *|   .                |
 14    0.02919 |                .   |*  .                |
 15    0.02263 |                .   |   .                |
 16   -0.05948 |                .  *|   .                |
 17    0.02427 |                .   |   .                |
 18   -0.00702 |                .   |   .                |
 19   -0.05085 |                .  *|   .                |
 20    0.01542 |                .   |   .                |
 21   -0.02901 |                .  *|   .                |
 22   -0.03546 |                .  *|   .                |
 23   -0.13500 |                .***|   .                |
 24   -0.08508 |                . **|   .                |
```

[그림 10.3] AR(1)모형의 SPACF

Model $Z_t = 1.2Z_{t-1} - 0.35Z_{t-2} + a_t$

```
                           Autocorrelations

Lag Covariance Correlation -1 9 8 7 6 5 4 3 2 1 0 1 2 3 4 5 6 7 8 9 1
  0   3.280389    1.00000  |                    |********************|
  1   2.787079    0.84962  |                .   |*****************   |
  2   2.020861    0.61604  |              .     |************        |
  3   1.308479    0.39888  |            .       |********            |
  4   0.753837    0.22980  |           .        |*****  .            |
  5   0.278806    0.08499  |           .        |**     .            |
  6  -0.079816   -0.02433  |           .        |       .            |
  7  -0.344406   -0.10499  |           .      **|       .            |
  8  -0.466564   -0.14223  |           .     ***|       .            |
  9  -0.544900   -0.16611  |           .     ***|       .            |
 10  -0.582646   -0.17762  |           .    ****|       .            |
 11  -0.589514   -0.17971  |           .    ****|       .            |
 12  -0.483761   -0.14747  |           .     ***|       .            |
 13  -0.294206   -0.08969  |           .      **|       .            |
 14  -0.167456   -0.05105  |           .       *|       .            |
 15  -0.164959   -0.05029  |           .       *|       .            |
 16  -0.205189   -0.06255  |           .       *|       .            |
 17  -0.267056   -0.08141  |           .      **|       .            |
 18  -0.345471   -0.10531  |           .      **|       .            |
 19  -0.410364   -0.12510  |           .     ***|       .            |
 20  -0.497136   -0.15155  |           .     ***|       .            |
 21  -0.527431   -0.16078  |           .     ***|       .            |
 22  -0.450080   -0.13720  |           .     ***|       .            |
 23  -0.253662   -0.07733  |           .      **|       .            |
 24   0.037447    0.01142  |           .        |       .            |
```

[그림 10.4] AR(2)모형의 SACF

Model $Z_t = 1.2Z_{t-1} - 0.35Z_{t-2} + a_t$

```
               Partial Autocorrelations

Lag Correlation -1 9 8 7 6 5 4 3 2 1 0 1 2 3 4 5 6 7 8 9 1
  1    0.84962   |               .    |*****************   |
  2   -0.38040   |            ********|   .                |
  3   -0.00180   |               .    |   .                |
  4   -0.01330   |               .    |   .                |
  5   -0.12047   |               .  **|   .                |
  6    0.00158   |               .    |   .                |
  7   -0.05915   |               .   *|   .                |
  8    0.03707   |               .    |*  .                |
  9   -0.08776   |               .  **|   .                |
 10   -0.01192   |               .    |   .                |
 11   -0.02157   |               .    |   .                |
 12    0.07512   |               .    |** .                |
 13    0.03854   |               .    |*  .                |
 14   -0.10399   |               .  **|   .                |
 15   -0.06222   |               .   *|   .                |
 16   -0.01094   |               .    |   .                |
 17   -0.05401   |               .   *|   .                |
 18   -0.04724   |               .   *|   .                |
 19   -0.00169   |               .    |   .                |
 20   -0.09448   |               .  **|   .                |
 21    0.02855   |               .    |*  .                |
 22    0.04641   |               .    |*  .                |
 23    0.08040   |               .    |** .                |
 24    0.11106   |               .    |** .                |
```

[그림 10.5] AR(2)모형의 SPACF

Model $Z_t = a_t + 0.9a_{t-1}$

```
                              Autocorrelations

Lag Covariance Correlation -1 9 8 7 6 5 4 3 2 1 0 1 2 3 4 5 6 7 8 9 1
  0   1.374485    1.00000  |                    |********************|
  1   0.655357    0.47680  |                .   |**********          |
  2  -0.121478   -0.08838  |               .  **|    .               |
  3  -0.124978   -0.09093  |               .  **|    .               |
  4  -0.020806   -0.01514  |               .    |    .               |
  5  -0.027614   -0.02009  |               .    |    .               |
  6  -0.128997   -0.09385  |               .  **|    .               |
  7  -0.155748   -0.11331  |               .  **|    .               |
  8  -0.059852   -0.04354  |               .   *|    .               |
  9  -0.014578   -0.01061  |               .    |    .               |
 10  -0.068785   -0.05004  |               .   *|    .               |
 11  -0.143377   -0.10431  |               .  **|    .               |
 12  -0.116303   -0.08462  |               .  **|    .               |
 13   0.045729    0.03327  |               .    |*   .               |
 14   0.090538    0.06587  |               .    |*   .               |
 15 0.00025395    0.00018  |               .    |    .               |
 16 -0.0052418   -0.00381  |               .    |    .               |
 17 -0.0019521   -0.00142  |               .    |    .               |
 18  -0.025147   -0.01830  |               .    |    .               |
 19  -0.011530   -0.00839  |               .    |    .               |
 20  -0.052748   -0.03838  |               .   *|    .               |
 21  -0.143566   -0.10445  |               .  **|    .               |
 22  -0.219601   -0.15977  |               . ***|    .               |
 23  -0.161931   -0.11781  |               .  **|    .               |
 24   0.054563    0.03970  |               .    |*   .               |
```

[그림 10.6] MA(1)모형의 SACF

Model $Z_t = a_t + 0.9a_{t-1}$

```
                 Partial Autocorrelations

Lag Correlation -1 9 8 7 6 5 4 3 2 1 0 1 2 3 4 5 6 7 8 9 1
  1    0.47680  |                 .  |**********          |
  2   -0.40862  |            ********|   .                |
  3    0.25365  |                .   |*****               |
  4   -0.19387  |                ****|   .                |
  5    0.09951  |                .   |**  .               |
  6   -0.20356  |                ****|    .               |
  7    0.07812  |                .   |**  .               |
  8   -0.08358  |                .  **|   .               |
  9    0.02017  |                .   |    .               |
 10   -0.09938  |                .  **|   .               |
 11   -0.04933  |                .   *|   .               |
 12   -0.02515  |                .   *|   .               |
 13    0.07761  |                .   |**  .               |
 14   -0.07376  |                .   *|   .               |
 15    0.03043  |                .   |*   .               |
 16   -0.01184  |                .   |    .               |
 17   -0.04485  |                .   *|   .               |
 18   -0.00616  |                .   |    .               |
 19   -0.00238  |                .   |    .               |
 20   -0.07406  |                .   *|   .               |
 21   -0.08327  |                .  **|   .               |
 22   -0.13784  |                .***|    .               |
 23    0.02091  |                .   |    .               |
 24    0.05843  |                .   |*   .               |
```

[그림 10.7] MA(1)모형의 SPACF

Model $Z_t = a_t - 1.2a_{t-1} + 0.35a_{t-2}$

```
                         Autocorrelations
Lag Covariance Correlation -1 9 8 7 6 5 4 3 2 1 0 1 2 3 4 5 6 7 8 9 1
 0   1.934305   1.00000  |                    |********************|
 1  -1.213535  -0.62737  |       *************|  .                 |
 2   0.326733   0.16891  |               .    |***.                |
 3  -0.219772  -0.11362  |               .  **|   .                |
 4   0.256990   0.13286  |               .    |***.                |
 5  -0.176814  -0.09141  |              .   **|    .               |
 6   0.176416   0.09120  |              .     |**  .               |
 7  -0.248650  -0.12855  |              .  ***|    .               |
 8   0.208427   0.10775  |              .     |**  .               |
 9  -0.110774  -0.05727  |              .    *|    .               |
10   0.082836   0.04282  |              .     |*   .               |
11  -0.031142  -0.01610  |              .     |    .               |
12  -0.074610  -0.03857  |              .    *|    .               |
13   0.026569   0.01374  |              .     |    .               |
14   0.129134   0.06676  |              .     |*   .               |
15  -0.161304  -0.08339  |              .   **|    .               |
16   0.067543   0.03492  |              .     |*   .               |
17   0.046080   0.02382  |              .     |    .               |
18  -0.115814  -0.05987  |              .    *|    .               |
19   0.111160   0.05747  |              .     |*   .               |
20  -0.054247  -0.02804  |              .    *|    .               |
21   0.037980   0.01963  |              .     |    .               |
22  -0.013214  -0.00683  |              .     |    .               |
23  -0.092018  -0.04757  |              .    *|    .               |
24   0.050438   0.02608  |              .     |*   .               |
```

[그림 10.8] MA(2)모형의 SACF

Model $Z_t = a_t - 1.2a_{t-1} + 0.35a_{t-2}$

```
                Partial Autocorrelations
Lag Correlation -1 9 8 7 6 5 4 3 2 1 0 1 2 3 4 5 6 7 8 9 1
 1   -0.62737   |       *************|  .                 |
 2   -0.37052   |             *******|  .                 |
 3   -0.38390   |            ********|  .                 |
 4   -0.23204   |               *****|  .                 |
 5   -0.20369   |                ****|  .                 |
 6   -0.05577   |                 .  *|  .                 |
 7   -0.13141   |                 .***|  .                 |
 8   -0.09738   |                 . **|  .                 |
 9   -0.08899   |                 . **|  .                 |
10   -0.06199   |                 .  *|  .                 |
11    0.01601   |                 .   |  .                 |
12   -0.05913   |                 .  *|  .                 |
13   -0.11945   |                 . **|  .                 |
14   -0.02861   |                 .  *|  .                 |
15   -0.06032   |                 .  *|  .                 |
16   -0.07279   |                 .  *|  .                 |
17    0.02012   |                 .   |  .                 |
18   -0.04823   |                 .  *|  .                 |
19   -0.02959   |                 .  *|  .                 |
20   -0.01903   |                 .   |  .                 |
21    0.02296   |                 .   |  .                 |
22    0.06577   |                 .   |* .                 |
23   -0.03906   |                 .  *|  .                 |
24   -0.12647   |                 .***|  .                 |
```

[그림 10.9] MA(2)모형의 SPACF

Model $Z_t = 0.7Z_{t-1} + a_t + 0.6a_{t-1}$

```
                        Autocorrelations

Lag Covariance Correlation -1 9 8 7 6 5 4 3 2 1 0 1 2 3 4 5 6 7 8 9 1
  0   2.781780     1.00000 |                    |********************|
  1   2.212096     0.79521 |                  . |****************    |
  2   1.313920     0.47233 |                .   |*********           |
  3   0.724317     0.26038 |               .    |*****  .            |
  4   0.364244     0.13094 |               .    |***    .            |
  5   0.070170     0.02522 |               .    |*      .            |
  6  -0.176617    -0.06349 |               .   *|       .            |
  7  -0.333661    -0.11995 |               .  **|       .            |
  8  -0.365782    -0.13149 |               . ***|       .            |
  9  -0.380507    -0.13679 |               . ***|       .            |
 10  -0.423988    -0.15242 |               . ***|       .            |
 11  -0.456450    -0.16409 |               . ***|       .            |
 12  -0.358805    -0.12898 |               . ***|       .            |
 13  -0.155350    -0.05585 |               .   *|       .            |
 14  -0.036280    -0.01304 |               .    |       .            |
 15  -0.058645    -0.02108 |               .    |       .            |
 16  -0.105361    -0.03788 |               .   *|       .            |
 17  -0.155723    -0.05598 |               .   *|       .            |
 18  -0.216682    -0.07789 |               .  **|       .            |
 19  -0.276035    -0.09923 |               .  **|       .            |
 20  -0.375870    -0.13512 |               . ***|       .            |
 21  -0.450100    -0.16180 |               . ***|       .            |
 22  -0.427575    -0.15371 |               . ***|       .            |
 23  -0.252468    -0.09076 |               .  **|       .            |
 24   0.039017     0.01403 |               .    |       .            |
```

[그림 10.10] ARMA(1,1)모형의 SPACF

Model $Z_t = 0.7Z_{t-1} + a_t + 0.6a_{t-1}$

```
                   Partial Autocorrelations

Lag Correlation -1 9 8 7 6 5 4 3 2 1 0 1 2 3 4 5 6 7 8 9 1
  1     0.79521 |                  . |****************    |
  2    -0.43528 |          *********|.                    |
  3     0.22626 |               .    |*****               |
  4    -0.15648 |               .***|   .                 |
  5    -0.02535 |               .   *|   .                |
  6    -0.06266 |               .   *|   .                |
  7    -0.01970 |               .    |   .                |
  8     0.01605 |               .    |   .                |
  9    -0.09591 |               .  **|   .                |
 10    -0.01781 |               .    |   .                |
 11    -0.04679 |               .   *|   .                |
 12     0.09739 |               .    |** .                |
 13     0.01086 |               .    |   .                |
 14    -0.06683 |               .   *|   .                |
 15    -0.03252 |               .   *|   .                |
 16    -0.01413 |               .    |   .                |
 17    -0.07284 |               .   *|   .                |
 18    -0.02045 |               .    |   .                |
 19    -0.03344 |               .   *|   .                |
 20    -0.10897 |               .  **|   .                |
 21     0.00343 |               .    |   .                |
 22    -0.01809 |               .    |   .                |
 23     0.12816 |               .    |***.                |
 24     0.08158 |               .    |** .                |
```

[그림 10.11] ARMA(1,1)모형의 SPACF

[그림 10.2]와 [그림 10.3]은 AR(1)모형의 모의 실험 결과로 SACF와 SPACF를 살펴보면 SACF는 빠르게 감소하고 SPACF는 시점 2이후 절단점을 갖는다.

[그림 10.4]와 [그림 10.5]는 AR(2)모형의 모의 실험 결과로 SACF와 SPACF를 살펴보면 SACF는 빠르게 감소하고 SPACF는 시점 3이후에 절단점을 갖는다. 즉 3시점에서 절단이 되었다.

[그림 10.6]과 [그림 10.7]은 MA(1)모형의 모의 실험 결과로 SACF와 SPACF를 살펴보면 SACF는 시점 2이후에서 절단점을 갖고 SPACF는 빠르게 감소한다.

[그림 10.8]과 [그림 10.9]는 MA(2)모형의 모의 실험 결과로 SACF와 SPACF를 살펴보면 SACF는 시점 3이후에서 절단점을 갖고 SPACF는 빠르게 감소함을 확인할 수 있다.

[그림 10.10]과 [그림 10.11]은 ARMA(1,1)모형의 모의 실험 결과로 SACF와 SPACF를 살펴보면 두 함수 모두 0시점 이후 빠르게 감소함을 확인할 수 있다. 이렇듯 SACF와 SPACF는 모형식별에 있어 중요하므로 독자들은 이를 특히 염두에 두기 바란다

연 습 문 제

1. 다음은 어느 자료에서 구한 표본 자기상관함수이다.

시 차	0	1	2	3	4	5	6
표본 자기상관함수	1	0.8	0.6	0.5	0.4	0.3	0.25

① 평균이 없는 모형을 가정했을 때 모형을 식별하라.

② 잠정적인 모형의 회귀계수를 추정하라(근사적으로).

③ $\sigma_a^2=10$이라 가정했을 때 $\sigma(0)$를 구하라.

④ 부분자기상관함수는 어떤 형태인지를 설명하라.

2. 다음은 어느 자료에서 구한 표본 부분자기상관함수이다.

시 차	0	1	2	3	4	5	6
표본 부분자기상관함수	1	0.5	0.1	0.03	0.12	0.02	0.05

① 평균이 없는 모형을 가정했을 때 모형을 식별하라.

② 잠정적인 모형의 회귀계수를 추정하라(근사적으로).

③ $\sigma_a^2=10$이라 가정했을 때 $\sigma(0)$를 구하라.

④ 자기상관함수는 어떤 형태인지를 설명하라.

3. ([예제 10.4] 연속)

$\mathrm{Cov}(Z_{t-2}-\phi Z_{t-1},\, Z_{t-1})=0$과 $\mathrm{Cov}(Z_t-\phi Z_{t-1},\, Z_{t-1})=0$임을 보여라.

4. AR(1) 모형 $Z_t=\phi Z_{t-1}+a_t$, $\{a_t\}$: white noise에서 $\mathrm{Corr}(Z_t,\, Z_{t-3}|Z_{t-1})=0$임을 보여라.

5. 다음의 모형 $Z_t = 0.7Z_{t-1} + a_t,\ \ a_t \overset{iid}{\sim} N(0, 10)$에서 200개의 자료를 생성하라.

① 자료의 산포도를 그려라.

② Yule-Walker 방정식을 이용하여 이론적인 부분자기상관함수를 구하라.
단, SAS/IML을 이용하라.

③ PROC REG를 이용하여 4시차까지의 표본 부분자기상관함수를 구하라.

④ PROC ARIMA를 이용하여 4시차까지의 표본 부분자기상관함수를 구하라.

11

모수의 추정

10장에서는 표본 자기상관함수와 표본 부분자기상관함수 등을 이용한 모형 식별과정을 살펴보았다. 여기서 식별된 모형은 최종 모형이 아니라 잠정적으로 선택된 모형이다. 선택된 모형은 모수의 추정 및 검정 과정을 거쳐 최종적으로 정해지게 된다. 이 장에서는 모형 식별에 의해 선택된 모형의 모수 추정에 관하여 살펴보도록 하자. 다시 말하면 시계열의 관찰 값이 주어지고 ARIMA(p, d, q) 모형의 차수 p, d, q가 정해졌을 때 그 모형 안에 포함된 모수를 추정하는 방법을 살펴보고자 하는 것이다. 비정상 시계열의 경우 d 번 차분하면 ARIMA(p, d, q)모형이 정상성을 만족하는 ARMA(p, q)모형이 되므로 이 장에서는 정상성을 만족하는 ARMA(p, q)모형의 모수 추정만 다루게 된다. 모수의 추정법에는 여러 가지가 있으며 일반적으로 많이 사용되는 방법인 적률추정법, 최소제곱추정법, 최대우도추정법을 다루기로 한다. 그 중에서도 최소제곱추정법과 최대우도추정법은 간단한 모형만을 다루기로 하고 적률추정법에 관하여 자세히 다루도록 한다.

위에서 언급한 세 가지 방법은 시계열 분석에서만 사용이 되는 것이 아니라 통계학 전반에 걸쳐 사용되는 방법들이다. 실제 시계열 분석에서는 최소제곱추정법, 최우추정법이 일반적으로 사용되나 자료의 개수가 크면 세 방법은 일치한다.

11.1 적률추정법 (Method of moment estimation)

시계열분석에서 사용되는 적률추정법과 통계학 전반에서 사용되는 적률추정법은 기본 개념이 같기 때문에 시계열 분석에서 사용되는 적률추정법을 다루기 전에 먼저 일반적인 적률추정법을 살펴보기로 하자.

11.1.1 적률추정법의 일반 이론

적률추정법은 추정법 중에서 이론적으로 가장 간단한 추정법으로 적률 (moment)과 표본적률 (sample moment)을 구하고 이들 사이의 관계식을 이용하여 모수를 추정하는 방법이다. 적률과 표본적률의 정의는 다음과 같다.

> 정의 : 적률, 표본적률
>
> k차 적률 (k-th moment) : $\mathrm{E}(X^k)$
>
> k차 표본적률 (k-th sample moment) : $\dfrac{\sum_{i=1}^{n} X_i^k}{n}$

위의 정의에서 보듯이 k차 적률이란 확률변수 X를 k제곱하여 기대값을 취한 것이고 k차 표본 적률은 통계량으로 확률변수 $X_1, X_2, \cdots, X_n$을 k제곱하여 산술 평균을 구한 것이다. 다음의 예제를 통하여 적률과 표본 적률을 살펴보자.

[예제 11.1] 확률변수 X가 $N(\mu, \sigma^2)$을 따른다고 할 때 1차, 2차 적률을 구하라.

풀이 (1) X가 $N(\mu, \sigma^2)$인 경우 기대값은 μ가 된다. 따라서 1차 적률은 $E(X) = \mu$이다.

(2) 일반적인 분산공식에 의해서

$\mathrm{Var}(X) = \mathrm{E}[(X - \mathrm{E}(X))^2] = \mathrm{E}(X^2) - [\mathrm{E}(X)]^2$이 성립하고 2차 적률

은 $E(X^2) = Var(X) + [E(X)]^2$이 성립하므로 위에서 구한 $E(X) = \mu$를 대입하면 2차 적률은 $E(X^2) = \sigma^2 + \mu^2$이 된다.

[예제 11.2] 확률변수 X가 지수분포 $\exp(\lambda)$를 따른다고 하자. 이때 1차 적률과 2차 적률을 구하라.

풀이 모수가 λ인 지수분포에서 평균과 분산은 각각 $\frac{1}{\lambda}$, $\frac{1}{\lambda^2}$이다. 따라서

(1) 1차 적률 : $E(X) = \frac{1}{\lambda}$

(2) 2차 적률 : $E(X^2) = Var(X) + [E(X)]^2 = \frac{1}{\lambda^2} + \left(\frac{1}{\lambda}\right)^2 = \frac{2}{\lambda^2}$이다.

[예제 11.3] 확률변수 X가 포아송 분포 $Poi(\lambda)$를 따른다고 하자. 이때 1차 적률과 2차 적률을 구하라.

풀이 모수가 λ인 포아송 분포에서 평균과 분산은 모두 λ이다. 따라서

(1) 1차 적률 : $E(X) = \lambda$

(2) 2차 적률 : $E(X^2) = Var(X) + [E(X)]^2 = \lambda + \lambda^2$이다.

이제 적률추정법을 살펴보자. 적률추정법이란 구해진 적률에 표본적률을 대입하여 모수를 구하는 방법이다. 즉 적률추정법은 $E(X)$ 대신에 $\frac{\sum_{i=1}^{n} X_i}{n}$를, $E(X^2)$ 대신에 $\frac{\sum_{i=1}^{n} X_i^2}{n}$을 대입하는 것이다.

다음의 예제들을 통하여 적률추정법을 이용한 추정량을 살펴보자.

[예제 11.4] 확률변수 $X_1, X_2, \cdots, X_n$이 독립이고 $N(\mu, \sigma^2)$에서 나왔다고 할 때 모수 μ, σ^2을 적률추정법으로 추정하라.

풀이 [예제 11.1]에서 $E(X)=\mu$, $E(X^2)=\sigma^2+\mu^2$이 됨을 알았다. 적률추정법은 $E(X)$ 대신에 $\frac{\sum_{i=1}^{n} X_i}{n}$를, $E(X^2)$ 대신에 $\frac{\sum_{i=1}^{n} X_i^2}{n}$을 대입하는 것이므로 $\hat{\mu}$, $\hat{\sigma^2}$을 적률추정량이라 할 때 $\mu=E(X)$에서 $\hat{\mu}=\frac{\sum_{i=1}^{n} X_i}{n}=\overline{X}$ 이고 $\sigma^2=E(X^2)-\mu^2$에서 $\hat{\sigma^2}=\frac{\sum_{i=1}^{n} X_i^2}{n}-(\hat{\mu})^2=\frac{\sum_{i=1}^{n} X_i^2}{n}-(\overline{X})^2=\frac{1}{n}\sum_{i=1}^{n}(X_i-\overline{X})^2$ 이다.

이상에서 보았듯이 적률추정법이란 먼저 적률을 구하고 이때 유도되는 모수와 적률 사이의 관계식에 표본 적률을 대입하여 모수를 구하는 방법이다.

11.1.2 시계열 분석에서의 적률추정법

시계열 분석에서의 적률추정법은 일반적으로 위에서 익힌 방법과 같은 방법을 취하고 있다. 그러나 k차 적률을 사용하여 모수를 추정하는 대신 7장과 8장에서 유도한 자기상관함수를 사용한다는 점이 다르다. 적률추정법은 ARMA(p, q)모형의 모수를 추정하는 방법 중에서 가장 간단한 방법이며 최우추정량 또는 최소제곱추정량의 초기값으로 사용이 된다. 실제로 사용되는 방법은 7장과 8장에서 구한 자기상관함수와 모수들 사이의 연립 방정식을 이용하여 자기상관함수 대신 표본 자기상관함수를 연립 방정식에 대입한 뒤 이 방정식을 풀어서 모수의 추정량을 얻는 것이다. 따라서 7장과 8장에서 익힌 자기상관함수를 얼마나 정확히 알고 있느냐가 모수 추정의 관건이라 하겠다. 이제 각 모형별로 적률추정법을 사용하여 모수를 추정해 보자.

11.1.3 AR모형

먼저 자기회귀모형 중 가장 간단한 모형인 평균이 '0'인 AR(1)모형을 살펴보자.

AR(1)모형

【평균이 '0'인 AR(1)모형】

$$Z_t = \phi Z_{t-1} + a_t,\ \{a_t\} : \text{ white noise } (\text{즉, } \{a_t\} \overset{iid}{\sim} N(0, \sigma_a^2))$$

이 모형에서 추정하여야 할 모수는 ϕ, σ_a^2이다. 이제 모수와 자기상관함수의 관계식을 찾아내기 위하여 Yule-Walker 방정식을 사용하자. Yule-Walker 방정식은 모형의 양변에 Z_{t-k}를 곱한 후 기대값을 취한 것임을 상기하기 바란다. 다음이 Yule-Walker 방정식이다.

먼저 Z_{t-1}을 곱하면 $Z_tZ_{t-1} = \phi Z_{t-1}Z_{t-1} + a_tZ_{t-1}$이 되고 기대값을 취하면 $\sigma(1) = \phi\sigma(0) + 0$이 된다. 따라서

$$\phi = \frac{\sigma(1)}{\sigma(0)} = \rho_1 \tag{11.1}$$

이 된다. 다음으로 양변을 제곱하여 기대값을 취해보자.

$$Z_t^2 = \phi^2 Z_{t-1}^2 + 2\phi Z_{t-1}a_t + a_t^2$$
$$\text{Var}(Z_t) = \phi^2\text{Var}(Z_{t-1}) + \text{Var}(a_t) + 2\phi\,\text{Cov}(Z_{t-1}, a_t)$$
$$(\ \text{Cov}(Z_{t-1}, a_t) = 0\ )$$

그러면

$$\sigma(0) = \phi^2\sigma(0) + \sigma_a^2$$

또는

$$\sigma_a^2 = (1-\phi^2)\,\sigma(0) \tag{11.2}$$

을 얻는다.

이상의 결과는 이미 7장에서 얻은 결과로 Yule-Walker 방정식을 사용하여 모수와 자기상관함수, 자기공분산의 관계식을 찾아낸 것이다. 위에서 구한 식에 $\sigma(0)$, $\sigma(1)$ 또는 ρ_1의 추정치를 대입하여 방정식을 풀면 적률추정법으로 모수를 추정할 수 있게 된다. 이제 10장에서 익힌 표본 자기공분산을 자기공분산에 대입해 보자. 이때의 표본 자기공분산은 다음과 같다.

$$\hat{\sigma}(0) = \widehat{\mathrm{Var}}(Z_t) = \frac{\sum_{t=1}^{n} Z_t^2}{n}$$

$$\hat{\sigma}(1) = \widehat{\mathrm{Cov}}(Z_t, Z_{t-1}) = \frac{\sum_{t=2}^{n} Z_t Z_{t-1}}{n}$$

또는

$$\widehat{\rho_1} = r_1 = \frac{\sum_{t=2}^{n} Z_t Z_{t-1}}{\sum_{t=1}^{n} Z_t^2}$$

이다.

이들 추정치를 (11.1)과 (11.2)식에 대입하면

$$\hat{\phi} = \frac{\sum_{t=2}^{n} Z_t Z_{t-1}}{\sum_{t=1}^{n} Z_t^2}, \quad \hat{\sigma}_a^2 = (1 - \hat{\phi}^2)\frac{\sum_{t=1}^{n} Z_t^2}{n}$$

이 되고 이들이 적률추정량이다.

[예제 11.5] 자료가 다음에 정의된 AR(1)모형을 따른다고 할 때 모수를 추정하라

모형 : $Z_t = \phi Z_{t-1} + a_t$, $\{a_t\}$는 white noise (즉, $\{a_t\} \overset{iid}{\sim} N(0, \sigma_a^2)$)

자료 :

시 점 (t)	1	2	3	4	5	6	7	8
자 료	3	2	4	6	2	3	5	2

풀이 먼저 적률추정법을 사용하여 얻은 적률추정량은

$$\hat{\phi} = \frac{\sum_{t=2}^{n} Z_t Z_{t-1}}{\sum_{t=1}^{n} Z_t^2}, \qquad \hat{\sigma}_a^2 = (1 - \hat{\phi}^2)\frac{\sum_{t=1}^{n} Z_t^2}{n}$$

이 된다. 여기서

$$\sum_{t=2}^{8} Z_t Z_{t-1} = \sum_{t=1}^{7} Z_t Z_{t+1} = 3\times2 + 2\times4 + 4\times6 + \cdots + 5\times2 = 81,$$

$$\sum_{t=1}^{8} Z_t^2 = 3^2 + 2^2 + 4^2 + \cdots + 2^2 = 107$$

이므로

$$\hat{\phi} = \frac{81}{107} = 0.757, \qquad \hat{\sigma}_a^2 = (1 - 0.757^2) \times \frac{107}{8} = 5.71$$

이 된다.

다음으로 평균이 '0'이 아닌 AR(1)모형을 살펴보자.

【평균이 '0'이 아닌 AR(1)모형】

$$X_t - \mu = \phi(X_{t-1} - \mu) + a_t, \qquad a_t \overset{iid}{\sim} N(0, \sigma_a^2)$$

이 모형에서 추정해야할 모수는 μ, ϕ, σ_a^2이다. 먼저 μ를 추정하기 위하여 모형의 양변에 기대값을 취하면 다음과 같다.

$$\mathrm{E}(X_t - \mu) = \mathrm{E}[\phi(X_{t-1} - \mu) + a_t]$$

또는

$$\mathrm{E}(X_t) - \mu = \phi\mathrm{E}(X_{t-1}) - \phi\mu + \mathrm{E}(a_t) \quad \text{여기서,} \quad \mathrm{E}(a_t) = 0$$

이다. 주어진 모형이 정상성을 만족하므로 $\mathrm{E}(X_t) = \mathrm{E}(X_{t-1})$이 되고 따라서

$$(1-\phi)\mathrm{E}(X_t)=(1-\phi)\mu \quad (\because \ \mathrm{E}(X_t)=\mathrm{E}(X_{t-1}))$$

을 얻는다. 또한 AR(1)모형이 정상성을 만족하기 때문에 정상성 조건 $|\phi|<1$에 의하여

$$\mathrm{E}(X_t)=\mu$$

가 성립하게 된다. 따라서 평균 μ의 적률추정량은 $\hat{\mu}=\overline{X}=\frac{\sum_{t=1}^{n}X_t}{n}$ 가 된다.

이제 ϕ, σ_a^2을 추정하기 위하여 Yule-Walker 방정식을 살펴보자.

Yule-Walker 방정식 :

$$(X_t-\mu)(X_{t-1}-\mu)=\phi(X_{t-1}-\mu)^2+a_t(X_{t-1}-\mu)$$

에서 기대값을 취하면 $\sigma(1)=\phi\sigma(0)+0$을 얻고 결국

$$\phi=\frac{\sigma(1)}{\sigma(0)}=\rho_1 \tag{11.3}$$

을 얻는다. 또한 양변을 제곱한 후 기대값을 취하면

$$(X_t-\mu)^2=\phi^2(X_{t-1}-\mu)^2+2\phi(X_{t-1}-\mu)a_t+a_t^2$$

에서

$$\sigma(0)=\phi^2\sigma(0)+\sigma_a^2$$

이 되고 따라서

$$\sigma_a^2=(1-\phi^2)\sigma(0) \tag{11.4}$$

을 얻는다.

앞의 공식을 살펴보면 평균이 '0'이 아닌 모형과 평균이 '0'인 모형의 경우 7장에서 유도한 모든 공식이 서로 동일하다는 것을 알 수 있다. 단지 표본 자기공분산에 평균의 추정치가 추가되는 것만 다르다.

10장에서 배운 표본 자기공분산을 살펴보자.

표본 자기공분산 :

$$\hat{\sigma}(0) = \frac{\sum_{t=1}^{n}(X_t - \overline{X})^2}{n-1} = s^2, \qquad \hat{\sigma}(1) = \frac{\sum_{t=2}^{n}(X_t - \overline{X})(X_{t-1} - \overline{X})}{n-1}$$

따라서 $\widehat{\rho_1} = r_1 = \dfrac{\sum_{t=2}^{n}(X_t - \overline{X})(X_{t-1} - \overline{X})}{\sum_{t=1}^{n}(X_t - \overline{X})^2} = \dfrac{\hat{\sigma}(1)}{\hat{\sigma}(0)}$ 이 성립하고 이 추정량을 식 (11.3), (11.4)에 대입하면

$$\hat{\phi} = \widehat{\rho_1} = r_1 = \frac{\sum(X_t - \overline{X})(X_{t-1} - \overline{X})}{\sum(X_t - \overline{X})^2}$$

$$\widehat{\sigma_a^2} = (1 - \widehat{\phi^2})\hat{\sigma}(0) = (1 - r_1^2)\hat{\sigma}(0)$$

이 된다.

다음의 예제를 통하여 모수 추정 과정을 살펴보자.

[예제 11.6] ([예제 11.5] 계속) 자료가 AR(1)모형을 따른다고 할 때 모수를 추정하라.

자료 :

시 점(t)	1	2	3	4	5	6	7	8
자 료	3	2	4	6	2	3	5	2

풀이 문제에서 자료가 AR(1)모형을 따른다고 했으나 모형에서 평균이 '0'인지 또는 아닌지는 주어지지 않았다. 그러나 자료를 살펴보면 자료가 모두 '0'

보다 크기 때문에 평균이 '0'이 아님을 쉽게 알 수 있다. 따라서 모형은 평균이 '0'이 아닌 AR(1)모형을 사용하자. 평균이 '0'이 아닌 AR(1)모형의 경우 적률추정량은 다음과 같다.

$$\hat{\mu} = \overline{X} = \frac{\sum_{t=1}^{n} X_t}{n}, \quad \hat{\phi} = \hat{\rho}_1 = r_1 = \frac{\sum_{t=2}^{n}(X_t - \overline{X})(X_{t-1} - \overline{X})}{\sum_{t=1}^{n}(X_t - \overline{X})^2},$$

$$\hat{\sigma}_a^2 = (1 - \hat{\phi}^2)\hat{\sigma}(0) = (1 - r_1^2)\hat{\sigma}(0)$$

따라서 $\hat{\mu} = \overline{X} = 3.375$가 되고

$$\begin{aligned}\sum_{t=2}^{8}&(X_t - \overline{X})(X_{t-1} - \overline{X}) \\ &= (3-3.375)(2-3.375) + (2-3.375)(4-3.375) + \cdots \\ &\quad + (5-3.375)(2-3.375) \\ &= -4.641\end{aligned}$$

$$\begin{aligned}\sum_{t=1}^{8}&(X_t - \overline{X})^2 \\ &= (3-3.375)^2 + (2-3.375)^2 + \cdots + (2-3.375)^2 = 15.875\end{aligned}$$

이므로

$$\hat{\phi} = \frac{-4.641}{15.875} = -0.292, \quad \hat{\sigma}_a^2 = (1 - (0.292)^2) \times \frac{15.875}{7} = 2.074$$

이 된다.

AR(2)모형

다음으로 AR(2)모형을 고려하자. AR(1)모형과 같이 평균이 '0'인 모형과 평균이 '0'이 아닌 두 가지 모형이 있다. 먼저 평균이 '0'인 모형을 살펴보자.

【평균이 '0'인 AR(2)모형】

$$Z_t = \phi_1 Z_{t-1} + \phi_2 Z_{t-2} + a_t, \quad \{a_t\} : \text{ white noise } (N(0, \sigma_a^2))$$

모형에서 보듯이 추정해야 할 모수는 ϕ_1, ϕ_2, σ_a^2이다. 추정을 위하여 Yule-Walker 방정식을 사용하도록 하자.

먼저 Yule-Walker 방정식을 구하기 위해 모형에 Z_{t-1}을 곱하자.

$$Z_t Z_{t-1} = \phi_1 Z_{t-1} Z_{t-1} + \phi_2 Z_{t-2} Z_{t-1} + a_t Z_{t-1}$$

그리고 기대치를 취하면 $\sigma(1) = \phi_1 \sigma(0) + \phi_2 \sigma(1)$이 되고 따라서 $\frac{\sigma(1)}{\sigma(0)} = \phi_1 + \phi_2 \frac{\sigma(1)}{\sigma(0)}$ 또는 다음의 식을 얻는다.

$$\rho_1 = \phi_1 + \phi_2 \rho_1 \tag{11.5}$$

같은 방법으로 $Z_t Z_{t-2} = \phi_1 Z_{t-1} Z_{t-2} + \phi_2 Z_{t-2} Z_{t-2} + a_t Z_{t-2}$의 기대값을 취하면 $\sigma(2) = \phi_1 \sigma(1) + \phi_2 \sigma(0)$이 되고 다음과 같은 결과를 얻는다.

$$\rho_2 = \phi_1 \rho_1 + \phi_2 \tag{11.6}$$

따라서

$$\begin{aligned} \phi_1 + \rho_1 \phi_2 &= \rho_1 \\ \rho_1 \phi_1 + \phi_2 &= \rho_2 \end{aligned}$$

의 두 식을 얻게 되며 이를 행렬로 표시하면

$$\begin{pmatrix} 1 & \rho_1 \\ \rho_1 & 1 \end{pmatrix} \begin{pmatrix} \phi_1 \\ \phi_2 \end{pmatrix} = \begin{pmatrix} \rho_1 \\ \rho_2 \end{pmatrix}$$

이 되고

$$\begin{pmatrix} \phi_1 \\ \phi_2 \end{pmatrix} = \begin{pmatrix} 1 & \rho_1 \\ \rho_1 & 1 \end{pmatrix}^{-1} \begin{pmatrix} \rho_1 \\ \rho_2 \end{pmatrix} = \begin{pmatrix} \dfrac{1}{1-\rho_1^2}(\rho_1 - \rho_1\rho_2) \\ \dfrac{1}{1-\rho_1^2}(-\rho_1^2 + \rho_2) \end{pmatrix}$$

을 얻게 된다. 이제 (11.5)와 (11.6)에서 얻어진 식에서 ρ_1, ρ_2 대신에 표본 자기상관함수 r_1, r_2를 대입하면 적률추정량이 구해진다. 즉

$$\begin{pmatrix} \widehat{\phi_1} \\ \widehat{\phi_2} \end{pmatrix} = \begin{pmatrix} 1 & r_1 \\ r_1 & 1 \end{pmatrix}^{-1} \begin{pmatrix} r_1 \\ r_2 \end{pmatrix} = \begin{pmatrix} \dfrac{1}{1-r_1^2}(r_1 - r_1 r_2) \\ \dfrac{1}{1-r_1^2}(-r_1^2 + r_2) \end{pmatrix}$$

이 적률추정량이다. 이는 평균이 '0'인 모형이므로 표본 자기상관함수는

$$r_1 = \frac{\sum_{t=2}^{n} Z_t Z_{t-1}}{\sum_{t=1}^{n} Z_t^2}, \qquad r_2 = \frac{\sum_{t=3}^{n} Z_t Z_{t-2}}{\sum_{t=1}^{n} Z_t^2}$$

이다.

다음으로 σ_a^2의 적률추정량을 구하기 위하여 7장의 결과를 이용하자. 즉

$$\sigma_a^2 = [1 - \phi_1\rho_1 - \phi_2\rho_2]\,\sigma(0)$$

따라서 적률추정량은

$$\widehat{\sigma_a^2} = (1 - \widehat{\phi}_1 r_1 - \widehat{\phi}_2 r_2)\,\widehat{\sigma}(0)$$

이 된다.

다음으로 평균이 '0'인 AR(2)모형의 예제를 살펴보자.

[예제 11.7] 100개의 자료에서 다음의 결과를 얻었다.

$$\sum_{t=1}^{100} Z_t^2 = 50, \quad \sum_{t=2}^{100} Z_t Z_{t-1} = 25, \quad \sum_{t=3}^{100} Z_t Z_{t-2} = 15$$

모형이 다음과 같이 정의되었을 때 모수를 추정하라.

$$Z_t = \phi_1 Z_{t-1} + \phi_2 Z_{t-2} + a_t, \ \{a_t\} : \text{ white noise } (N(0, \sigma_a^2))$$

풀이 앞에서 구한 적률 추정 공식을 사용하면 다음과 같다.

$$\begin{pmatrix} \widehat{\phi_1} \\ \widehat{\phi_2} \end{pmatrix} = \begin{pmatrix} 1 & r_1 \\ r_1 & 1 \end{pmatrix}^{-1} \begin{pmatrix} r_1 \\ r_2 \end{pmatrix} = \begin{pmatrix} \dfrac{1}{1-r_1^2}(r_1 - r_1 r_2) \\ \dfrac{1}{1-r_1^2}(-r_1^2 + r_2) \end{pmatrix}$$

$$r_1 = \frac{\sum_{t=2}^{n} Z_t Z_{t-1}}{\sum_{t=1}^{n} Z_t^2}, \quad r_2 = \frac{\sum_{t=3}^{n} Z_t Z_{t-2}}{\sum_{t=1}^{n} Z_t^2}$$

$$\widehat{\sigma_a^2} = (1 - \widehat{\phi_1} r_1 - \widehat{\phi_2} r_2)\, \hat{\sigma}(0), \quad \hat{\sigma}(0) = \frac{\sum_{t=1}^{n} Z_t^2}{n}$$

여기서 $r_1 = \frac{25}{50} = \frac{1}{2}$, $r_2 = \frac{15}{50} = \frac{3}{10}$, $\hat{\sigma}(0) = \frac{50}{100} = \frac{1}{2}$ 이므로 위의 식에 의해

$$\widehat{\phi_1} = \frac{1}{1-\left(\frac{1}{2}\right)^2}\left(\frac{1}{2} - \frac{1}{2} \times \frac{3}{10}\right) = 0.467,$$

$$\widehat{\phi_2} = \frac{1}{0.75}\left(-\frac{1}{4} + 0.3\right) = 0.067,$$

$$\widehat{\sigma_a^2} = \left(1 - 0.467 \times \frac{1}{2} - 0.067 \times 0.3\right) \times \frac{1}{2} = 0.3732$$

가 된다.

다음으로 평균이 '0'이 아닌 모형을 살펴보자.

【평균이 '0'이 아닌 AR(2)모형】

$$X_t - \mu = \phi_1(X_{t-1} - \mu) + \phi_2(X_{t-2} - \mu) + a_t, \quad \{a_t\} : \text{white noise}(N(0, \sigma_a^2))$$

위의 모형에서 추정해야 할 모수는 μ, ϕ_1, ϕ_2, σ_a^2이다. 모수를 추정하기 위하여 Yule-Walker 방정식을 사용하도록 하자.

먼저 모수 μ를 추정하기 위하여 양변에 기대치를 취하면 다음과 같다.

$$E(X_t - \mu) = E(\phi_1 X_{t-1} - \phi_1\mu + \phi_2 X_{t-2} - \phi_2\mu + a_t)$$

또는

$$E(X_t) - \mu = \phi_1 E(X_{t-1}) + \phi_2 E(X_{t-2}) - (\phi_1\mu + \phi_2\mu)$$

$$E(X_t) - \phi_1 E(X_{t-1}) - \phi_2 E(X_{t-2}) = \mu - \phi_1\mu - \phi_2\mu$$

이 AR(2)모형이 정상성을 만족하므로 $E(X_t) = E(X_{t-1}) = E(X_{t-2})$가 성립한다. 따라서

$$E(X_t)(1 - \phi_1 - \phi_2) = \mu(1 - \phi_1 - \phi_2)$$

이 성립하고 또한 AR(2)모형이 정상성을 만족한다면 AR(2)모형의 정상성 조건에 의해 $1 - \phi_1 - \phi_2 \neq 0$이므로 $E(X_t) = \mu$가 성립한다. 따라서 적률추정량 $\hat{\mu} = \overline{X}$가 된다.

이제 이론을 간단히 하기 위하여 $Z_t = X_t - \mu$라 하자. 평균이 '0'이 아닌 AR(2)모형은 평균이 '0'인 AR(2)모형으로 바뀐다. 즉

$$Z_t = \phi_1 Z_{t-1} + \phi_2 Z_{t-2} + a_t$$

변환된 모형이 평균이 '0'인 모형이므로 위에서 익힌 이론을 그대로 적용할 수 있다. 즉 모수 ϕ_1, ϕ_2와 자기상관함수와의 관계식은 다음과 같다.

$$\begin{pmatrix} \phi_1 \\ \phi_2 \end{pmatrix} = \frac{1}{1 - \rho_1^2} \begin{pmatrix} \rho_1 - \rho_1\rho_2 \\ \rho_2 - \rho_1^2 \end{pmatrix}$$

이 관계식에서 ρ_1, ρ_2 대신에 표본 자기상관함수 r_1, r_2를 대입하여 모수를 추정한다. 이때 r_1, r_2는 위에서 정의된 것과는 달리 표본 평균을 포함하고 있다.

$$r_1 = \frac{\sum_{t=2}^{n}(X_t - \overline{X})(X_{t-1} - \overline{X})}{\sum_{t=1}^{n}(X_t - \overline{X})^2}, \quad r_2 = \frac{\sum_{t=3}^{n}(X_t - \overline{X})(X_{t-2} - \overline{X})}{\sum_{t=1}^{n}(X_t - \overline{X})^2}$$

다시 말하면, 모형에 평균이 들어 있으므로 표본 자기상관함수 r_1, r_2에 $\overline{X}$항이 포함되어 있다. 또한 σ_a^2의 추정량은

$$\widehat{\sigma_a^2} = (1 - \widehat{\phi_1} r_1 - \widehat{\phi_2} r_2) s^2, \quad s^2 = \hat{\sigma}(0) = \frac{\sum_{t=1}^{n}(X_t - \overline{X})^2}{n-1}$$

이 된다.

다음의 예제를 통하여 모수 추정 방법을 익히도록 하자.

[예제 11.8] ([예제 11.7] 계속) 100개의 자료에서 다음의 결과를 얻었다.

$$\overline{X} = 0.5, \quad \sum_{t=1}^{100} X_t^2 = 500, \quad \sum_{t=2}^{100} X_t X_{t-1} = 250, \quad \sum_{t=3}^{100} X_t X_{t-2} = 150$$

모형이 다음과 같이 정의되었을 때

$$X_t - \mu = \phi_1(X_{t-1} - \mu) + \phi_2(X_{t-2} - \mu) + a_t, \quad \{a_t\} : \text{ white noise}(N(0, \sigma_a^2))$$

모수를 추정하라.

풀이 위에서 구한 공식은 다음과 같다.

$$\begin{pmatrix} \widehat{\phi_1} \\ \widehat{\phi_2} \end{pmatrix} = \begin{pmatrix} 1 & r_1 \\ r_1 & 1 \end{pmatrix}^{-1} \begin{pmatrix} r_1 \\ r_2 \end{pmatrix} = \begin{pmatrix} \frac{1}{1-r_1^2}(r_1 - r_1 r_2) \\ \frac{1}{1-r_1^2}(-r_1^2 + r_2) \end{pmatrix}$$

$$r_1 = \frac{\sum_{t=2}^{n}(X_t - \overline{X})(X_{t-1} - \overline{X})}{\sum_{t=1}^{n}(X_t - \overline{X})^2}, \quad r_2 = \frac{\sum_{t=3}^{n}(X_t - \overline{X})(X_{t-2} - \overline{X})}{\sum_{t=1}^{n}(X_t - \overline{X})^2}$$

$$\widehat{\sigma_a^2} = (1 - \widehat{\phi}_1 r_1 - \widehat{\phi}_2 r_2) s^2, \quad s^2 = \widehat{\sigma}(0) = \frac{\sum_{t=1}^{n}(X_t - \overline{X})^2}{n-1}$$

따라서

$$\begin{aligned} r_1 &= \frac{\sum_{t=2}^{n}(X_t - \overline{X})(X_{t-1} - \overline{X})}{\sum_{t=1}^{n}(X_t - \overline{X})^2} \approx \frac{\sum_{t=2}^{n} X_t X_{t-1} - (n-1)\ \overline{X}^2}{\sum_{t=1}^{n} X_t^2 - n\ \overline{X}^2} \\ &= \frac{250 - 99 \times 0.5^2}{500 - 100 \times 0.5^2} = 0.456 \end{aligned}$$

$$\begin{aligned} r_2 &= \frac{\sum_{t=3}^{n}(X_t - \overline{X})(X_{t-2} - \overline{X})}{\sum_{t=1}^{n}(X_t - \overline{X})^2} \approx \frac{\sum_{t=3}^{n} X_t X_{t-2} - (n-2)\ \overline{X}^2}{\sum_{t=1}^{n} X_t^2 - n\ \overline{X}^2} \\ &= \frac{150 - 98 \times 0.5^2}{500 - 100 \times 0.5^2} = 0.264 \end{aligned}$$

가 되고 $s^2 = \frac{500 - 100 \times 0.5^2}{99} = \frac{405}{99} = 4.8$이 된다.

따라서 $\widehat{\phi}_1 = \frac{1}{1 - 0.456^2}(0.456 - 0.456 \times 0.264) = 0.424$

$$\widehat{\phi}_2 = \frac{1}{1 - 0.456^2}(0.264 - 0.456^2) = 0.071$$

$$\widehat{\sigma_a^2} = (1 - 0.424 \times 0.456 - 0.071 \times 0.264) \times 4.8 = 3.782$$

를 얻는다.

11.1.4 MA모형과 ARMA모형

앞 절에서 AR모형의 추정에 대해 살펴보았다. 이 절에서는 MA(q) 모형과 ARMA (p, q)모형의 추정에 대하여 살펴보겠다. 본 교재에서는 AR모형에서와 같이 MA(1), MA(2), ARMA(1,1)모형만 다루기로 한다. 물론 일반적인 ARMA(p, q)모형을 다룰 수는 있으나 이는 생략하기로 한다.

MA(1)모형

MA(1)모형에서도 평균이 '0'인 모형과 평균이 '0'이 아닌 두 가지 모형으로 분류하여 살펴보기로 하자. 먼저 평균이 '0'인 모형을 살펴보자.

【평균이 '0'인 MA(1)모형】

$$Z_t = a_t - \theta a_{t-1}, \quad \{a_t\} : \text{ white noise } N(0, \sigma_a^2)$$

위의 모형에서 추정해야 할 모수는 θ, σ_a^2이다. 8장의 자기공분산 생성함수를 이용하면 다음의 결과를 얻는다.

$$\sigma(0) = (1+\theta^2)\sigma_a^2$$
$$\sigma(1) = -\theta\sigma_a^2$$

따라서

$$\rho_1 = \frac{\sigma(1)}{\sigma(0)} = \frac{-\theta\sigma_a^2}{(1+\theta^2)\sigma_a^2} = \frac{-\theta}{1+\theta^2}$$

가 된다. 모수 θ가 자기상관함수로 표시되었으므로 ρ_1 대신에 표본 자기상관함수 r_1을 대입함으로써 적률추정량을 구할 수 있다. 이때 r_1은 AR(1)모형에서 사용되었던 것과 동일하다. 즉

$$r_1 = \frac{\sum_{t=2}^{n} Z_t \cdot Z_{t-1}}{\sum_{t=1}^{n} Z_t^2}$$

따라서 다음의 식을 얻는다.

$$r_1 = \frac{-\hat{\theta}}{1+\hat{\theta}^2}$$

이는 $\hat{\theta}$의 2차식 $r_1\hat{\theta}^2+\hat{\theta}+r_1=0$이 되며, 여기서 두 근 $\hat{\theta}=\frac{-1\pm\sqrt{1-4r_1^2}}{2r_1}$을 얻게 되는데 이 식에서 얻어진 두 개의 근 중에서 가역성을 만족하는 근, 즉 $|\hat{\theta}|<1$인 근을 모수의 추정치로 사용해야 한다. 또한 $\hat{\sigma}_a^2=\frac{\hat{\sigma}(0)}{1+\hat{\theta}^2}=\frac{s^2}{1+\hat{\theta}^2}$, $s^2=\frac{\sum_{t=1}^{n}Z_t^2}{n}$에 의해서 $\hat{\sigma}_a^2$을 추정할 수 있다.

다음의 예를 통하여 모수 추정 과정을 살펴보자.

[예제 11.9] 시계열 자료에서 다음의 결과를 얻었다. 모수를 추정하라. 이때 모형은 평균이 '0'인 MA(1)모형을 가정하라.

$$\sum_{t=1}^{100}Z_t^2=30,\quad \sum_{t=2}^{100}Z_tZ_{z-1}=10$$

풀이 먼저 $r_1=\frac{10}{30}=\frac{1}{3}$이 된다. 이것을 $\hat{\theta}=\frac{-1\pm\sqrt{1-4r_1^2}}{2r_1}$에 대입하면 $\hat{\theta}=-0.382,\ -2.618$이고, 이 중에서 가역성을 만족하는 것을 사용해야하므로 추정량은 $\hat{\theta}=-0.382$가 된다. 또한 $\hat{\sigma}_a^2=\frac{\hat{\sigma}(0)}{1+\hat{\theta}^2}=\frac{s^2}{1+\hat{\theta}^2}$, $s^2=\frac{\sum_{t=1}^{n}Z_t^2}{n}$에 추정된 값을 대입하면 $\hat{\sigma}_a^2=\frac{30/100}{1+(-0.382)^2}=0.044$가 된다.

이제 평균이 '0'이 아닌 MA(1)모형을 살펴보자.

【평균이 '0'이 아닌 MA(1)모형】

$$X_t-\mu=a_t-\theta a_{t-1},\quad \{a_t\}:\ \text{white noise } N(0,\sigma_a^2)$$

위의 모형에서 추정해야 할 모수는 $\theta,\ \mu,\ \sigma_a^2$이다.

먼저 모수 μ를 추정하자. 모수 μ를 추정하기 위해 양변에 기대치를 취하면 다음과 같다.

$$E(X_t - \mu) = E(a_t - \theta a_{t-1}) = 0$$

따라서 $E(X_t) - \mu = 0$이 되고 $E(X_t)$ 대신에 $\overline{X}$를 대입하면 적률추정량을 얻을 수 있다. 즉 적률추정량은 $\hat{\mu} = \overline{X}$이다. 평균이 '0'이 아닌 모형에서 $Z_t = X_t - \mu$로 변환시키면 모형은 평균이 '0'인 모형이 되고 새로운 모형에서 모수와 자기상관함수의 관계식은 위에서 구한 식과 동일하게 된다. 다시 말하면

$$\sigma(0) = (1+\theta^2)\sigma_a^2, \quad \sigma(1) = -\theta\sigma_a^2, \quad \rho_1 = \frac{-\theta}{1+\theta^2}$$

이다. 결국 평균이 '0'인 모형과 같이

$$\hat{\theta} = \frac{-1 \pm \sqrt{1-4r_1^2}}{2r_1}$$

을 사용해서 $\hat{\theta}$를 추정하게 되고 여기서 가역성을 만족하는 $|\hat{\theta}|<1$인 $\hat{\theta}$을 찾으면 된다. 이때 모형에 μ항이 포함되어 있으므로 표본 자기상관함수

$$r_1 = \frac{\sum_{t=2}^{n}(X_t - \overline{X})(X_{t-1} - \overline{X})}{\sum_{t=1}^{n}(X_t - \overline{X})^2}$$

이 되고 또한 $\hat{\sigma}_a^2 = \dfrac{s^2}{1+\hat{\theta}^2}$, $s^2 = \dfrac{\sum_{t=1}^{n}(X_t - \overline{X})^2}{n-1}$이 된다.

[예제 11.10] 시계열 자료가 다음과 같이 주어져 있다. 모형이 MA(1)일 때 모수를 추정하라.

자료 :

시점(t)	1	2	3	4	5	6	7	8
자 료	2	5	4	7	5	2	7	3

풀이 시계열 자료가 모두 양수이기 때문에 평균이 '0'이 아닌 MA(1)모형을 사용하도록 하자. 추정해야 할 모수는 μ, θ, σ_a^2이고 위에서 유도한 적률 추정량은

$$\hat{\mu}=\overline{X},\quad \hat{\theta}=\frac{-1\pm\sqrt{1-4r_1^2}}{2r_1},\quad r_1=\frac{\sum(X_t-\overline{X})(X_{t-1}-\overline{X})}{\sum(X_t-\overline{X})^2}$$

$$\hat{\sigma_a^2}=\frac{s^2}{1+\hat{\theta}^2},\quad s^2=\frac{\sum(X_t-\overline{X})^2}{n-1}$$

이므로 자료로부터 이들을 구하면 된다. 즉

$$\hat{\mu}=\overline{X}=\frac{1}{8}(2+5+\cdots+3)=4.375,$$

$$\begin{aligned}
s^2 &= \frac{\sum_{t=1}^{8}(X_t-\overline{X})^2}{7}\\
&= \frac{1}{7}[(2-4.375)^2+(5-4.375)^2+\cdots+(3-4.375)^2]\\
&= \frac{28.79}{7}=4.11
\end{aligned}$$

$$\begin{aligned}
r_1 &= \frac{\sum_{t=2}^{8}(X_t-\overline{X})(X_{t-1}-\overline{X})}{\sum_{1}^{8}(X_t-\overline{X})^2}\\
&= \frac{(2-4.375)(5-4.375)+\cdots+(7-4.375)(3-4.375)}{28.79}=0.39
\end{aligned}$$

$$\hat{\theta}=\frac{-1\pm\sqrt{1-4r_1^2}}{2r_1}=\frac{-1\pm\sqrt{1-4\times0.39^2}}{2\times0.39}=-2.08,\ -0.48$$

이 중에서 $\hat{\theta}=-0.48$을 선택해야 가역성이 만족된다. 또한

$$\hat{\sigma_a^2}=\frac{s^2}{1+\hat{\theta}^2}=\frac{4.11}{1+(-0.48)^2}=3.34$$

가 된다.

ARMA(1,1)모형

다음으로 ARMA(1,1)모형을 살펴보자. 이 절에서는 8장에서 익힌 공식을 간략히 살펴보고 이를 이용하여 모수와 자기상관함수의 관계를 유도하기로 하자.

먼저 평균이 '0'인 ARMA(1,1)모형을 살펴보자.

【평균이 '0'인 모형】

$$Z_t = \phi Z_{t-1} + a_t - \theta a_{t-1}, \quad \{a_t\} : \text{ white noise } N(0, \sigma_a^2)$$

8장에서 유도한 공식을 살펴보면 $E(a_t \cdot Z_t) = \sigma_a^2$, $E(a_{t-1} \cdot Z_t) = (\phi - \theta)\sigma_a^2$ 이고 Yule-Walker 방정식에 의해

$$\sigma(0) = \phi\sigma(1) + (1 - \theta\phi + \theta^2)\sigma_a^2$$
$$\sigma(1) = \phi\sigma(0) - \theta\sigma_a^2$$
$$\sigma(k) = \phi\sigma(k-1), \quad k \geq 2$$

이 된다. 따라서

$$\rho_1 = \frac{(1-\theta\phi)(\phi-\theta)}{1-2\theta\phi+\theta^2} \tag{11.7}$$

$$\rho_2 = \frac{(1-\theta\phi)(\phi-\theta)\phi}{1-2\theta\phi+\theta^2} \tag{11.8}$$

$$\rho_k = \frac{(1-\theta\phi)(\phi-\theta)}{1-2\theta\phi+\theta^2} \cdot \phi^{k-1}, \quad k \geq 3$$

이 성립하게 된다. 이제 적률추정법을 이용하여 모수를 추정해 보자. (11.7)과 (11.8) 식에서 $\frac{\rho_2}{\rho_1} = \phi$가 성립하므로 $\hat{\phi} = \frac{r_2}{r_1}$이 되고 여기서 r_1, r_2는 표본 자기상관함수로

$$r_1 = \frac{\sum_{t=2}^{n} Z_t Z_{t-1}}{\sum_{t=1}^{n} Z_t^2}, \quad r_2 = \frac{\sum_{t=3}^{n} Z_t Z_{t-2}}{\sum_{t=1}^{n} Z_t^2}$$

이다. 다음으로 θ를 추정해 보자.

(11.7)식에서 ρ_1 대신에 r_1을, ϕ 대신에 $\hat{\phi}$을 대입시키면,

$$r_1 = \frac{(1-\theta\hat{\phi})(\hat{\phi}-\theta)}{1-2\theta\hat{\phi}+\theta^2}$$

이 되고 이는 θ의 2차식, 즉

$$(\hat{\phi}-r_1)\theta^2-(\hat{\phi}^2-2r_1\hat{\phi}+1)\theta+\hat{\phi}-r_1=0$$

가 된다. 이 방정식에서 가역성을 만족하는, 즉 $|\hat{\theta}|<1$인 $\hat{\theta}$을 구하면 된다. 또한 8.2절에서 유도한 식에 의해서 $\hat{\sigma}_a^2 = \dfrac{(1-\hat{\phi}^2)}{1-2\hat{\theta}\hat{\phi}+\hat{\theta}^2}\cdot s^2$, $s^2 = \dfrac{\sum_{t=1}^{n} Z_t^2}{n}$ 이 되고 따라서 σ_a^2의 추정치를 구할 수 있다.

【평균이 '0'이 아닌 모형】

$$X_t-\mu = \phi(X_{t-1}-\mu)+a_t-\theta a_{t-1}, \quad \{a_t\} : \text{white noise } N(0, \sigma_a^2)$$

평균 μ를 추정하기 위하여 양변에 기대값을 취하면 다음과 같이

$$\mathrm{E}(X_t-\mu) = \mathrm{E}(\phi X_{t-1}-\phi\mu+a_t-\theta a_{t-1})$$

또는

$$\mathrm{E}(X_t)-\mu = \phi\mathrm{E}(X_{t-1})-\phi\mu+0$$

이다. 이때 X_t가 정상성을 만 족하므로 $\mathrm{E}(X_t)=\mathrm{E}(X_{t-1})$이 된다. 따라서

$$\mathrm{E}(X_t)(1-\phi) = \mu(1-\phi)$$

가 되며 $1-\phi\neq 0$이므로 $\mathrm{E}(X_t)=\mu$가 된다. $\mathrm{E}(X_t)$ 대신에 $\overline{X}$를 대입하면 μ에 대한 적률추정량

$$\hat{\mu} = \overline{X}$$

를 얻는다.

앞 절에서와 같이 $Z_t = X_t - \mu$라 하면 위의 모형은 평균이 '0'인 모형이 되고 따라서 위에서 구한 것과 같은 모수와 자기상관함수의 관계식을 얻게 되므로 적률추정량의 형태는 같게 된다. 즉

$$\hat{\phi} = \frac{r_2}{r_1}, \quad r_1 = \frac{(1-\theta\hat{\phi})(\hat{\phi}-\theta)}{1-2\theta\hat{\phi}+\theta^2}, \quad \hat{\sigma}_a^2 = \frac{(1-\hat{\phi}^2)}{1-2\hat{\theta}\hat{\phi}+\hat{\theta}^2}s^2$$

위 식 중 r_1의 관계식에서 가역성을 만족하는, 즉 $|\hat{\theta}|<1$인 $\hat{\theta}$를 찾음으로써 θ의 적률추정량을 구할 수 있다. 여기서 모형에 μ항이 들어 있으므로 r_1, r_2, s^2은 다음과 같다.

$$r_1 = \frac{\sum_{t=2}^{n}(X_t-\overline{X})(X_{t-1}-\overline{X})}{\sum_{t=1}^{n}(X_t-\overline{X})^2}, \quad r_2 = \frac{\sum_{t=3}^{n}(X_t-\overline{X})(X_{t-2}-\overline{X})}{\sum_{t=1}^{n}(X_t-\overline{X})^2},$$

$$s^2 = \frac{\sum_{t=1}^{n}(y_t-\overline{y})^2}{n-1}$$

11.2 최소제곱추정법 (O.L.S)

이 절에서는 최소제곱추정법 중에서 조건부 최소제곱추정법 (conditional least squares estimation)만을 다루기로 한다. 이 방법은 시계열 분석에서 많이 사용되고 있는 방법으로 초기값에 조건을 줌으로써 추정을 쉽게 하는 방법이다. 일반적으로 모든 모형에 대해 최소제곱추정법을 사용하여 모수를 추정할 수 있다. 그러나 MA모형이 포함된 모형에서는 최소제곱추정법의 이론이 복잡하므로 이 절에서는 AR(1)모형만을 다루기로 한다.

11.2.1 AR(1)모형

다음의 AR(1)모형을 살펴보자.

$$Z_t - \mu = \phi(Z_{t-1}-\mu) + a_t, \quad \{a_t\} : \text{white noise } N(0, \sigma_a^2)$$

이 식을 살펴보면 시점 $t \geq 2$에서와 $t=1$일 때 조건이 서로 다르다는 것을 알 수 있다. 즉 $t \geq 2$에서는 아무 문제 없이 위의 모형을 사용할 수 있다. 그러나 시점 $t=1$에서는

$$Z_1 - \mu = \phi(Z_0 - \mu) + a_1$$

이 된다. 문제는 자료로부터 Z_0가 주어져 있지 않으므로 시점이 1일 경우에는 어떤 조치를 취해 주어야한다. 다시 말하면 Z_1에 어떤 조건을 주어야 한다.

일반적으로 $Z_1 = \mu$라는 조건을 주고 최소제곱추정법을 사용하게 되며 이러한 방법을 조건부 최소제곱추정법이라 한다.

시계열 관찰값 $Z_1, Z_2, \cdots, Z_n$이 주어졌을 때의 조건부 제곱합함수(conditional sum of squares function)를 다음과 같이 정의한다.

$$\begin{aligned} s^*(\phi, \mu) &= \sum_{t=2}^{n}[(Z_t - \mu) - \phi(Z_{t-1} - \mu)]^2 \\ &= a_2^2 + a_3^2 + \cdots + a_n^2 \end{aligned}$$

이는 첫 번째 오차 a_1이 $a_1 = 0$을 만족한다고 생각해도 좋겠다. 여기서 $s^*(\phi, \mu) = \sum_{t=2}^{n}[(Z_t - \mu) - \phi(Z_{t-1} - \mu)]^2$을 최소화하는 μ, ϕ를 조건부 최소제곱추정량이라 한다.

이제 위에서 정의된 $s^*(\phi, \mu)$를 최소화시키기 위하여 모수 μ, ϕ로 미분하여 최소값을 얻는 미분 방법을 사용하기로 하자.

μ를 추정하기 위해 $s^*(\phi, \mu)$를 μ로 미분한 후 그 결과를 '0'으로 놓고 풀자. 그러면

$$\frac{\partial s^*(\phi, \mu)}{\partial \mu} = 2\sum_{t=2}^{n}[(Z_t - \mu) - \phi(Z_{t-1} - \mu)](-1 + \phi) \overset{\text{set}}{=} 0$$

이고, 여기서 $\phi - 1 \neq 0$이므로

$$\sum_{t=2}^{n}[(Z_t - \mu) - \phi(Z_{t-1} - \mu)] = 0$$

이 된다. 따라서

$$\sum_{t=2}^{n}(Z_t - \phi Z_{t-1}) + (n-1)(-\mu + \phi\mu) = 0$$

이 되고

$$\begin{aligned}\mu &= \frac{\sum_{t=2}^{n}(Z_t - \phi Z_{t-1})}{(n-1)(1-\phi)} = \frac{\sum_{t=2}^{n} Z_t - \phi\left(\sum_{t=2}^{n} Z_t - Z_n + Z_1\right)}{(n-1)(1-\phi)} \\ &= \frac{(1-\phi)\sum_{t=2}^{n} Z_t}{(n-1)(1-\phi)} + \frac{\phi(Z_n - Z_1)}{(n-1)(1-\phi)}\end{aligned}$$

이 된다. 만약 자료의 개수 n이 크고 ϕ가 1에 매우 가깝지 않으면

$$\frac{\phi(Z_n - Z_1)}{(n-1)(1-\phi)} \approx 0$$

이 되므로 조건부 최소제곱추정량은

$$\hat{\mu} \approx \frac{\sum_{t=2}^{n} Z_t}{n-1} \approx \overline{Z}$$

가 된다. 이는 적률추정법으로 구한 적률추정량과 근사적으로 일치한다.

다음으로 ϕ를 추정해 보자. 이를 위해 먼저 ϕ에 관하여 미분을 하고 이 결과를 '0'으로 놓고 풀면 된다. 즉

$$\frac{\partial s^*(\phi, \mu)}{\partial \phi} = 2\sum_{t=2}^{n}(Z_t - \mu - \phi(Z_{t-1} - \mu))(-Z_{t-1} + \mu) = 0$$

따라서

$$-\sum_{t=2}^{n}(Z_t - \mu)(Z_{t-1} - \mu) + \phi\sum_{t=2}^{n}(Z_{t-1} - \mu)(Z_{t-1} - \mu) = 0$$

이 되고

$$\phi = \frac{\sum_{t=2}^{n}(Z_t - \mu)(Z_{t-1} - \mu)}{\sum_{t=2}^{n}(Z_{t-1} - \mu)^2}$$

가 된다. μ 대신에 위에서 구한 $\hat{\mu} = \overline{Z}$를 대입하면 조건부 최소제곱추정량은

$$\hat{\phi} = \frac{\sum_{t=2}^{n}(Z_t - \overline{Z})(Z_{t-1} - \overline{Z})}{\sum_{t=2}^{n}(Z_{t-1} - \overline{Z})^2}$$

가 된다.

위 식에서 분모를 살펴보면 적률추정량에 비해 마지막 항이 없음을 알 수 있다. 그러나 자료의 개수 n이 크면 위의 결과는 적률추정량과 동일하게 된다. 여기서 σ_a^2의 추정량은 $s^*(\phi, \mu)$를 미분함으로써 얻어지지 않으므로 회귀분석에서와 같이 잔차 제곱합을 자유도로 나눈 것을 사용하는데 이때의 자유도는 $n-2$가 된다. 따라서 최소제곱추정량 $\hat{\sigma}_a^2 = \frac{1}{n-2}\sum_{t=2}^{n}(Z_t - \overline{Z} - \hat{\phi}(Z_{t-1} - \overline{Z}))^2$이 된다. 물론 평균이 '0'인 모형에서도 최소제곱추정법이 사용될 수 있으며 이때의 ϕ, σ_a^2의 추정치는

$$\hat{\phi} = \frac{\sum_{t=2}^{n} Z_t Z_{t-1}}{\sum_{t=2}^{n} Z_{t-1}^2}, \quad \hat{\sigma}_a^2 = \frac{1}{n-1}\sum_{t=2}^{n}(Z_t - \hat{\phi} Z_{t-1})^2$$

이 된다.

AR(p)모형에서의 모수 추정방법은 위에서 설명한 방법을 그대로 확장 사용하여 모수를 추정할 수 있다. 실제 자료분석에서는 위의 공식을 이용하여 계산할 수 있으나 SAS를 사용하면 편리하다. SAS를 사용하는 방법은 PROC REG를 사용하는 방법과 PROC ARIMA를 사용하는 방법이 있다. 다음은 PROC REG를 사용했을 때와 PROC ARIMA를 사용할 때의 프로그램의 예이다.

프로그램 예제 11.1

```
/* 자료 생성과정 */
Data AR1;
z1=0; seed=14251;
do t=1 to 100;
z1=-0.9*z1+normal(seed);
output;
end;
title1 'First order autoregressive model';
title2 'model : z1(t)=-0.9*z1(t-1)+a(t)';
run;
```

프로그램 예제 11.2

```
/* 모수 추정 과정 */
Data AR1;
set AR1;
lz1=lag(z1);
proc reg;
model z1=lz1;
run;
Proc arima;
i var=z1;
estimate p=1;
run;
```

11.3 최대우도추정법 (최우추정법)

이 절에서는 어떻게 최우추정법이 모수 추정에 사용되는지 AR(1)모형을 통해 간단히 살펴보자. 물론 최우추정법에도 여러 가지가 있으며 이 절에서는 그 중에서 조건부 최우추정법을 살펴보도록 하자. 이에 앞서 최우추정법의 일반이론을 살펴보자.

11.3.1 최우추정법의 일반이론

최우추정법은 모수들의 함수인 우도함수를 구한 후 이 우도함수를 최대로 만드는 모수값을 찾아내는 것이며, 이때 얻어진 통계량을 최우추정량이라고 부른다. 먼저 우도함수를 살펴보자.

> 우도함수 (likelihood function)
>
> $f(\underset{\sim}{x}|\theta)$를 표본 $\underset{\sim}{x}=(x_1, x_2, \cdots, x_n)$의 결합확률밀도함수 또는 결합확률질량함수라 하자. 주어진 자료 $\underset{\sim}{x}=(x_1, x_2, \cdots, x_n)$이 관찰되었을 때 모수 θ의 함수 $L(\theta|\underset{\sim}{x})=f(\underset{\sim}{x}|\theta)$를 우도함수라 부른다.

주어진 자료에서 모수를 변화시킬 때 우도함수가 가장 큰 경우가 주어진 자료를 발생시킬 확률이 가장 크기 때문에 우도함수를 가장 크게 만드는 모수값을 모수의 추정값으로 사용하는 것은 매우 타당하다. 우도함수의 최대값을 구하는 방법은 미분법이 많이 사용되고 또한 일반적으로 우도함수가 지수함수를 포함하고 있기 때문에 우도함수에 log 함수를 취한 log-우도함수를 많이 사용한다. log함수는 단순 증가함수이므로 우도함수를 최대로 하는 모수 추정값과 log-우도함수를 최대로 하는 모수 추정값은 같게 된다. 이에 대한 자세한 내용은 수리통계학 책을 살펴보기 바란다.

이제 예제를 통하여 최우추정법을 사용하여 모수를 추정하는 방법을 살펴보자.

[예제 11.11] 표본 $X_1, X_2, \cdots, X_n$이 $N(\mu, 1)$을 따를 때 모수 μ를 최우추정법을 사용하여 추정하라.

풀이 최우추정법을 사용하기 위해서는 먼저 우도함수를 구해야 한다. 우도함수는 결합확률밀도함수이므로

$$L(\mu|\underset{\sim}{x}) = f(\underset{\sim}{x}|\mu) = \Pi_{i=1}^{n}\left[\frac{1}{\sqrt{(2\pi)}}\exp\left\{-\frac{(x_i-\mu)^2}{2}\right\}\right]$$

$$= \left(\frac{1}{\sqrt{2\pi}}\right)^n \exp\left\{-\frac{1}{2}\sum_{i=1}^{n}(x_i-\mu)^2\right\}$$

이 된다. 이 우도함수를 최대로 만들어 주기 위하여 미분법을 사용하는데 이때 우도함수보다 log-우도함수를 사용하면 편리하다. 결국 log-우도함수는

$$\ln L(\mu \mid \underline{x}) = \log\left(\frac{1}{\sqrt{2\pi}}\right)^n - \frac{1}{2}\sum_{i=1}^{n}(x_i-\mu)^2$$

이 되고 이 함수의 최대값을 찾기 위하여 미분을 하면 다음과 같이 된다.

$$\frac{\partial \ln L(\mu \mid \underline{x})}{\partial \mu} = -\frac{1}{2}\sum_{i=1}^{n}(x_i-\mu)(-1) = 0$$

따라서 $n\hat{\mu} = \sum_{i=1}^{n} x_i$가 되고 최우추정량 $\hat{\mu} = \frac{\sum_{i=1}^{n} x_i}{n} = \bar{x}$가 된다. 여기서 사용된 방법은 시계열 분석에서도 그대로 적용되므로 숙지하기 바란다.

11.3.2 AR(1)모형

앞 절에서 익힌 최우추정법을 AR모형 중에서 가장 간단한 AR(1)모형에 적용시켜 보자. 11.2절에서와 같이 이 절에서도 조건부 최우추정법을 다룬다. 이는 초기값에 조건을 줌으로써 분석을 간단히 하는 방법이다. 다음은 평균이 '0'이 아닌 AR(1)모형이다.

【평균이 '0'이 아닌 AR(1) 모형】

$$Z_t - \mu = \phi(Z_{t-1} - \mu) + a_t, \quad t \geq 1$$

최소제곱추정법을 사용할 때는 오차의 분포에 대한 가정이 필요 없었다. 그러나 최우추정법을 사용할 때는 우도함수를 알아야 하기 때문에 오차에 대한 분포가 반드시 주어져야 한다. 일반적으로 오차의 분포에 대한 가정은 다음과 같다.

가정 : $\{a_t\}$: 독립 정규분포, 평균 0, 분산 σ_a^2, 즉 $a_t \overset{iid}{\sim} N(0, \sigma_a^2)$

AR(1)모형에서 조건부최우추정법을 사용할 때의 조건은 조건부 최소제곱추정법을 사용했을 때의 가정과 동일하다. 즉

$$\text{조건 : } Z_1 - \mu = 0 \text{ : 고정, 또는 } a_1 = 0$$

오차의 분포가 주어져 있으므로 모형을 오차로 표시하면 다음과 같다.

$$a_t = Z_t - \mu - \phi(Z_{t-1} - \mu)$$

여기서 $a_t \sim N(0, \sigma_a^2)$이므로 $f(a_t) = \frac{1}{\sqrt{2\pi}\sigma_a} \exp\left\{-\frac{1}{2}\frac{a_t^2}{\sigma_a^2}\right\}$이 되고 $a_2, a_3, \cdots, a_n$의 결합확률밀도함수는 a_t가 독립이므로

$$f(a_2, a_3, \cdots, a_n | \phi, \mu, \sigma_a^2) = \left(\frac{1}{\sqrt{2\pi}\sigma_a}\right)^{n-1} \exp\left\{-\frac{1}{2}\frac{1}{\sigma_a^2}\sum_{t=2}^{n} a_t^2\right\}$$

이 된다. 따라서 우도함수 $L(\phi, \mu, \sigma_a^2 | \underline{x})$는 변환공식에 의해

$$L(\phi, \mu, \sigma_a^2) = (2\pi\sigma_a^2)^{-\frac{(n-1)}{2}} \exp\left\{-\frac{1}{2\sigma_a^2}\sum_{t=2}^{n}(Z_t - \mu - \phi(Z_{t-1} - \mu))^2\right\}$$

이 된다. [예제 11.11]에서와 같이 위 우도함수에 대한 log-우도함수를 구하면

$$\begin{aligned}\ln(\mathrm{L}(\phi, \mu, \sigma_a^2)) &= \lambda(\phi, \mu, \sigma_a^2) \\ &= -\frac{(n-1)}{2}\ln(2\pi) - \frac{(n-1)}{2}\ln(\sigma_a^2) \\ &\quad - \frac{1}{2\sigma_a^2}\sum_{t=2}^{n}((Z_t - \mu) - \phi(Z_{t-1} - \mu))^2\end{aligned}$$

이 되고 위에서 정의된 log-우도함수를 미분법을 이용하여 최대값을 구하면 다음과 같다.

$$\frac{\partial\lambda(\phi, \mu, \sigma_a^2)}{\partial\mu} = -\frac{2}{2\sigma_a^2}\sum_{t=2}^{n}((Z_t - \mu) - \phi(Z_{t-1} - \mu))(-1 + \phi) = 0$$

AR(1)모형이 정상성을 만족하기 때문에 $\phi - 1 \neq 0$이 되므로

$$\sum_{t=2}^{n}((Z_t-\phi Z_{t-1})-(1-\phi)\mu)=0$$

이를 정리하면,

$$(n-1)(1-\phi)\mu=\sum_{t=2}^{n}(Z_t-\phi Z_{t-1})$$

을 만족하게 되고 자료의 개수 n이 충분히 크면 최소제곱추정량과 같이 $\hat{\mu}\approx\sum_{t=2}^{n}Z_t/(n-1)\approx\overline{Z}$를 얻는다.

다음으로 ϕ에 관하여 미분을 하고 이를 '0'으로 놓자. 그러면

$$\frac{\partial\lambda(\phi,\mu,\sigma_a^2)}{\partial\phi}=\frac{2}{2\sigma_a^2}\sum_{t=2}^{n}[(Z_t-\mu)-\phi(Z_{t-1}-\mu)](Z_{t-1}-\mu)=0$$

에서 $\sum_{t=2}^{n}[(Z_t-\mu)(Z_{t-1}-\mu)]-\phi\sum_{t=2}^{n}(Z_{t-1}-\mu)^2=0$을 얻는다. 이 식에 위에서 구한 결과인 $\hat{\mu}=\overline{Z}$를 대입하면

$$\hat{\phi}=\frac{\sum_{t=2}^{n}(Z_t-\overline{Z})(Z_{t-1}-\overline{Z})}{\sum_{t=2}^{n}(Z_{t-1}-\overline{Z})}\approx r_1$$

이 된다.

따라서 위에서 구한 세 가지 추정량, 적률추정량, 조건부 최소제곱추정량, 조건부 최우추정량은 자료의 개수 n이 크면 서로 일치하게 된다.

다음으로 σ_a^2을 추정하자. 같은 방법을 사용하면

$$\frac{\partial\lambda(\phi,\mu,\sigma_a^2)}{\partial\sigma_a^2}=\frac{-(n-1)}{2\sigma_a^2}+\frac{1}{2(\sigma_a^2)^2}\sum_{t=2}^{n}((Z_t-\mu)-\phi(Z_{t-1}-\mu))^2=0$$

에서 $-(n-1)\sigma_a^2+\sum_{t=2}^{n}((Z_t-\mu)-\phi(Z_{t-1}-\mu))^2=0$이 되고 결국 최우추정량은

$$\widehat{\sigma_a^2}=\frac{\sum_{t=2}^{n}((Z_t-\overline{Z})-\widehat{\phi}(Z_{t-1}-\overline{Z}))^2}{n-1}$$

이 된다.

실제로 자료분석을 할 경우 SAS / PROC ARIMA를 사용하면 최우추정법으로 모수를 추정할 수 있다.

11.4 추정량의 성질

앞 절에서 자료의 개수 n이 큰 경우 적률추정량, 최우추정량 그리고 최소제곱추정량들이 근사적으로 일치하는 것을 보았다. 따라서 위의 세 추정량들은 같은 대표본 성질 (large sample properties)을 갖는다. 앞에서도 언급하였듯이 적률추정량이 다른 추정량에 비해 이론적으로 다루기가 쉽다.

이제 자료의 개수 n이 큰 경우에 추정량이 어떤 분포를 하는지 살펴보도록 하자. 다음의 결과에 관한 유도 과정은 이 책의 수준을 넘으므로 결과만을 살펴보기 바란다.

먼저 각 모형에서 얻어진 추정량은 점근적으로 정규분포를 따르며, 불편추정량이다. 그리고 분산은 다음과 같다.

AR(1)모형 : $\mathrm{Var}(\widehat{\phi_1})\approx\frac{\sigma_a^2}{n\sigma(0)}=\frac{1}{n}\frac{(1-\phi_1^2)\sigma_a^2}{\sigma_a^2}=\frac{1-\phi_1^2}{n}$

AR(2)모형 : $\mathrm{Var}(\widehat{\phi_1})=\mathrm{Var}(\widehat{\phi_2})\approx\frac{1-\phi_2^2}{n}$

$\mathrm{Corr}(\widehat{\phi_1},\widehat{\phi_2})\approx\frac{-\phi_1}{1-\phi_2}=-\rho_1$

MA(1)모형 : $\mathrm{Var}(\widehat{\theta})\approx\frac{1-\theta^2}{n}$

$$\text{MA(2)모형 : } \mathrm{Var}(\hat{\theta}_1) \approx \mathrm{Var}(\hat{\theta}_2) \approx \frac{1-\theta_2^2}{n}$$

$$\mathrm{Corr}(\hat{\theta}_1, \hat{\theta}_2) \approx \frac{\theta_1}{1-\theta_2}$$

$$\text{ARMA(1,1)모형 : } \mathrm{Var}(\hat{\phi}) \approx \frac{1-\phi^2}{n}\left(\frac{1-\phi\theta}{\phi-\theta}\right)^2$$

$$\mathrm{Var}(\hat{\theta}) \approx \frac{1-\theta^2}{n}\left(\frac{1-\phi\theta}{\phi-\theta}\right)^2$$

$$\mathrm{Corr}(\hat{\phi}, \hat{\theta}) \approx \frac{[(1-\phi^2)(1-\theta^2)]^{1/2}}{1-\phi\theta}$$

이상을 살펴보면 추정량의 분산은 $\frac{1}{n}$의 속도로 감소함을 알 수 있다. 여기에 언급된 결과는 잠정적으로 얻어진 모형의 식별에 이용된다. 위의 분산 공식을 직접 이용하여 검정에 사용하는 것은 복잡하기 때문에 SAS에서 나오는 각 추정량의 유의확률(p-value)을 이용하면 쉽게 검정을 할 수 있을 것이다.

11.5 모형 식별을 위한 통계량들

SACF와 SPACF는 AR(p)모형이나 MA(q)모형에서 차수를 식별하는데 매우 유용하나 ARMA(p, q)모형은 차수를 선택하는데 무리가 있고 주관적이므로 이러한 단점을 보완하기 위한 많은 통계량이 발표되었다. 이 중에서 대표적인 몇 개의 통계량들을 살펴보자.

1. 최후예측오차함수 (F.P.E, final prediction error function)

$$\mathrm{F.P.E} = \hat{\sigma}_a^2(p, q)\left\{1 + \frac{2(p+q)}{n}\right\}$$

여기서 $\hat{\sigma}_a^2(p, q)$는 시계열 자료를 ARMA(p, q)모형에 적합시켰을 때의 백색잡음과정의 분산 추정값이다. 이때 F.P.E를 최소로 하는 p, q를 최적의 차수로 정한다. 따라서 여러 차수의 잠정적인 모형을 적합시킨 후 이 최후예측오차함수를 구해서 최후예측오차함수를 가장 작게 해주는 차수 p, q를 구하면 된다.

2. Akaike 정보판단기준(A.I.C, Akaike's information criterion)

$$\text{A.I.C}(p, q) = \ln \hat{\sigma}_a^2(p, q) + 2\frac{(p+q)}{n}$$

$\hat{\sigma}_a^2(p, q)$는 시계열 자료를 ARMA(p, q)모형에 적합시켰을 때의 백색잡음과정의 분산 추정값이다. 여기서 Akaike 정보판단기준을 최소로 하는 차수 p, q를 선택하면 된다. 이 Akaike 정보판단기준통계량은 SAS/PROC ARIMA를 사용하게 되면 결과가 출력되어 나오므로 자료를 분석할 때 사용하기 바란다.

3. Schwartz 베이지안기준(S.B.C, Schwartz's Bayesian criterion)

$$\text{S.B.C}(p, q) = \ln \hat{\sigma}_a^2(p, q) + \frac{\ln(n)}{n}(p+q)$$

역시 $\hat{\sigma}_a^2(p, q)$는 시계열을 ARMA(p, q)모형에 적합시켰을 때의 백색잡음과정의 분산 추정값이고 이 함수를 최소로 하는 차수 p, q를 구하면 된다. 이 통계량 역시 SAS/PROC ARIMA를 사용할 때 출력됨으로 분석시 사용하기 바란다.

4. 자기회귀변동판단기준함수(C.A.T, criterion of autoregressive transfer function)

$$\text{C.A.T}(p) = \begin{cases} -\left(1+\frac{1}{n}\right), & p=0 \\ \frac{1}{n}\sum_{j=1}^{p}\frac{1}{\hat{\sigma}_a^2(j)} - \frac{1}{\hat{\sigma}_a^2(p)}, & p=1, 2, \cdots \end{cases}$$

가역성을 만족하는 ARMA모형은 유한 차수의 AR모형으로 근사 시킬 수 있다고 가정하고 AR모형의 차수를 구함으로써 모형의 차수를 결정한다. 여기서 $\hat{\sigma}_a^2(j)$는 시계열 자료를 AR(j)모형에 적합 시켰을 때의 분산 추정값이다. 이 경우에 있어서도 자기회귀변동판단기준함수를 최소로 하는 p를 찾으면 된다.

이외에도 많은 통계량들이 있으며 이에 대한 자세한 내용들은 참고서적을 보기 바란다. 또한 책에 따라서는 각 통계량의 정의가 틀릴 수 있는데, 다시 말하면 각 통계량에 자료의 개수 n이 곱해져 있는 경우가 있는데 어떤 경우에도 같은 최소점을 만족하는 차수 p, q를 주기 때문에 모형식별에는 아무런 문제가 되지 않는다.

11.6 SAS 프로그램

이 절에서는 모수 추정에 사용되는 SAS 명령어를 살펴보자.

```
Proc ARIMA (options1);
i var=변수;
Estimate (또는 e ) p=숫자 q=숫자 (options2);
```

이에 대한 설명은 다음과 같다.

1. $p=$ **숫자** : 잠정적으로 선택된 모형에 AR부분이 있으면 이에 해당되는 숫자를 지정한다.

   일반양식 : p = (숫자, 숫자, ⋯ , 숫자) ⋯ (숫자, ⋯ , 숫자)

   예) 모형에 AR(1)이 있으면 $\Rightarrow p=1$을 사용 (또는 $p=(1)$)
   예) 모형에 AR(3)가 있으면 $\Rightarrow p=3$을 사용 (또는 $p=(1,\ 2,\ 3)$)
   예) 모형에 AR(3)가 있으나 모형이 다음과 같을 때

   $$Z_t=\phi_1 Z_{t-1}+\phi_3 Z_{t-3} \text{ 즉 } \phi_2=0 \text{ 일 때 } \Rightarrow p=(1,\ 3)$$

   을 사용
   예) $(1-\phi_{1,1}B-\phi_{1,2}B^3-\phi_{1,3}B^5)(1-\phi_{2,1}B^6-\phi_{2,2}B^{12})Z_t$가 모형에 있다고 할 때 $p=(1,\ 3,\ 5)(6,\ 12)$를 사용

2. q = **숫자** : 잠정적으로 선택된 모형에 MA부분이 있으면 이에 해당되는 숫자를 지정한다. $q=$숫자와 같은 방법으로 사용하면 된다.

3. 'estimate'에 있는 options2에 대해 살펴보도록 하자.

   (1) noconstant : 모형에 평균이 없다고 생각이 되면 noconstant를 추가한다.

   (2) method = 방법

방법 : ml ⇐ 조건부 최우추정법
cls ⇐ 조건부 최소제곱추정법
uls ⇐ 비조건부 최소제곱추정법

(3) plot : residual의 ACF와 PACF를 출력해 준다.

다음은 AR(1)모형의 자료를 생성하여 조건부 최우추정법으로 추정하는 프로그램이다.

프로그램 예제 11.3

```
Data AR1;
  z1=0;
  seed=14251;
do t=1 to 100;
  z1=-0.9*z1+normal(seed);
  output;
end;
title1 'First order autoregressive process';
title2 'Model : z1(t) = -0.9*z1(t-1) + a(t)';
Data AR1; set AR1;
  lz1=lag(z1);

Proc ARIMA;
  i var=z1;
  estimate p=1 noconstant method=ml plot;
run;
```

연 습 문 제

1. 자료가 다음과 같이 주어져 있다.

시점(t)	1	2	3	4	5	6	7	8	9	10	11
자 료	9	3	4	3	9	2	1	2	4	9	10

① 평균이 '0'이 아닌 AR(1)모형을 가정하고 적률추정법을 이용하여 모수를 추정하라.
② 평균이 '0'이 아닌 AR(2)모형을 가정하고 적률추정법을 이용하여 모수를 추정하라.

2. 자료가 다음과 같이 주어져 있다.

시점(t)	1	2	3	4	5	6	7	8	9	10	11
자 료	5	2	-1	3	-4	6	3	-2	7	-1	4

① 평균이 '0'인 MA(1)모형을 가정하고 적률추정법을 이용하여 모수를 추정하라.
② 평균이 '0'이 아닌 MA(1)모형을 가정하고 적률추정법을 이용하여 모수를 추정하라.

3. 다음의 프로그램을 이용하여 자료를 생성하고 질문에 답하라.

```
Data HW;
y1=0; y2=0;
do t=1 to 100;
a=normal(123031);
y=1.4 *y1 -0.48*y2 + a;
output;
y2=y1; y1=y;
end;
```

① 자료의 산포도를 구하라.
② SACF, SPACF를 구하라.
③ 최우추정법을 사용하여 모수를 추정하라.
④ 조건부 최소제곱추정법을 사용하여 모수를 추정하라.
⑤ PROC REG를 이용하여 모수를 추정하라.
⑥ 평균이 '0'인 모형을 설정하고 ③~⑤를 다시 하라.

⑦ 조건부 최소제곱추정법을 사용할 때의 SBC, AIC를 구하라.

4. 다음의 프로그램을 이용하여 자료를 생성하고 질문에 답하라.

```
Data MA2;
laga1=0; laga2=0;
do t=1 to 100;
a= normal(35791);
laga1=lag(a);
laga2=lag2(a);
if laga1=. then laga1=0;
if laga2=. then laga2=0;
z=a -1.3*laga1 + 0.4*laga2;
output;
end;
```

① 자료의 산포도를 구하라.
② SACF, SPACF를 구하라.
③ 최우추정법을 사용하여 모수를 추정하라.
④ 조건부 최소제곱추정법을 사용하여 모수를 추정하라.
⑤ 평균이 '0'인 모형을 설정하고 ③, ④를 다시 하라.
⑥ 조건부 최소제곱추정법을 사용하여 AR(1), AR(2), MA(1), MA(2) 모형의 모수를 추정하고 이때의 SBC, AIC를 구하라. 이 두 통계량을 기준으로 했을 때 어떤 모형이 자료를 가장 잘 설명한다고 할 수 있는가?

5. 다음의 AR(2)모형을 고려하자.

$$Z_t = \phi_1 Z_{t-1} + \phi_2 Z_{t-2} + a_t, \quad a_t \overset{iid}{\sim} N(0, \sigma_a^2)$$

조건부 최우추정법을 이용하여 모수를 추정하라.

6. 100개의 자료가 ARMA(1,1)모형 $Z_t - \phi_1 Z_{t-1} = a_t - \theta_1 a_{t-1}$에서 관찰되었고 이 자료로부터 $\sigma(0) = 10$, $r_1 = 0.523$, $r_2 = 0.418$이 얻어졌다. ϕ_1, θ_1, σ_a^2를 추정하라.

7. 100개의 자료가 AR(2)모형 $Z_t = \phi_1 Z_{t-1} + \phi_2 Z_{t-2} + a_t$에서 관찰되었고 이 자료로부터 $r_1 = 0.8$, $r_2 = 0.5$가 얻어졌다. ϕ_1, ϕ_2를 추정하라.

12 모형 검진

10장과 11장을 통하여 모형의 식별과 모수의 추정을 살펴보았다. 이 장에서는 추정된 모형이 자료를 잘 설명하고 있는지를 살펴보는 단계인 모형 검진에 대해 알아보기로 하자. 모형 검진은 주로 오차, 즉 백색잡음의 추정량인 잔차를 중심으로 이루어진다. 이 잔차가 오차에 주어졌던 가정을 만족하게 되면 시계열 분석은 일단락 되는 것이고 만약 잔차가 오차에 주어졌던 가정을 만족하지 못한다면 추정된 모형이 자료를 잘 설명하지 못한다는 의미이므로 자료분석을 다시 하여 새로운 모형을 찾거나 모형을 바꾸어 주어야 한다.

12.1 잔차

위에서 언급했던 잔차에 대해 설명해 보기로 하자. 잔차는 자료에서 얻어진 관찰값과 모형에서 얻어진 추정값의 차이를 말한다. 다음이 잔차의 정의이다.

잔차 (residual)
잔차 = 관찰값 − 추정값

잔차는 모형이 잘 선택되고 추정이 잘 되면 오차와 근사하게 될 것이고, 따라서 모형 식별과 모수 추정이 잘 되었으면 오차의 추정량인 잔차는 오차가 갖고 있는 특성들을 만족하게 될 것이다. 다음에서 각 모형에 대한 잔차를 구해 보도록 하자.

AR(1)모형

$$Z_t - \mu = \phi(Z_{t-1} - \mu) + a_t$$

모형 식별에 의해 시계열 자료가 AR(1)모형을 따르는 것으로 식별되었다고 하자. 그리고 자료로부터 11장에서 익힌 추정법에 의해 모수 μ, ϕ, σ_a^2의 추정값이 구해졌고 이때의 추정값을 $\hat{\mu}$, $\hat{\phi}$, $\hat{\sigma}_a^2$이라 하자. 이제 위의 모형을 다시 적으면

$$a_t = Z_t - \mu - \phi(Z_{t-1} - \mu)$$

가 되고 여기에 추정값을 대입하면 잔차가 구해진다. 즉 잔차는 다음과 같이 구해진다.

$$\hat{a}_t = Z_t - \hat{\mu} - \hat{\phi}(Z_{t-1} - \hat{\mu}) = Z_t - \hat{\phi} Z_{t-1} - \hat{\mu} + \hat{\phi}\hat{\mu}$$

여기서 Z_t는 관찰값, $\hat{\phi} Z_{t-1} - \hat{\mu} + \hat{\phi}\hat{\mu}$은 추정값으로 고정된 값이다.

AR(2)모형

$$Z_t - \mu = \phi_1(Z_{t-1} - \mu) + \phi_2(Z_{t-2} - \mu) + a_t$$

즉,

$$a_t = Z_t - \phi_1 Z_{t-1} - \phi_2 Z_{t-2} - \mu + \phi_1\mu + \phi_2\mu$$

가 되고 잔차는 앞 식에 모수의 추정값을 대입함으로써 구해진다. 따라서 잔차

$$\widehat{a_t} = Z_t - \widehat{\phi}_1 Z_{t-1} - \widehat{\phi}_2 Z_{t-2} - \widehat{\mu} + \widehat{\phi}_1\widehat{\mu} + \widehat{\phi}_2\widehat{\mu}$$

이 된다.

이상에서 보듯이 AR(p)모형의 경우는 잔차를 쉽게 구할 수 있다. 이제 MA모형에서의 잔차를 구해보자. 먼저 MA(1)모형을 살펴보자.

MA(1)모형

$$Z_t - \mu = a_t - \theta a_{t-1}$$

MA모형에서 잔차를 구하는 방법은 두 가지가 있다. 첫 번째 방법은 MA모형을 AR모형으로 바꾸어 주는 것으로 우리는 이미 8장에서 가역성을 만족하는 MA모형은 AR모형으로 바꿀 수 있음을 배웠다. 먼저 모형을 후진연산자를 사용하여 표시하면 다음과 같다.

$$Z_t - \mu = (1 - \theta B)a_t$$

따라서

$$\begin{aligned} a_t &= \frac{1}{(1-\theta B)}(Z_t - \mu) \\ &= Z_t - \mu + \theta(Z_{t-1} - \mu) + \theta^2(Z_{t-2} - \mu) + \cdots \end{aligned}$$

가 된다. 여기에 모수 μ, θ의 추정치를 대입하면 잔차를 얻을 수 있다. 즉

$$\widehat{a_t} = Z_t - \widehat{\mu} + \widehat{\theta}(Z_{t-1} - \widehat{\mu}) + \widehat{\theta}^2(Z_{t-2} - \widehat{\mu}) + \cdots$$

에서 $Z_0 = Z_{-1} = Z_{-2} = \cdots = \widehat{\mu}$ 를 대입하면

$$\widehat{a_1} = Z_1 - \widehat{\mu}$$

$$\widehat{a_2} = Z_2 - \widehat{\mu} + \widehat{\theta}(Z_1 - \widehat{\mu})$$

$$\vdots$$

$$\widehat{a_n} = Z_n - \widehat{\mu} + \widehat{\theta}(Z_{n-1} - \widehat{\mu}) + \widehat{\theta}^2 (Z_{n-2} - \widehat{\mu}) + \cdots + \widehat{\theta}^{n-1} (Z_1 - \widehat{\mu})$$

이 된다.

잔차를 구하는 두 번째 방법은 반복적으로 구하는 방법으로

$$\widehat{a_t} = Z_t - \widehat{\mu} + \widehat{\theta}\widehat{a_{t-1}} \tag{12.1}$$

(12.1)식을 반복적으로 사용하면서 잔차를 구하는 것이다. 예를 들면 $\widehat{a_1} = Z_1 - \widehat{\mu}$을 사용하여 $\widehat{a_1}$을 구하고 이 값을 $\widehat{a_2} = Z_t - \widehat{\mu} + \widehat{\theta}\widehat{a_1}$에 대입하여 $\widehat{a_2}$를 구한다. 이와 같이 전 시점의 잔차를 이용하면 쉽게 현 시점의 잔차를 구할 수 있다.

MA(2)모형

$$Z_t - \mu = a_t - \theta_1 a_{t-1} - \theta_2 a_{t-2}$$

이 모형에서도 역시 AR모형으로 바꾸어 줌으로써 잔차를 구할 수 있다. 이 모형을 후진연산자로 표시하면 다음과 같다.

$$Z_t - \mu = (1 - \theta_1 B - \theta_2 B^2) a_t$$

따라서 $a_t = \frac{1}{1 - \theta_1 B - \theta_2 B^2}(Z_t - \mu)$가 되고 모수 μ, θ_1, θ_2의 추정치를 대입하면 역시 잔차를 구할 수 있다. MA(2)모형에서도 MA(1)모형에서처럼 전 시점에서 구해진 잔차를 반복적으로 사용하면 쉽게 잔차를 구할 수 있다. 즉

$$\widehat{a_t} = Z_t - \widehat{\mu} + \widehat{\theta_1}\ \widehat{a}_{t-1} + \widehat{\theta_2}\ \widehat{a}_{t-2}$$

를 사용하면 된다.

ARMA(p, q)모형

$$(1-\phi_1 B-\phi_2 B^2-\cdots-\phi_p B^p)Z_t=(1-\theta_1 B-\theta_2 B^2-\cdots-\theta_q B^q)a_t$$

여기서 $1-\phi_1 B-\phi_2 B^2-\cdots-\phi_p B^p=\Phi(B)$,

$1-\theta_1 B-\theta_2 B^2-\cdots-\theta_q B^q=\Theta(B)$이라 하면,

$$\Phi(B)Z_t=\Theta(B)a_t$$

로 나타낼 수 있다. 따라서 오차는

$$a_t=\Theta(B)^{-1}\Phi(B)Z_t$$

가 되고 잔차는 모수의 추정치를 대입한 것으로 다음과 같다.

$$\widehat{a_t}=\widehat{\Theta}(B)^{-1}\widehat{\Phi}(B)Z_t=Z_t-\sum_{j=1}^{\infty}\widehat{\Pi}_j Z_{t-j}.$$

위에서와 마찬가지로 반복적인 방법으로도 잔차를 구할 수 있으며 실제로 잔차를 구하기 위해서는 반복적인 방법으로 구하는 것이 쉽다. 그러나 이론을 살펴보기 위해서는 AR 모형으로 바꾸는 것이 일반적이다.

다음은 위에서 언급한 반복적인 방법으로 ARMA(1,1)모형에서 잔차를 구하는 방법이다.

ARMA(1,1)모형

$$Z_t-\mu=\phi(Z_{t-1}-\mu)+a_t-\theta a_{t-1}$$

이 모형을 다시 쓰면

$$a_t=Z_t-\mu-\phi(Z_{t-1}-\mu)+\theta a_{t-1}$$

이 되므로 잔차는

$$\widehat{a_t} = Z_t - \hat{\mu} - \hat{\phi}(Z_{t-1} - \hat{\mu}) + \hat{\theta}\widehat{a_{t-1}}$$

이 된다. 여기서 $\hat{\mu}$, $\hat{\phi}$, $\hat{\theta}$은 추정값들이고 Z_t, Z_{t-1}은 자료로 주어지며 $\widehat{a_{t-1}}$은 전 시점의 잔차이다. 이 방법을 반복적으로 사용하면 모든 시점의 잔차를 구할 수 있다.

다음의 예제를 통하여 잔차를 구해보도록 하자.

[예제 12.1] 시계열 자료가 다음과 같이 주어져 있다.

시점(t)	1	2	3	4	5	6	7
자 료	4	-3	-2	5	2	3	6

이 시계열이 AR(1)모형을 따른다고 가정할 때 모수를 추정하고 잔차를 구하라.

풀이 AR(1)모형 중에서 평균이 '0'이 아닌 모형을 사용하도록 하자. 즉

$$\text{모형 : } Z_t - \mu = \phi(Z_{t-1} - \mu) + a_t$$

11장에서 익힌 추정법 중에서 적률추정법을 사용하면 추정값은 다음과 같다.

$$\hat{\mu} = \overline{Z} = 2.143$$

$$\hat{\sigma}(0) = s^2 = \frac{\sum_{t=1}^{7}(Z_t - \overline{Z})^2}{6} = 11.81$$

$$r_1 = \frac{\sum_{t=2}^{7}(Z_t - \overline{Z})(Z_{t-1} - \overline{Z})}{\sum_{t=1}^{7}(Z_t - \overline{Z})^2} = \frac{2.695}{11.81} = 0.2281$$

따라서 추정값 $\hat{\phi} = r_1 = 0.2281$이 된다.

다음으로 잔차를 구해 보면

$$\widehat{a_1} = Z_1 - \widehat{\mu} = 4 - 2.143 = 1.857$$

$$\widehat{a_2} = Z_2 - \widehat{\mu} - \widehat{\phi}(Z_1 - \widehat{\mu})$$

$$= -3 - 2.143 - 0.2281 \times (4 - 2.143) = -5.567$$

$$\vdots$$

$$\widehat{a_7} = Z_7 - \widehat{\mu} - \widehat{\phi}(Z_6 - \widehat{\mu}) = 6 - 2.143 - 0.2281 \times (3 - 2.143) = 3.662$$

가 된다.

[예제 12.2] ([예제 12.1] 연속) 위의 자료가 MA(1)모형을 따른다고 할 때 모수를 추정하고 잔차를 구하라.

풀이 평균이 '0'이 아닌 MA(1)모형은 다음과 같다.

$$모형 :\ Z_t - \mu = a_t - \theta a_{t-1}$$

적률추정법으로 모수를 추정하면

$$\widehat{\mu} = \overline{Z} = 2.143$$

$$\widehat{\theta} = \frac{-1 \pm \sqrt{1 - 4r_1^2}}{2r_1} = \frac{-1 \pm \sqrt{1 - 4 \times 0.2281^2}}{2 \times 0.2281} = -0.241,\ -4.14$$

따라서 가역성을 만족하는 근을 구하면 $\widehat{\theta} = -0.241$이 된다.
이제 잔차를 구하자.

$$\widehat{a_1} = Z_1 - \widehat{\mu} = 4 - 2.143 = 1.857$$

$$\widehat{a_2} = Z_2 - \widehat{\mu} + \widehat{\theta}\widehat{a_1} = -3 - 2.143 - 0.241 \times 1.857 = -5.59$$

$$\widehat{a_3} = Z_3 - \widehat{\mu} + \widehat{\theta}\widehat{a_2} = -2 - 2.143 - 0.241 \times (-5.59) = -2.79$$

$$\vdots$$

등으로 구할 수 있다.

12.2 그림을 이용한 잔차분석

앞 절에서 구한 잔차 $\widehat{a_t}$은 모형이 잘 선택되었고 모수 추정이 잘 되었으면 평균이 '0'이고 분산이 σ_a^2인 오차와 비슷할 것이다. 이를 알아보기 위하여 먼저 잔차를 다음과 같이 표준화한다.

$$\text{잔차의 표준화} : \quad \frac{\widehat{a_t} - \overline{\widehat{a_t}}}{\widehat{\sigma_{a_t}}}$$

위의 표준화된 잔차를 이용하여

(1) 그림을 그린다.
(2) 히스토그램을 그려본다.
(3) 정규확률지에 그려본다.

먼저 표준화된 잔차를 새로운 시계열 자료처럼 그림을 그린다. 이 그림에서는 시간이 흐르면서 분산이 증가하거나 감소하거나 하는 경향이 있는지 주의해서 살펴보아야 한다. 즉 분산이 일정한가를 살펴보아야 한다. 또한 추세가 있는지도 살펴보아야 한다. 만약 분산이 일정하지 않거나 추세가 존재하면 분석이 잘되었다고 할 수가 없고, 이러한 경우에는 변환이나 차분 등을 고려하여 다시 분석을 하여야 한다.

다음으로 히스토그램이나 정규확률지를 이용하여 자료가 정규분포와 유사한지 아니면 대칭이 아닌 분포인지를 확인한다. 대칭을 만족하는 경우에는 별 문제가 없으나 비대칭인 경우에는 변환을 하여 다시 분석을 하는 것이 더 좋은 결과를 얻을 수 있다.

다음은 SAS / PROC UNIVARIATE를 사용하여 잔차를 분석한 프로그램이다.

프로그램 예제 12.1

```
Data TEST;
  x=0;
do i = 1 to 100;
  x = 0.7*x + rannor(0);
```

```
  output;
end;
Proc ARIMA;
  i var=x;
  e p=1;
  forecast id=i out=result;
run;
Proc univariate data=result plot normal;
  var residual;
run;

symbol1 v=none i=join l=1;
proc gplot data=result;
  plot residual*i;
run;
```

12.3 잔차들의 자기상관함수와 부분자기상관함수

시계열 분석에서는 오차, 즉 백색잡음이 독립이라는 가정 하에서 분석을 한다. 일반적으로 오차의 독립을 검정하기 위하여 잔차의 자기상관함수와 부분자기상관함수가 사용된다.

먼저 백색잡음과정의 분산은 다음과 같다.

> 백색잡음의 경우, 즉 $a_t \overset{iid}{\sim} (0,\ \sigma_a^2)$인 경우 표본 자기상관함수 r_k는 점근적으로 기대값은 0이고 $\mathrm{Var}(r_k) \approx \dfrac{1}{n}$ 이다.

이제 오차의 추정치인 잔차들의 자기상관함수를 $\widehat{r_k},\ k = 1, 2, \cdots$라 하자. 물론 ARMA 모형에서 잔차에 대한 자기상관함수의 기대값은 점근적으로 '0'이다. 그러나 각각의 모형에서 잔차에 대한 자기상관함수의 분산은 서로 다르게 나온다. 다음이 각 모형에서 얻어진 잔차에 대한 자기상관함수의 분산이다.

AR(1)모형

AR(1)모형에서 자료의 개수 n이 큰 경우 식별과 추정이 잘 되었으면 잔차에 대한 자기상관함수의 분산은 다음과 같다.

$$\mathrm{Var}(\widehat{r}_1) \approx \frac{\phi^2}{n}$$

$$\mathrm{Var}(\widehat{r}_k) \approx \frac{1-(1-\phi^2)\phi^{2k-2}}{n}, \quad k=2,3,\cdots$$

$$\mathrm{Corr}(\widehat{r}_1, \widehat{r}_k) \approx -\,\mathrm{sign}(\phi)\frac{(1-\phi^2)\phi^{k-2}}{1-(1-\phi^2)\phi^{2k-2}}, \quad k=2,3,\cdots$$

여기서 $sign(\phi)$는 ϕ의 부호를 나타낸다. 위의 식을 살펴보면, 자료의 수 n이 크고 시차 k가 1보다 크면 $\widehat{r}_k$의 분산은 $\frac{1}{n}$에 근사한다.

AR(2)모형

$$\mathrm{Var}(\widehat{r}_1) \approx \frac{\phi_2^2}{n}$$

$$\mathrm{Var}(\widehat{r}_2) \approx \frac{1}{n}\{\phi_2^2+\phi_1^2(1+\phi_2^2)^2\}$$

$$\mathrm{Var}(\widehat{r}_k) \approx \frac{1}{n}, \quad k=3,4,5,6,\cdots$$

MA(1)모형

$$\mathrm{Var}(\widehat{r}_1) \approx \frac{\theta^2}{n}$$

$$\mathrm{Var}(\widehat{r_k}) \approx \frac{1}{n}\{1-(1-\theta^2)\theta^{2k-2}\}$$

$$\mathrm{Corr}(\widehat{r_1},\ \widehat{r_k}) \approx \mathrm{sign}(\theta)\frac{(\theta^2-1)\theta^{k-2}}{1-(1-\theta^2)\theta^{2k-2}}$$

MA(2)모형

$$\mathrm{Var}(\widehat{r_1}) \approx \frac{\theta_2^2}{n},\quad \mathrm{Var}(\widehat{r_2}) \approx \frac{1}{n}\{\theta_2^2+\theta_1^2(1+\theta_2)^2\}$$

$$\mathrm{Var}(\widehat{r_k}) \approx \frac{1}{n},\quad k=3,4,5,\cdots$$

앞의 결과에서 보듯이 잔차들에 대한 자기상관함수의 분산은 약 $\frac{1}{n}$ 이다. 이 분산을 이용하여 자기상관함수의 신뢰구간을 구할 수 있으며, 이 신뢰구간 안에 자기상관함수가 포함이 되면 각 자기상관함수는 통계적으로 '0'이라 판단할 수 있다. 전 차수에 걸쳐 자기상관함수가 '0'이라고 판단이 되면 모형의 식별과 추정이 잘 되었다고 판단할 수 있게 된다. 또한 SAS/PROC ARIMA를 이용하면 잔차의 SACF, SPACF가 그림으로 나타난다. SAS에서는 신뢰구간을 점선으로 표시해 주기 때문에 이를 쉽게 검정할 수 있다. 잔차의 SACF와 SPACF를 출력하기 위해서는 'estimate'문에 'plot'을 추가하면 된다.

프로그램 예제 12.2

```
Data TEST;
  x=0;
do i = 1 to 100;
  x = 0.7*x + rannor(0);
  output;
end;
Proc ARIMA;
  i var=x;
  e p=1 plot;
run;
```

12.4 퍼트맨토우 (Portmanteau)검정

12.3절에서는 잔차들의 자기상관함수를 조사함으로써 모형의 적합성을 검진했다. 이 방법의 가장 큰 단점은 각각의 시차별 자기상관함수가 '0'인지 아닌지를 검정한다는 것이다. 그러나 모형의 적합성 검정은 잔차들의 시차가 1 이상인 모든 자기상관함수들이 모두 '0'임을 검정하는 것으로, 주어진 유의수준 α에서 동시검정을 해야한다. 시차별 자기상관함수를 이용한 검정의 단점을 보완하기 위한 검정법이 퍼트맨토우 (portmanteau) 검정이다.

퍼트맨토우 검정

$$Q^* = n(n+2)\sum_{i=1}^{k}\frac{1}{n-i}\hat{r}_i^2$$

여기서 $Q^* \sim \chi^2_{k-p-q}$를 따른다.

일반적으로 퍼트맨토우 검정은 여러 가지가 있으나 그 중에서도 위에서 정의된 Q^*를 변형된 퍼트맨토우 통계량 또는 변형된 Box-Pierce 통계량이라 하고, 결국 잔차의 자기상관함수를 구함으로써 우리는 적합된 모형이 좋은지 나쁜지를 검정할 수 있다. 이 퍼트맨토우 검정의 장점은 계산이 쉽다는 것이다. 그러나 검정법에 있어서 중요한 검정력이 약하다는 단점이 있다. 따라서 퍼트맨토우 검정을 모형 검진에 있어서 하나의 방법으로 생각하는 것이 바람직하다. SAS/PROC ARIMA를 사용하게 되면 이 퍼트맨토우 검정 통계량과 유의확률(p-value)을 기본적으로 출력해 준다. 여기서 p-value값이 0.05보다 크면 클수록 모형이 잘 선택되고 분석이 잘 된 것으로 판단하면 된다.

12.5 과대적합

모형검진의 또 다른 방법의 하나로 자료를 더 큰 모형에 적합시키는 방법이 있다. 즉 모형 식별과 모수 추정을 거쳐 잠정적으로 어떤 모형이 선택되었다면 이 모형을 포함한 더 높은 차수의 모형을 적합시켜 보는 방법이다. 만약 잠정적으로 정한 모형이 타당하다면 추가로 들어간 부분이 모형에 영향을 미치지 않게 될 것이고 따라서 새로 추가된 부분의 모수 추정량은 '0'에 가깝게 될 것이다. '0'이라는 통계적인 판단은 11장에서 익힌 추정량의 성질을 이용하여 검정할 수 있다. 또한 새로 추가된 부분이 기존의 모형에 영향을 주지 않기 때문에 기존에 있던 모수의 추정량은 변동이 없을 것이다. 예를 들어 잠정적으로 AR(1)모형이 결정되었다면 AR(2), AR(3) 또는 ARMA(1,1)모형을 적합시켜 보는 것이 과대적합 방법이다.

[예제 12.3] 잠정모형이 다음의 AR(1)모형, $Z_t-\mu=\phi(Z_t-\mu)+a_t$라 할 때 과대적합을 하는 방법을 기술하라.

풀이 잠정 모형이 AR(1)모형이므로 AR(2), ARMA(1,1) 등을 적합시킨다. AR(2)모형을 과대적합 시켰을 경우

(1) 모형에서 모수를 추정한다.

$$Z_t-\widehat{\mu}=\widehat{\phi_1}(Z_{t-1}-\widehat{\mu})+\widehat{\phi_2}(Z_{t-2}-\widehat{\mu})+a_t$$

(2) 추정된 결과를 이용하여 $\phi_2=0$을 검정한다.

(3) $\widehat{\phi_2}\approx 0$이고 또한 AR(1)모형에서 추정한 표본평균 그리고 추정된 계수 $\widehat{\phi}$와 AR(2)모형에서 구한 표본평균, 그리고 회귀계수 $\widehat{\phi_1}$이 비슷하면 AR(1) 모형이라 판단한다.

【ARMA(1,1)을 과대적합 시켰을 경우】

(1) 모형에서 모수를 추정한다.

$$Z_t-\widehat{\mu}=\widehat{\phi_1}(Z_{t-1}-\widehat{\mu})+a_t-\widehat{\theta}a_{t-1}$$

(2) 추정된 결과를 이용하여 $\theta_1=0$를 검정한다.

(3) 위의 검정에서 $\theta_1=0$이라는 판정이 나오고 다른 추정값들에 대한 변동이 거의 없

으면 역시 AR(1)모형이라 판단하면 된다. 만약 위의 결과에서 AR(1) 모형이 아니라는 결과가 나오면 모형식별을 다시 하여야 한다.

다음은 SAS/PROC ARIMA를 사용하여 과대 적합을 시킨 후 모형의 검진을 수행하는 프로그램이다.

프로그램 예제 12.3

```
Data TEST;
  x=0;
do i=1 to 200;
  seed=12341;
  x=0.7*x+normal(seed);
  output;
end;
Proc ARIMA;
  i var=x;
  e p=1 plot;
  e p=2 plot;
  e p=1 q=1 plot;  run;
```

12.6 모수과다

ARMA모형은 더 높은 차수의 ARMA모형의 특별한 경우로 생각할 수 있다. 자료에 관한 특별한 이유가 없는 한 적은 수의 모수를 사용하여 모형을 설정하는 것이 바람직하며 이러한 원칙은 다른 통계분석에서도 적용된다. 원래의 모형에 비해 더 높은 차수의 모형을 적합시키는 것을 과대적합이라 하며 앞 절에서 익혔다. 이 절에서는 과대적합 방법을 이용하여 모형 선택을 할 경우 발생할 수 있는 모수과다의 문제를 살펴보기로 하자.

일반적인 ARMA(p, q)모형을 살펴보자.

$$Z_t = \phi_1 Z_{t-1} + \phi_2 Z_{t-2} + \cdots + \phi_p Z_{t-p} + a_t - \theta_1 a_{t-1} - \cdots - \theta_q a_{t-q}$$

이 모형을 후진연산자를 사용하여 표시하면 다음과 같다.

$$(1-\phi_1 B-\phi_2 B^2-\cdots-\phi_p B^p)Z_t=(1-\theta_1 B-\theta_2 B^2-\cdots-\theta_q B^q)a_t$$

위의 모형이 ARMA(p, q)모형이 되려면 AR부분의 특성방정식의 근과 MA부분의 특성방정식의 근이 서로 달라야 한다. 따라서 ARMA(p, q) 모형에서 AR부분의 특성방정식의 근과 MA부분의 특성방정식의 근을 비교해서 만약 같은 근이 있는 경우 이를 약분해 주어야 한다. 예를 들어 하나의 근이 공통으로 AR부분과 MA부분에 있다면 이는 ARMA(p, q)모형이 아니라 ARMA($p-1,\ q-1$)모형이 되는 것이다. 이렇게 함으로써 적은 수의 모수를 사용한 모형이 만들어지게 된다. 다음의 예제를 이용하여 이를 살펴보자.

[예제 12.4] 어떤 시계열 자료가 다음과 같다. 모형을 식별하라.

$$Z_t=Z_{t-1}+a_t-a_{t-1}$$

풀이 위의 모형을 후진연산자를 사용하여 표시하면 다음과 같다.

$$(1-B)Z_t=(1-B)a_t$$

이 모형에 같은 근이 있으므로 이를 약분하면 $Z_t=a_t$가 된다. 따라서 Z_t는 백색잡음과정이 된다.

[예제 12.5] 다음의 ARMA(1,1)모형, $Z_t=\phi_1 Z_{t-1}+a_t-\theta_1 a_{t-1}$에서 $\phi_1=\theta_1$일 경우의 모형을 말하라.

풀이 먼저 ARMA(1,1)모형에서 분산과 자기상관함수를 구하면 다음과 같다.

$$\sigma(0)=\frac{(1-2\theta_1\phi_1+\theta_1^2)}{1-\phi_1^2}\sigma_a^2=\frac{1-\phi_1^2}{1-\phi_1^2}\sigma_a^2=\sigma_a^2$$

$$\rho_k=\frac{(1-\theta_1\phi_1)(\phi_1-\theta_1)}{1-2\phi_1\theta_1+\theta_1^2}\phi_1^{k-1}=0$$

자기상관함수에 의하면 이 모형은 백색잡음과정이 된다. 따라서 $\phi_1=\theta_1$인 경우 $Z_t-\phi_1 Z_{t-1}=a_t-\theta_1 a_{t-1}$은 백색잡음과정이 된다.

이제 후진연산자를 이용하여 모형을 찾도록 하자. 먼저 모형을 후진연산자를 사용하여 표시하면 다음과 같다.

$$(1-\phi_1 B)Z_t = (1-\theta_1 B)a_t$$

주어진 조건이 $\phi_1 = \theta_1$이므로 약분을 하면 $Z_t = a_t$가 되므로 Z_t는 백색잡음과정이다.

[예제 12.5]를 다시 살펴보도록 하자. 먼저 백색잡음과정의 양변에 ϕ_1을 곱하고 차분을 하자. 즉

$$\begin{aligned} Z_t &= a_t && (\text{white noise}) \\ \phi_1 Z_{t-1} &= \phi_1 a_{t-1} = \theta_1 a_{t-1} && (\text{white noise}) \\ Z_t - \phi_1 Z_{t-1} &= a_t - \theta_1 a_{t-1} && \text{ARMA}(1,1) \end{aligned}$$

마지막 식을 살펴보면 백색잡음과정이 ARMA(1,1)의 모형식을 갖는다는 것을 알 수 있다. 이는 AR부분의 특성방정식의 근과 MA부분의 특성방정식의 근이 일치할 경우에는 약분을 해서 작은 차수의 모형을 찾아야 하는 이론적인 근거를 제시해 주고 있다.

모형의 검진에 있어서 위의 내용은 중요하다. 왜냐하면 모형검진을 위한 하나의 방법으로 과대적합이 사용되기 때문이다. 과대적합을 사용할 경우 AR부분과 MA부분의 차수를 동시에 증가시키면 모수과다의 문제가 발생할 수도 있다. 모수과다 문제에서 이론적으로는 AR부분의 근과 MA부분의 근이 같게 나오기 때문에 약분을 통하여 쉽게 이를 제거할 수 있지만 실제 자료에 있어서는 오차의 영향으로 근이 같지 않게 나오기 때문에 모수과다를 판단하는 것이 쉬운 일은 아니다. 모수과다 문제를 해결하기 위하여 일반적으로 다음의 두 가지를 사용하고 있다.

(1) 최초의 모형 선택에 유의 : 복잡한 모형보다는 간단한 모형으로(모수 절약의 원칙).

(2) AR부분의 차수와 MA부분의 차수를 동시에 증가시키지 않는다.

13 예 측

주어진 시계열을 모형화하는 중요한 목적 중의 하나는 얻어진 모형을 이용하여 미래의 값을 예측하는 것이다. 미래의 값을 예측하는 방법은 여러 가지가 있으나 이 장에서는 ARIMA모형을 기본으로 한 예측을 다루기로 한다. 일반적으로 예측은 모형의 식별, 모수의 추정 및 모형의 검진을 거쳐 '우리가 만든 모형이 타당하다' 라는 조건하에서 이루어진다. 자료의 개수가 많은 경우에 자료를 잘 설명하는 모형을 찾는 것은 어려운 일이 아니며 모수의 추정량 또한 자료가 많은 경우 실제의 모수 값과 일치하기 때문에 위의 조건을 만족시키는 것은 어려운 것이 아니다.

13.1 최소평균제곱오차예측 (Minimum mean square error forecast)

자료로부터 모형이 설정되었고 또한 모수 추정도 이루어졌다고 하자. 예측은 모형이 타당하다는 가정 하에서 이루어지므로 모수의 추정값을 참값이라 가정하고 예측을 한다. 예측 방법에는 여러 가지가 있으나 그 중에서도 가장 많이 사용되는 방법이 최소평균제곱오차 예측을 살펴보자. 예측이란 t시점까지의 시계열 자료 $Z_1, Z_2, \cdots, Z_t$를 가지고 k시점 앞의 값 Z_{t+k}를 알아내는 것으로 여기서 시점 t를 예측의 기점(origin)이라 하고 k를 선시차(lead time)라 한다. 다음의 정리는 예측 이론에서 가장 중요한 것이니 알아두기 바란다.

정리 13.1

기점이 t이고 선시차가 k인 시계열 $Z_1, Z_2, \cdots, Z_t$의 최소평균제곱오차예측은 다음과 같다.

$$\widehat{Z}_t(k) = \mathrm{E}(Z_{t+k} | Z_t, Z_{t-1}, \cdots, Z_1)$$

정리를 살펴보면 최소평균제곱오차예측에서 자료 $Z_1, Z_2, \cdots, Z_t$가 주어졌을 때 k시점 앞의 시계열 예측값은 Z_{t+k}의 조건부 기대값으로 나타난다. 일반적으로 조건부 기대값을 구하는 것은 쉽지 않으나 모형이 결정된 후의 예측에서 사용되는 조건부 기대값은 쉽게 구할 수 있다. 조건부 기대값은 모형에 따라 달라지기 때문에 각각의 모형에 대하여 살펴보기로 하고 이후 본 교재에서의 예측은 최소평균제곱오차예측을 의미한다.

이제 얻어진 예측값이 얼마나 믿을 수 있느냐를 평가하는데 사용되는 예측오차에 대하여 살펴보자. 여기서 예측오차는 실제값과 예측값의 차이를 말한다. 즉

예측오차 = 실제값 - 예측값

간단히 예측오차와 잔차를 비교하여 보자. 먼저 잔차는 모형이 잘 선택되었고 모수의 추정이 잘 되었는지를 평가하는데 사용된다. 이에 반하여 위에서도 언급하였듯이 예측오차는 예측의 정확성을 평가하는데 사용된다. 다음으로 잔차는 자료와 적합값으로 계산을 할 수 있으나 예측값은 주어진 값이 없기 때문에 계산할 수 없게 된다. 따라서 모형 검진을 위해 잔차가 직접 사용되는 반면에 예측을 평가하기 위해서는 계산이 가능한 예측오차의 기대값과 분산을 이용하게 된다.

다음으로 예측오차를 구하는 방법에 관하여 살펴보자. 먼저 기점이 t일 때 전방 k단계 예측오차를 $e_t(k)$라 표시하면 k단계 예측오차

$$e_t(k) = Z_{t+k} - \widehat{Z}_t(k)$$

이다. 예측오차의 기대값은 모형에 상관없이 '0'이 되며 분산은 모형에 따라 다르게 나타난다. 또한 정상 시계열일 경우 예측오차의 분산은 상한이 정해져 있으며 이는 예측의 타당성을 말해주고 있다.

13.2 ARIMA 모형에 대한 예측

13.2.1 AR(1)모형

다음과 같은 AR(1)모형을 살펴보자.

$$Z_t - \mu = \phi(Z_{t-1} - \mu) + a_t$$

[정리 13.1]을 사용하여 선시차가 1인 최소평균제곱오차예측을 구하면 다음과 같다.

$$\begin{aligned} \widehat{Z}_t(1) &= \mathrm{E}[Z_{t+1}|Z_t, Z_{t-1}, \cdots, Z_1] = \mathrm{E}[\phi(Z_t - \mu) + \mu + a_{t+1}|Z_t, Z_{t-1}, \cdots, Z_1] \\ &= \phi(Z_t - \mu) + \mu + \mathrm{E}[a_{t+1}|Z_t, Z_{t-1}, \cdots, Z_1] \\ &= \phi(Z_t - \mu) + \mu \end{aligned}$$

여기서 a_{t+1}과 $Z_t, Z_{t-1}, \cdots Z_1$이 독립이므로

$$\mathrm{E}[a_{t+1}|Z_t, Z_{t-1}, \cdots, Z_1] = \mathrm{E}[a_{t+1}] = 0$$

이 성립한다.

다음으로 선시차가 2인 최소평균제곱오차예측을 구하면 다음과 같다.

$$\begin{aligned}\hat{Z}_t(2) &= \mathrm{E}[Z_{t+2}|Z_t, Z_{t-1}, \cdots, Z_1] \\ &= \mathrm{E}[\phi(Z_{t+1}-\mu)+\mu+a_{t+2} \mid Z_t, Z_{t-1}, \cdots, Z_1] \\ &= \mathrm{E}[\phi(Z_{t+1}-\mu) \mid Z_t, Z_{t-1}, \cdots, Z_1]+\mu \\ &= \phi\mathrm{E}[Z_{t+1}-\mu \mid Z_t, Z_{t-1}, \cdots, Z_1]+\mu \\ &= \phi\mathrm{E}[Z_{t+1}|Z_t, Z_{t-1}, \cdots, Z_1]-\phi\mu+\mu \\ &= \phi\hat{Z}_t(1)-\phi\mu+\mu \\ &= \phi[\phi(Z_t-\mu)+\mu]-\phi\mu+\mu \\ &= \phi^2(Z_t-\mu)+\mu\end{aligned}$$

마지막으로 선시차가 k인 최소평균제곱오차예측을 구하자.

선시차가 2인 예측에서 계산과정 중간에 $\hat{Z}_t(2)-\mu=\phi(\hat{Z}_t(1)-\mu)$가 나온다. 이 방법을 이용하면 k차 최소제곱평균오차예측을 위한 계산 과정에 다음의 식이 나오게 된다. (연습문제)

$$\hat{Z}_t(k)-\mu=\phi(\hat{Z}_t(k-1)-\mu)$$

이 식은 초기항이 $\phi(Z_t-\mu)$이고 공비가 ϕ인 등비 수열이다. 따라서 선시차가 k인 최소평균제곱오차예측

$$\hat{Z}_t(k)=\phi^k(Z_t-\mu)+\mu$$

가 된다.

이제 위에서 얻어진 선시차가 k인 최소평균제곱오차예측을 살펴보자. 먼저 이 시계열이 정상성 조건을 만족한다고 가정하자. 그러면 ϕ가 $|\phi|<1$을 만족하므로 선시차 k가 크면 ϕ^k이 '0'에 가깝게 되고 따라서 최소평균제곱오차예측은 평균에 수렴하게 될 것이다. 즉 선시차 k가 큰 경우

$$\hat{Z}_t(k)\approx\mu$$

가 된다. 이 근사식은 정상성을 만족하는 AR(1)모형 뿐만 아니라 모든 정상성을 만족하는 ARMA(p, q)모형에서도 성립된다. 따라서 정상성을 만족하는 시계열의 장기적인 예측값은 주어진 시계열의 평균값이 된다.

AR(1)모형에서의 전방 1단계 예측오차 (one step ahead forecast error)는 다음과 같다.

$$\begin{aligned} e_t(1) &= Z_{t+1} - \widehat{Z}_t(1) \\ &= \phi(Z_t - \mu) + \mu + a_{t+1} - [\phi(Z_t - \mu) + \mu] = a_{t+1} \end{aligned}$$

따라서 예측오차의 기대값과 분산은 다음과 같다.

$$\begin{aligned} \mathrm{E}(e_t(1)) &= \mathrm{E}(a_{t+1}) = 0 \\ \mathrm{Var}(e_t(1)) &= \mathrm{Var}(a_{t+1}) = \sigma_a^2 \end{aligned}$$

일반적으로 전방 k단계 예측오차는

$$\begin{aligned} e_t(k) &= Z_{t+k} - \mu - (\widehat{Z}_t(k) - \mu) \\ &= Z_{t+k} - \mu - \phi^k(Z_t - \mu) \end{aligned}$$

이다. 여기서

$$Z_t - \mu = a_t + \phi a_{t-1} + \phi^2 a_{t-2} + \cdots$$

이므로

$$\begin{aligned} Z_{t+k} - \mu &= a_{t+k} + \phi a_{t+k-1} + \phi^2 a_{t+k-2} + \cdots + \phi^k a_t + \cdots \\ \phi^k(Z_t - \mu) &= \phi^k a_t + \phi^{k+1} a_{t-1} + \phi^{k+2} a_{t-2} + \cdots \end{aligned}$$

이 성립한다. 결국 전방 k단계 예측오차는 다음과 같다.

$$e_t(k) = a_{t+k} + \phi a_{t+k-1} + \phi^2 a_{t+k-2} + \cdots + \phi^{k-1} a_{t+1}$$

또한 예측오차의 기대값과 분산을 구하면 다음과 같다.

$$E(e_t(k)) = 0$$

$$\mathrm{Var}(e_t(k)) = \sigma_a^2 + \phi^2\sigma_a^2 + \cdots + \phi^{2(k-1)}\sigma_a^2 = \sigma_a^2 \frac{1-\phi^{2k}}{1-\phi^2}$$

위의 식에서 k가 충분히 큰 경우에는 $\mathrm{Var}(e_t(k)) \approx \frac{\sigma_a^2}{1-\phi^2} = \mathrm{Var}(Z_t)$가 된다. 즉 예측오차의 분산을 보면 선시차 k가 아무리 커져도 예측오차의 분산은 $\mathrm{Var}(Z_t)$보다 작다. 이는 예측오차에 상한이 있다는 의미이고 예측에 의미를 부여하는 중요한 결과이다.

다음 예제를 통하여 예측과 예측오차를 살펴보자.

[예제 13.1] 다음의 시계열을 고려하자.

$$\text{모형 : } Z_t - 10.2 = 0.7(Z_{t-1} - 10.2) + a_t$$

여기서 $Z_{100} = 10.6$이고 $\sigma_a^2 = 20$이다.

(1) 전방 1단계 최소평균제곱오차예측을 하고 예측오차를 구하여라.
(2) 전방 10단계 최소평균제곱오차예측을 하고 예측오차의 분산을 구하여라.

풀이 (1) 전방 1단계 예측은 $\widehat{Z}_t(1) = \phi(Z_t - \mu) + \mu$이므로

$$Z_{100}(1) = 10.2 + 0.7(10.6 - 10.2) = 10.48$$

이다. 또한 예측 오차는 a_{101}이다.

(2) $\widehat{Z(k)} = \phi^k(Z_t - \mu) + \mu$이므로

$$\widehat{Z_{100}}(10) = 0.7^{10}(10.6 - 10.2) + 10.2 = 10.211$$

이다. 그리고 예측오차의 분산은

$$\mathrm{Var}(e_t(k)) = \sigma_a^2 \frac{1-\phi^{2k}}{1-\phi^2} = 20\frac{1-0.7^{20}}{1-0.7^2} = 39.18$$

이 된다.

13.2.2 MA(1)모형

평균이 '0'이 아닌 MA(1)모형을 고려하자.

$$Z_t = \mu + a_t - \theta a_{t-1}$$

[정리 13.1]을 이용하여 전방 1단계 최소평균제곱오차예측을 하면 다음과 같다.

【전방 1단계 예측】

$$\begin{aligned}\widehat{Z}_t(1) &= \mathrm{E}[Z_{t+1}|Z_t, Z_{t-1}, \cdots, Z_1] = \mathrm{E}[\mu + a_{t+1} - \theta a_t|Z_t, Z_{t-1}, \cdots, Z_1] \\ &= \mu + \mathrm{E}[a_{t+1}|Z_t, Z_{t-1}, \cdots, Z_1] - \theta\mathrm{E}[a_t|Z_t, Z_{t-1}, \cdots, Z_1] \\ &= \mu - \theta a_t\end{aligned}$$

여기서 a_{t+1}과 Z_t, Z_{t-1}, $\cdots$,은 독립이기 때문에

$$\mathrm{E}[a_{t+1}|Z_t, Z_{t-1}, Z_{t-2}, \cdots, Z_1] = 0$$

이 되는 반면 a_t와 Z_t, Z_{t-1}, Z_{t-2}, $\cdots$,는 독립이 아니다. 이를 알아보기 위하여 다음을 살펴보자.

$$Z_t - \mu = a_t - \theta a_{t-1} = (1 - \theta B)a_t$$

이 식을 후진연산자를 이용하여 표시하면

$$\begin{aligned}a_t &= \frac{1}{1 - \theta B}(Z_t - \mu) \\ &= (Z_t - \mu) + \theta(Z_{t-1} - \mu) + \theta^2(Z_{t-2} - \mu) + \cdots\end{aligned}$$

가 된다. 이때 μ, θ, Z_t, Z_{t-1}, $\cdots$,이 알려져 있다면 우리는 a_t를 구할 수 있게 된다. 따라서 Z_{t-k}, $k = 0, 1, 2, \cdots$,가 주어졌을 때의 기대값은 $\mathrm{E}[a_t|Z_t, Z_{t-1}, \cdots] = a_t$이다. 물론 실제 분석에서 우리가 가지고 있는 자료는 Z_1, Z_2, $\cdots$, Z_t이므로 정확하게

$E[a_t|Z_t, Z_{t-1}, \cdots, Z_1] = a_t$는 아니다. 그러나 자료의 개수가 크면 매우 비슷한 값을 갖게되기 때문에 본 교재에서는 $E[a_t|Z_t, Z_{t-1}, \cdots, Z_1] = a_t$를 사용하기로 한다.

다음으로 전방 2단계 예측을 하자. [정리 13.1]에 의해

$$\begin{aligned} \widehat{Z}_t(2) &= E[Z_{t+2}|Z_t, Z_{t-1}, \cdots, Z_1] \\ &= E[\mu + a_{t+2} - \theta a_{t+1}|Z_t, Z_{t-1}, \cdots, Z_1] \\ &= \mu + E[a_{t+2}|Z_t, Z_{t-1}, \cdots, Z_1] - \theta E[a_{t+1}|Z_t, Z_{t-1}, \cdots, Z_1] \\ &= \mu \end{aligned}$$

가 된다. 같은 방법으로 $\widehat{Z}_t(k) = \mu$, $k \geq 2$가 됨을 알 수 있다.

다음으로 전방 1단계 예측오차를 구하면 다음과 같다.

$$e_t(1) = Z_{t+1} - \widehat{Z}_t(1) = \mu + a_{t+1} - \theta a_t - (\mu - \theta a_t) = a_{t+1}$$

또한 $k \geq 2$에서

$$\widehat{Z}_t(k) = E[\mu + a_{t+k} - \theta a_{t+k-1}|Z_t, Z_{t-1}, \cdots] = \mu$$

이므로 전방 k단계 예측오차는 $e_t(k) = Z_{t+k} - \widehat{Z}_t(k) = a_{t+k} - \theta a_{t+k-1}$이 된다. 따라서 예측오차의 분산은 $\mathrm{Var}(e_t(k)) = \sigma_a^2(1+\theta^2) = \mathrm{Var}(Z_t)$이 된다.

[예제 13.2] 다음의 시계열 모형을 고려하자.

$$\text{모형 : } Z_t = 10.3 + a_t - 0.3a_{t-1}$$

(1) $a_{100} = 0.5$일 때 Z_{101}을 예측하라.

(2) 전방 10단계 예측을 하고 $\widehat{Z_{100}}(10)$ 예측오차의 분산을 구하라. 단, $\sigma_a^2 = 5$이다.

풀이 (1) $\widehat{Z}_t(1) = \mu - \theta a_t$이므로 $\widehat{Z_{100}}(1) = 10.3 - 0.3 \times 0.5 = 10.15$가 된다.

(2) $\hat{Z}(k)=\mu,\ k\geq 2$ 고 $e_t(k)=a_{t+k}-0.3a_{t+k-1}$ 이므로

$$e_{100}(10)=a_{110}-0.3a_{109}$$

가 된다. 이 예측오차의 분산은

$$\mathrm{Var}(e_t(k))=\sigma_a^2(1+\theta^2)=5\times(1+0.3^2)=5.45$$

이다.

13.2.3 ARMA(1,1)모형

일반적인 ARMA(p, q)모형의 예측방법은 ARMA(1,1)모형에서의 예측방법과 유사하기 때문에 이 절에서는 ARMA(1,1)을 살펴본다.

$$Z_t-\mu=\phi(Z_{t-1}-\mu)+a_t-\theta a_{t-1}$$

이 모형을 다시 적으면 다음과 같다.

$$Z_t=\mu-\phi\mu+\phi Z_{t-1}+a_t-\theta a_{t-1}=\theta_0+\phi Z_{t-1}+a_t-\theta a_{t-1}$$

여기서 $\theta_0=\mu-\theta\mu$ 이다.

[정리 13.1]을 이용하여 전방 1단계 예측을 하면 다음과 같다.

$$\begin{aligned}\hat{Z}_t(1)&=\mathrm{E}[Z_{t+1}|Z_t,Z_{t-1},\cdots,Z_1]\\&=\mathrm{E}[\theta_0+\phi Z_t+a_{t+1}-\theta a_t|Z_t,Z_{t-1},\cdots,Z_1]\end{aligned}$$

여기서 MA(1)모형과 같이 $\mathrm{E}(a_t|Z_t,Z_{t-1},Z_{t-2},\cdots)$가 포함되어 있으나 일반적인 ARMA (p, q)모형에서 $\mathrm{E}(a_t|Z_t,Z_{t-1},Z_{t-2},\cdots)=a_t$가 되기 때문에 ARMA(1,1)모형에서도

$$\mathrm{E}(a_t|Z_t,Z_{t-1},Z_{t-2},\cdots,Z_1)=a_t$$

가 된다. 따라서 전방 1단계 예측은 다음과 같다.

$$\widehat{Z}_t(1) = \theta_0 + \phi Z_t - \theta a_t$$

다음으로 전방 2단계 예측을 하면 다음과 같다.

$$\begin{aligned}\widehat{Z}_t(2) &= \mathrm{E}[Z_{t+2}|Z_t, Z_{t-1}, \cdots, Z_1] \\ &= \mathrm{E}[\theta_0 + \phi Z_{t+1} + a_{t+2} - \theta a_{t+1}|Z_t, Z_{t-1}, \cdots, Z_1] \\ &= \theta_0 + \phi \mathrm{E}[Z_{t+1}|Z_t, Z_{t-1}, \cdots, Z_1] = \phi \widehat{Z}_t(1) + \theta_0\end{aligned}$$

이 식에 위에서 구한 $\widehat{Z}_t(1)$을 대입하면 $\widehat{Z}_t(2)$가 구해진다.

일반적인 전방 k단계 예측을 하면 다음이 됨을 알 수 있다.(연습문제)

$$\widehat{Z}_t(k) = \phi \widehat{Z}_t(k-1) + \theta_0 = \mu + \phi^k (Z_t - \mu) - \phi^{k-1} \theta a_t, \quad k = 2, 3, \cdots$$

다음으로 전방 1단계 예측오차를 구하자.

【전방 1단계 예측오차】

$$\begin{aligned}e_t(1) &= Z_{t+1} - \widehat{Z}_t(1) = \theta_0 + \phi_1 Z_t + a_{t+1} - \theta_1 a_t - (\theta_0 + \phi_1 Z_t - \theta_1 a_t) \\ &= a_{t+1}\end{aligned}$$

따라서 예측오차의 기대값과 분산을 구하면 다음과 같다.

$$\mathrm{E}(e_t(1)) = 0, \quad \mathrm{Var}(e_t(1)) = \sigma_a^2$$

전방 k단계 예측오차의 기대값과 분산을 구할 수 있으나 본 교재에서는 생략하기로 한다. 그러나 일반적으로 가역성을 만족하는 ARMA(p, q)모형에서 예측 오차의 평균과 분산은 선시차 k가 클 경우

$$\mathrm{E}(e_t(k)) = 0, \quad \mathrm{Var}(e_t(k)) = \sigma_a^2 \sum_{j=0}^{k-1} \psi_j^2 \approx \sigma_a^2 \sum_{j=0}^{\infty} \psi_j^2 = \sigma(0)$$

이 되는 것을 알아두기 바란다. 여기서 ψ_j는 ARMA(p, q)모형을 MA모형으로 바꾸었을 때의 모수이다. 종합해보면 정상성을 만족하는 ARMA(p, q)모형에서 선시차 k가 큰 경우 예측오차의 분산은 $\sigma(0) = \text{Var}(Z_t)$가 된다. 이는 예측의 상한이 정해지므로 의미 있는 예측을 할 수 있다는 이론적 근거를 제시하는 중요한 결과이다.

13.2.4 경향 (Drift)이 있는 확률보행과정

일반적인 ARIMA(p, d, q)모형의 예측 또한 [정리 13.1]에 의해 예측이 가능하나 이론이 복잡하기 때문에 통계 패키지인 SAS를 이용한 예측만을 다음 절에서 살펴보도록 하고 이 절에서는 확률보행과정의 일반적 형태인 경향이 있는 확률보행과정의 예측을 살펴보도록 하자. 먼저 모형을 살펴보자.

$$\text{경향이 있는 확률보행과정 : } Z_t = Z_{t-1} + \theta_0 + a_t$$

$\theta_0 = 0.2$인 경우 SAS를 이용하여 그림으로 나타내면 다음과 같다.

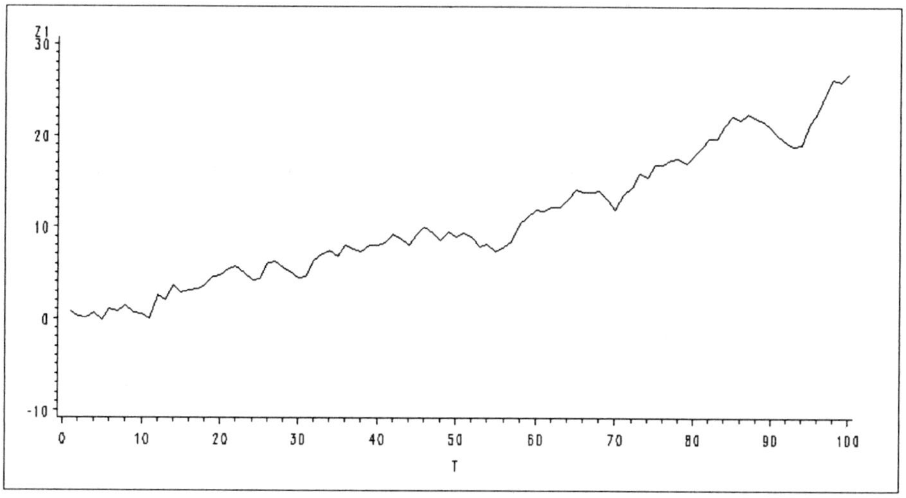

[그림 13.1] 경향이 있는 확률보행과정 ; $Z_t = 0.2 + Z_{t-1} + a_t$

위의 그림에서 보듯이 경향이 있는 확률보행과정은 기울기가 θ_0인 직선을 따라 변동하고 있음을 알 수 있다. 이 과정은 확률보행과정을 포함하고 있고 1차 차분을 하면 평균이 '0'이 아닌 백색잡음과정이 된다.

이제 경향이 있는 확률보행과정의 예측을 살펴보자. [정리 13.1]을 이용한 전방 1단계 예측은 다음과 같다.

【전방 1단계 최소평균제곱오차예측】

$$\begin{aligned}\widehat{Z}_t(1) &= \mathrm{E}[Z_{t+1}|Z_t, Z_{t-1}, \cdots, Z_1] \\ &= \mathrm{E}[Z_t + \theta_0 + a_{t+1}|Z_t, Z_{t-1}, \cdots, Z_1] \\ &= Z_t + \theta_0.\end{aligned}$$

【전방 2단계 최소평균제곱오차예측】

$$\widehat{Z}_t(2) = \mathrm{E}[Z_{t+2}|Z_t, Z_{t-1}, \cdots, Z_1]$$

위의 식을 반복적으로 사용하면 선시차가 k인 경우

$$\widehat{Z}_t(k) = \widehat{Z}_t(k-1) + \theta_0 = Z_t + k\theta_0$$

이 됨을 알 수 있다. 따라서 θ_0가 '0'이 아니면 k가 커짐에 따라 예측값은 상수에 수렴하지 않고 기울기 θ_0의 직선 위를 따라 증가하게 된다.

다음으로 예측오차의 기대값과 분산을 구하자.

【전방 1단계 예측오차】

$$e_t(1) = Z_{t+1} - \widehat{Z}_t(1) = Z_t + \theta_0 + a_{t+1} - (Z_t + \theta_0) = a_{t+1}$$

【전방 2단계 예측오차】

$$\begin{aligned} e_t(2) &= Z_{t+2} - \widehat{Z}_t(2) = Z_{t+1} + \theta_0 + a_{t+2} - (Z_t + 2\theta_0) \\ &= (Z_t + \theta_0 + a_{t+1}) + \theta_0 + a_{t+2} - (Z_t - 2\theta_0) \\ &= a_{t+1} + a_{t+2} \end{aligned}$$

전방 k단계 예측오차를 구하기 전에 Z_{t+k}를 다음과 같이 표시하자.

$$\begin{aligned} Z_{t+k} &= Z_{t+k-1} + \theta_0 + a_{t+k} = Z_{t+k-2} + \theta_0 + a_{t+k-1} + \theta_0 + a_{t+k} \\ &= Z_{t+k-2} + 2\theta_0 + a_{t+k-1} + a_{t+k} \\ &= Z_{t+k-3} + \theta_0 + a_{t+k-3} + 2\theta_0 + a_{t+k-1} + a_{t+k} \\ &= Z_{t+k-3} + 3\theta_0 + a_{t+k-3} + a_{t+k-1} + a_{t+k} \\ &\vdots \\ &= Z_t + k\theta_0 + a_{t+1} + a_{t+2} + \cdots + a_{t+k} \end{aligned}$$

【전방 k단계 예측오차】

위 식을 이용하면

$$\begin{aligned} e_t(k) &= Z_{t+k} - \widehat{Z}_t(k) \\ &= (Z_t + k\theta_0 + a_{t+1} + \cdots + a_{t+k}) - (Z_t + k\theta_0) \\ &= a_{t+1} + \cdots + a_{t+k} \end{aligned}$$

가 된다. 따라서 예측오차의 기대값과 분산은 다음과 같다.

$$\begin{aligned} \mathrm{E}(e_t(k)) &= \mathrm{E}(a_{t+1} + a_{t+2} + \cdots + a_{t+k}) = 0 \\ \mathrm{Var}(e_t(k)) &= \mathrm{Var}(a_{t+1} + \cdots + a_{t+k}) \\ &= \sigma_a^2 + \cdots + \sigma_a^2 \\ &= k\sigma_a^2 \end{aligned}$$

주목해야 할 것은 선시차 k가 증가하면 분산이 한없이 증가한다는 것이다. 따라서 경향이 있는 확률보행과정의 예측은 선시차가 클수록 분산이 한없이 커지기 때문에 사용에 주의를 해야 한다. 이는 장기적인 예측은 신뢰하기가 어렵다는 것으로 이해할 수 있을 것이다.

참고로 $\theta_0 = 0$인 경우를 살펴보자. 이 경우는 5장에서 익힌 확률보행과정이 되고 선시차 k에 상관없이 예측은 기점에서의 자료값이 됨을 알 수 있다. 즉

- 경향이 없는 확률보행과정의 예측

모든 $k \geq 0$에 대하여

$$\widehat{Z}_t(k) = Z_t$$

그러나 예측오차의 기대값과 분산은 경향을 나타내는 모수 θ_0와 무관하기 때문에 경향이 있는 경우와 같은 결과를 갖는다.

13.3 SAS 프로그램과 결과

이 절에서는 SAS에서 사용되는 프로그램과 이와 관련된 결과에 대하여 살펴보자. 예측을 위해서는 PROC/ARIMA에서 FORECAST문을 사용해야 한다. FORECAST문의 일반 형식은 다음과 같으며 자세한 내용은 SAS 메뉴얼을 살펴보기 바란다.

```
Forecast id = 변수 lead = 숫자 out = file 이름 ;
```

【설명】

1. 'id = 변수' : 변수는 SAS/data set에 있는 변수로서 여기서 지정된 변수는 시계열 자료와 함께 지정된 out file에 함께 출력된다. 일반적으로 시간을 id변수에 지정하여 사용한다.
2. 'lead = 숫자' : 예측하려는 시점의 개수를 지정한다. 예를 들어 현재의 시점에서 10시점 앞까지 예측을 하려면 lead=10을 사용하면 된다.

3. 'out = file이름' : 새로이 만들어진 file에는 예측값, 잔차, 95% 신뢰구간이 출력된다. 여기서 나오는 잔차를 이용하여 모형의 검진을 할 수 있으며 또한 신뢰구간과 예측값을 함께 그래프로 나타낼 수도 있다. 다음이 이에 관한 프로그램 예이다.

프로그램 예제 13.1

```
Data e13_2;
  z1=0; z2=0;  a1=0; a2=0;
do t=1 to 500;
  a=rannor(54321);
  a1=lag(a);
  a2=lag(a1);
  if a1=. then a1=0;
  if a2=. then a2=0;
  z=0.8*z1-0.15*z2+a;
  x=a+0.2*a1-0.7*a2;
  output;
  z2=z1;  z1=z;
end;

symbol1 v=none i=join l=1;
symbol2 v=none i=join l=2;
symbol3 v=none i=join l=3;
symbol4 v=none i=join l=4;

Proc ARIMA data=e13_2
① i var=z;
② e p=2 (noconstant) plot;
③ f id=t lead=15 out=ar2;
Proc gplot data=ar2;
plot (forecast l95 u95)*t/overlay;
title 'Second-order Autoregressive Process';
title2 'Model z(t)=0.8*z(t-1)-0.15*z(t-2)+a(t)';
run;
```

```
Proc ARIMA data=e13_2;
④ i var=x;
⑤ e q=2 (noconstant) plot;
⑥ f id=t lead=15 out=ma2;

Proc gplot data=ma2;
plot (forecast l95 u95)*t/overlay;
title 'Second-order Moving Average Process';
title2 'Model z(t)=a(t)+0.2*a(t-1)-0.7*a(t-2)';
run;
```

다음은 위의 프로그램을 수행한 결과이다.

Second-order Autoregressive Process

Model $Z_t = 0.8Z_{t-1} - 0.15Z_{t-2} + a_t$

The ARIMA Procedure
Name of Variable = z

Mean of Working Series	0.11367
Standard Deviation	1.443477
Number of Observations	500

Autocorrelations

Lag	Covariance	Correlation	-1 9 8 7 6 5 4 3 2 1 0 1 2 3 4 5 6 7 8 9 1	Std Error
0	2.083625	1.00000	|********************|	0
1	1.536888	0.73760	. |*************** |	0.044721
2	1.010501	0.48497	. |********** |	0.064624
3	0.589583	0.28296	. |****** |	0.071533
4	0.270545	0.12984	. |*** |	0.073738
5	0.056410	0.02707	. |* . |	0.074194
6	-0.079080	-.03795	. *| . |	0.074214
7	-0.161559	-.07754	.**| . |	0.074252
8	-0.177714	-.08529	.**| . |	0.074414
9	-0.218092	-.10467	.**| . |	0.074609
10	-0.269189	-.12919	***| . |	0.074903
11	-0.281944	-.13531	***| . |	0.075347
12	-0.290182	-.13927	***| . |	0.075831
13	-0.288571	-.13849	***| . |	0.076341
14	-0.301088	-.14450	***| . |	0.076842
15	-0.336539	-.16152	***| . |	0.077384
16	-0.288826	-.13862	***| . |	0.078055
17	-0.220966	-.10605	.**| . |	0.078546
18	-0.178325	-.08558	.**| . |	0.078832
19	-0.098286	-.04717	. *| . |	0.079017
20	-0.067553	-.03242	. *| . |	0.079073
21	-0.104529	-.05017	. *| . |	0.079100
22	-0.111156	-.05335	. *| . |	0.079164
23	-0.129324	-.06207	. *| . |	0.079236
24	-0.091932	-.04412	. *| . |	0.079333

```
                    Partial Autocorrelations

Lag Correlation -1 9 8 7 6 5 4 3 2 1 0 1 2 3 4 5 6 7 8 9 1
  1    0.73760  |                    .  |***************     |
  2   -0.12959  |                  ***|  .                   |
  3   -0.05694  |                    .*|  .                  |
  4   -0.04921  |                    .*|  .                  |
  5   -0.02512  |                    .*|  .                  |
  6   -0.02551  |                    .*|  .                  |
  7   -0.02700  |                    .*|  .                  |
  8    0.00669  |                    . |  .                  |
  9   -0.06505  |                    .*|  .                  |
 10   -0.05244  |                    .*|  .                  |
 11   -0.01010  |                    . |  .                  |
 12   -0.03739  |                    .*|  .                  |
 13   -0.02919  |                    .*|  .                  |
 14   -0.05345  |                    .*|  .                  |
 15   -0.06635  |                    .*|  .                  |
 16    0.03225  |                    . |*.                   |
 17   -0.00832  |                    . |  .                  |
 18   -0.03402  |                    .*|  .                  |
 19    0.02790  |                    . |*.                   |
 20   -0.04690  |                    .*|  .                  |
 21   -0.07424  |                    .*|  .                  |
 22    0.00231  |                    . |  .                  |
 23   -0.03506  |                    .*|  .                  |
 24    0.02422  |                    . |  .                  |
```

[프로그램 출력결과 1]

Autocorrelation Check for White Noise

To Lag	Chi-Square	DF	Pr > ChiSq	Autocorrelations					
6	442.28	6	<.0001	0.738	0.485	0.283	0.130	0.027	-0.038
12	482.58	12	<.0001	-0.078	-0.085	-0.105	-0.129	-0.135	-0.139
18	536.37	18	<.0001	-0.138	-0.145	-0.162	-0.139	-0.106	-0.086
24	543.95	24	<.0001	-0.047	-0.032	-0.050	-0.053	-0.062	-0.044

[프로그램 출력결과 2]

Conditional Least Squares Estimation

Parameter	Estimate	Standard Error	t Value	Approx Pr > |t|	Lag
MU	0.11982	0.14486	0.83	0.4085	0
AR1,1	0.83321	0.04448	18.73	<.0001	1
AR1,2	-0.12961	0.04449	-2.91	0.0037	2

Second-order Autoregressive Process

Model $Z_t = 0.8Z_{t-1} - 0.15Z_{t-2} + a_t$

The ARIMA Procedure

Constant Estimate	0.035516
Variance Estimate	0.939691
Std Error Estimate	0.969377
AIC	1390.828
SBC	1403.471
Number of Residuals	500

* AIC and SBC do not include log determinant.

[프로그램 출력결과 3]

```
                    Conditional Least Squares Estimation

                                    Standard                  Approx
         Parameter      Estimate       Error     t Value    Pr > |t|      Lag
         AR1,1           0.83427     0.04444       18.77      <.0001        1
         AR1,2          -0.12866     0.04446       -2.89      0.0040        2

                        Second-order Autoregressive Process
```

Model $Z_t = 0.8Z_{t-1} - 0.15Z_{t-2} + a_t$

```
                              The ARIMA Procedure

                        Variance Estimate        0.939088
                        Std Error Estimate       0.969066
                        AIC                      1389.512
                        SBC                      1397.941
                        Number of Residuals           500
                  * AIC and SBC do not include log determinant.
```

[프로그램 출력결과 4]

```
Autocorrelation Check of Residuals
                  To      Chi-          Pr >
 Lag   Square   DF   ChiSq   --------------------Autocorrelations--------------------
   6     1.79    4  0.7735  -0.007     0.035     0.010    -0.026    -0.030    -0.026
  12     5.91   10  0.8229  -0.058     0.010    -0.009    -0.053    -0.022    -0.034
  18    12.36   16  0.7190  -0.017    -0.000    -0.091    -0.032     0.007    -0.053
  24    16.54   22  0.7881   0.024     0.042    -0.042     0.011    -0.048    -0.039
  30    19.81   28  0.8714   0.049    -0.005    -0.012     0.024     0.054     0.010
  36    21.96   34  0.9449  -0.018    -0.043    -0.027    -0.001     0.001    -0.034
  42    28.79   40  0.9063  -0.047    -0.059     0.006    -0.072     0.024    -0.032
  48    34.72   46  0.8884  -0.031     0.049    -0.009     0.066     0.047     0.028
```

[프로그램 출력결과 5]

```
       Autoregressive Factors
       Factor 1:   1 - 0.83427 B**(1) + 0.12866 B**(2)

                        Autocorrelation Plot of Residuals

 Lag Covariance Correlation -1 9 8 7 6 5 4 3 2 1 0 1 2 3 4 5 6 7 8 9 1  Std Error
   0   0.939088     1.00000 |                    |********************|         0
   1  -0.006764     -.00720 |                  . | .                  |  0.044721
   2   0.032456     0.03456 |                  . |*.                  |  0.044724
   3   0.009696     0.01032 |                  . | .                  |  0.044777
   4  -0.024293     -.02587 |                  .*| .                  |  0.044782
   5  -0.027715     -.02951 |                  .*| .                  |  0.044812
   6  -0.024004     -.02556 |                  .*| .                  |  0.044851
   7  -0.054906     -.05847 |                  .*| .                  |  0.044880
   8   0.009044     0.00963 |                  . | .                  |  0.045032
   9  -0.008707     -.00927 |                  . | .                  |  0.045036
  10  -0.049596     -.05281 |                  .*| .                  |  0.045040
  11  -0.020581     -.02192 |                  . | .                  |  0.045163
  12  -0.032278     -.03437 |                  .*| .                  |  0.045185
  13  -0.015687     -.01670 |                  . | .                  |  0.045237
  14  -0.000060     -.00006 |                  . | .                  |  0.045249
  15  -0.085439     -.09098 |                  **| .                  |  0.045249
  16  -0.030288     -.03225 |                  .*| .                  |  0.045614
  17   0.006581     0.00701 |                  . | .                  |  0.045659
```

```
18  -0.049674     -.05290 |                  .*| .                  | 0.045661
19   0.022485     0.02394 |                  .  | .                 | 0.045784
20   0.039304     0.04185 |                  .  |*.                 | 0.045809
21  -0.039311     -.04186 |                  .*| .                  | 0.045885
22   0.010394     0.01107 |                  .  | .                 | 0.045962
23  -0.044613     -.04751 |                  .*| .                  | 0.045967
24  -0.036529     -.03890 |                  .*| .                  | 0.046065
```

```
                      Partial Autocorrelations

Lag Correlation -1 9 8 7 6 5 4 3 2 1 0 1 2 3 4 5 6 7 8 9 1
  1   -0.00720 |                    .  | .                  |
  2    0.03451 |                    .  |*.                  |
  3    0.01083 |                    .  | .                  |
  4   -0.02695 |                    .*| .                   |
  5   -0.03069 |                    .*| .                   |
  6   -0.02434 |                    .  | .                  |
  7   -0.05638 |                    .*| .                   |
  8    0.01037 |                    .  | .                  |
  9   -0.00620 |                    .  | .                  |
 10   -0.05496 |                    .*| .                   |
 11   -0.02732 |                    .*| .                   |
 12   -0.03497 |                    .*| .                   |
 13   -0.01783 |                    .  | .                  |
 14   -0.00392 |                    .  | .                  |
 15   -0.09435 |                    **| .                   |
 16   -0.04244 |                    .*| .                   |
 17    0.00101 |                    .  | .                  |
 18   -0.05597 |                    .*| .                   |
 19    0.01148 |                    .  | .                  |
 20    0.03275 |                    .  |*.                  |
 21   -0.05442 |                    .*| .                   |
 22   -0.01379 |                    .  | .                  |
 23   -0.05573 |                    .*| .                   |
 24   -0.04552 |                    .*| .                   |
```

[프로그램 출력결과 6]

```
                 Forecasts for variable z

 Obs      Forecast    Std Error     95% Confidence Limits
 501        0.0582       0.9691       -1.8411        1.9576
 502        0.0256       1.2620       -2.4479        2.4991
 503        0.0138       1.3766       -2.6842        2.7119
 504        0.0083       1.4215       -2.7779        2.7944
 505        0.0051       1.4392       -2.8158        2.8260
 506        0.0032       1.4463       -2.8314        2.8378
 507        0.0020       1.4490       -2.8380        2.8421
 508        0.0013       1.4501       -2.8409        2.8435
 509        0.0008       1.4506       -2.8423        2.8439
 510        0.0005       1.4507       -2.8429        2.8439
 511        0.0003       1.4508       -2.8432        2.8438
 512        0.0002       1.4508       -2.8434        2.8438
 513        0.0001       1.4508       -2.8435        2.8437
 514        0.0001       1.4509       -2.8435        2.8437
 515        0.0000       1.4509       -2.8436        2.8437
```

[프로그램 출력결과 7]

Second-order Moving Average Process

Model $Z_t = a_t + 0.2a_{t-1} - 0.7a_{t-2}$

```
                  The ARIMA Procedure
          Name of Variable = x
          Mean of Working Series      0.019993
          Standard Deviation          1.154514
          Number of Observations           500

                   Autocorrelations

Lag Covariance Correlation -1 9 8 7 6 5 4 3 2 1 0 1 2 3 4 5 6 7 8 9 1  Std Error
  0   1.332902    1.00000  |                    |********************|          0
  1   0.054983    0.04125  |                  . |*.                  |   0.044721
  2  -0.531791    -.39897  |            ********| .                  |   0.044797
  3   0.060198    0.04516  |                  . |*.                  |   0.051415
  4  -0.045144    -.03387  |                  .*| .                  |   0.051494
  5  -0.018746    -.01406  |                  . | .                  |   0.051539
  6  -0.034378    -.02579  |                  .*| .                  |   0.051547
  7  -0.061084    -.04583  |                  .*| .                  |   0.051572
  8   0.051691    0.03878  |                  . |*.                  |   0.051654
  9   0.029700    0.02228  |                  . | .                  |   0.051712
 10  -0.061041    -.04580  |                  .*| .                  |   0.051731
 11  -0.020553    -.01542  |                  . | .                  |   0.051812
 12  -0.020921    -.01570  |                  . | .                  |   0.051821
 13   0.038791    0.02910  |                  . |*.                  |   0.051831
 14   0.032315    0.02424  |                  . | .                  |   0.051864
 15  -0.122824    -.09215  |                  **| .                  |   0.051886
 16  -0.018094    -.01358  |                  . | .                  |   0.052213
 17   0.045716    0.03430  |                  . |*.                  |   0.052220
 18  -0.079790    -.05986  |                  .*| .                  |   0.052265
 19   0.051822    0.03888  |                  . |*.                  |   0.052402
 20   0.080212    0.06018  |                  . |*.                  |   0.052459
 21  -0.041115    -.03085  |                  .*| .                  |   0.052597
 22   0.009292    0.00697  |                  . | .                  |   0.052633
 23  -0.070953    -.05323  |                  .*| .                  |   0.052635
 24  -0.058563    -.04394  |                  .*| .                  |   0.052743
```

```
                   Partial Autocorrelations

           Lag Correlation -1 9 8 7 6 5 4 3 2 1 0 1 2 3 4 5 6 7 8 9 1
             1    0.04125  |                  . |*.                  |
             2   -0.40136  |            ********| .                  |
             3    0.10123  |                  . |**                  |
             4   -0.24726  |               *****| .                  |
             5    0.09426  |                  . |**                  |
             6   -0.20270  |                ****| .                  |
             7    0.04294  |                  . |*.                  |
             8   -0.09454  |                  **| .                  |
             9    0.04604  |                  . |*.                  |
            10   -0.10870  |                  **| .                  |
            11    0.02690  |                  . |*.                  |
            12   -0.11388  |                  **| .                  |
            13    0.07975  |                  . |**                  |
            14   -0.08807  |                  **| .                  |
            15   -0.03549  |                  .*| .                  |
            16   -0.05742  |                  .*| .                  |
            17   -0.02629  |                  .*| .                  |
            18   -0.10665  |                  **| .                  |
            19    0.05923  |                  . |*.                  |
            20   -0.05490  |                  .*| .                  |
            21    0.02863  |                  . |*.                  |
            22   -0.04234  |                  .*| .                  |
            23   -0.06113  |                  .*| .                  |
            24   -0.04834  |                  .*| .                  |
```

[프로그램 출력결과 8]

Autocorrelation Check for White Noise

To Lag	Chi-Square	DF	Pr > ChiSq	Autocorrelations					
6	83.13	6	<.0001	0.041	-0.399	0.045	-0.034	-0.014	-0.026
12	86.55	12	<.0001	-0.046	0.039	0.022	-0.046	-0.015	-0.016
18	94.25	18	<.0001	0.029	0.024	-0.092	-0.014	0.034	-0.060
24	99.97	24	<.0001	0.039	0.060	-0.031	0.007	-0.053	-0.044

[프로그램 출력결과 9]

Conditional Least Squares Estimation

Parameter	Estimate	Standard Error	t Value	Approx Pr > |t|	Lag
MU	0.01857	0.02549	0.73	0.4666	0
MA1,1	-0.23750	0.03408	-6.97	<.0001	1
MA1,2	0.65199	0.03386	19.26	<.0001	2

Second-order Moving Average Process

Model $Z_t = a_t + 0.2a_{t-1} - 0.7a_{t-2}$

The ARIMA Procedure

Constant Estimate	0.018569
Variance Estimate	0.941914
Std Error Estimate	0.970522
AIC	1392.009
SBC	1404.653
Number of Residuals	500

* AIC and SBC do not include log determinant.

[프로그램 출력결과 10]

Conditional Least Squares Estimation

Parameter	Estimate	Standard Error	t Value	Approx Pr > |t|	Lag
MA1,1	-0.23950	0.03413	-7.02	<.0001	1
MA1,2	0.64992	0.03390	19.17	<.0001	2

Second-order Moving Average Process

Model $Z_t = a_t + 0.2a_{t-1} - 0.7a_{t-2}$

The ARIMA Procedure

Variance Estimate	0.941018
Std Error Estimate	0.970061
AIC	1390.538
SBC	1398.967
Number of Residuals	500

* AIC and SBC do not include log determinant.

[프로그램 출력결과 11]

Second-order Moving Average Process

Model $Z_t = a_t + 0.2a_{t-1} - 0.7a_{t-2}$

Autocorrelation Check of Residuals

Lag	To Chi-Square	DF	Pr > ChiSq	Autocorrelations					
6	2.52	4	0.6408	-0.012	0.042	0.028	-0.028	-0.022	-0.032
12	7.06	10	0.7195	-0.056	0.001	-0.008	-0.060	-0.019	-0.041
18	13.72	16	0.6196	-0.016	-0.004	-0.089	-0.035	0.010	-0.057
24	17.73	22	0.7221	0.025	0.039	-0.042	0.011	-0.045	-0.040
30	21.08	28	0.8220	0.051	-0.006	-0.010	0.024	0.054	0.009
36	23.20	34	0.9189	-0.016	-0.042	-0.026	-0.003	-0.001	-0.035
42	30.44	40	0.8626	-0.047	-0.061	0.006	-0.075	0.024	-0.033
48	36.65	46	0.8364	-0.031	0.051	-0.010	0.068	0.047	0.028

[프로그램 출력결과 12]

```
                     Autocorrelation Plot of Residuals

Lag Covariance Correlation -1 9 8 7 6 5 4 3 2 1 0 1 2 3 4 5 6 7 8 9 1  Std Error
  0   0.941018     1.00000 |                    |********************|         0
  1  -0.011036     -.01173 |                  . |  .                 |  0.044721
  2   0.039785     0.04228 |                  . |*.                  |  0.044728
  3   0.026391     0.02805 |                  . |*.                  |  0.044807
  4  -0.026382     -.02804 |                  .*|  .                 |  0.044842
  5  -0.020585     -.02188 |                  . |  .                 |  0.044878
  6  -0.029917     -.03179 |                  .*|  .                 |  0.044899
  7  -0.052881     -.05620 |                  .*|  .                 |  0.044944
  8   0.001350     0.00143 |                  . |  .                 |  0.045084
  9  -0.007181     -.00763 |                  . |  .                 |  0.045084
 10  -0.056695     -.06025 |                  .*|  .                 |  0.045087
 11  -0.017714     -.01882 |                  . |  .                 |  0.045248
 12  -0.038523     -.04094 |                  .*|  .                 |  0.045263
 13  -0.014885     -.01582 |                  . |  .                 |  0.045337
 14  -0.003793     -.00403 |                  . |  .                 |  0.045348
 15  -0.083896     -.08915 |                  **|  .                 |  0.045349
 16  -0.033041     -.03511 |                  .*|  .                 |  0.045698
 17   0.009452     0.01004 |                  . |  .                 |  0.045752
 18  -0.053985     -.05737 |                  .*|  .                 |  0.045756
 19   0.023774     0.02526 |                  . |*.                  |  0.045900
 20   0.036665     0.03896 |                  . |*.                  |  0.045928
 21  -0.039256     -.04172 |                  .*|  .                 |  0.045994
 22   0.010752     0.01143 |                  . |  .                 |  0.046070
 23  -0.042124     -.04476 |                  .*|  .                 |  0.046075
 24  -0.037655     -.04002 |                  .*|  .                 |  0.046162

                         Partial Autocorrelations

          Lag Correlation -1 9 8 7 6 5 4 3 2 1 0 1 2 3 4 5 6 7 8 9 1
            1    -0.01173 |                  . |  .                 |
            2     0.04215 |                  . |*.                  |
            3     0.02907 |                  . |*.                  |
            4    -0.02922 |                  .*|  .                 |
            5    -0.02507 |                  .*|  .                 |
            6    -0.03083 |                  .*|  .                 |
            7    -0.05357 |                  .*|  .                 |
            8     0.00322 |                  . |  .                 |
            9    -0.00236 |                  . |  .                 |
           10    -0.06016 |                  .*|  .                 |
           11    -0.02500 |                  . |  .                 |
           12    -0.04010 |                  .*|  .                 |
           13    -0.01594 |                  . |  .                 |
           14    -0.00658 |                  . |  .                 |
```

```
 15    -0.09135 |                **| .                |
 16    -0.04610 |                 .*| .                |
 17     0.00475 |                 . | .                |
 18    -0.05735 |                 .*| .                |
 19     0.01234 |                 . | .                |
 20     0.03099 |                 . |*.                |
 21    -0.05335 |                 .*| .                |
 22    -0.01604 |                 . | .                |
 23    -0.05414 |                 .*| .                |
 24    -0.04689 |                 .*| .                |
```

[프로그램 출력결과 13]

```
Moving Average Factors
Factor 1:   1 + 0.2395 B**(1) - 0.64992 B**(2)

                    Forecasts for variable x

  Obs      Forecast    Std Error      95% Confidence Limits
  501      -0.2754      0.9701        -2.1767       1.6259
  502       0.2320      0.9975        -1.7230       2.1871
  503       0.0000      1.1800        -2.3128       2.3128
  504       0.0000      1.1800        -2.3128       2.3128
  505       0.0000      1.1800        -2.3128       2.3128
  506       0.0000      1.1800        -2.3128       2.3128
  507       0.0000      1.1800        -2.3128       2.3128
  508       0.0000      1.1800        -2.3128       2.3128
  509       0.0000      1.1800        -2.3128       2.3128
  510       0.0000      1.1800        -2.3128       2.3128
  511       0.0000      1.1800        -2.3128       2.3128
  512       0.0000      1.1800        -2.3128       2.3128
  513       0.0000      1.1800        -2.3128       2.3128
  514       0.0000      1.1800        -2.3128       2.3128
  515       0.0000      1.1800        -2.3128       2.3128
```

[프로그램 출력결과 14]

[프로그램 출력결과 1]은 프로그램 ①의 출력결과로 AR(2)모형의 SACF, SPACF이다. SACF는 $\hat{\rho}_1=0.7376$, $\hat{\rho}_2=0.4850$, $\hat{\rho}_3=0.2830$으로 빠르게 감소하고 SPACF는 $\hat{\phi}_{11}=0.7376$, $\hat{\phi}_{22}=-0.1296$으로 유의하며 시점 3 이상에서 절단점을 가지고 있으므로 이 모형은 잠정적으로 AR(2)모형으로 놓을 수 있다. 또한 [프로그램 출력결과 2]는 원 자료가 백색잡음을 따르는지를 검토하는 결과로, 만일 원 자료가 백색잡음이라면 이 자료분석은 끝나게 된다. 그러나 [출력결과 2]의 백색잡음의 검토결과 유의확률이 모두 유의수준 0.05 보다 작으므로 원 자료가 백색잡음이라는 귀무가설을 기각한다. 즉 원 자료는 백색잡음과 정의 성질을 기대할 수 없다. [프로그램 출력결과 3]은 ②의 출력 결과로 프로그램 ①에서 잠정모형이 AR(2)모형이었으므로 먼저 평균이 '0'이 아닌 모형인 $p=2$의 추정 결과를 출력하였다. 추정결과를 살펴보면, $\phi_1=0.8332$, $\phi_1=-0.1296$으로 통계적으로 모두 유의하나 평균은 통계적으로 유의하지 않게 나왔다. 그러므로 평균이 '0'인 모형으로 다시 적합

하였고 이는 estimate 문에서 noconstant를 추가하면 된다. 이 결과가 [프로그램 출력결과 4]로 이를 살펴보자. 여기서 차수를 결정할 때 기준이 되는 통계량인 AIC와 SBC를 살펴보면, 평균이"0"이 아닌 모형에서는 AIC = 1390, SBC = 1403이고 평균이"0"인 모형에서는 AIC = 1389, SBC = 1397로 더 적은 AIC와 SBC를 가지므로 모형선택의 기준으로 볼때도 평균이 '0'인 모형이 적당함을 알 수 있다. 모수 추정결과는 $\phi_1 = 0.8343$, $\phi_1 = -0.1287$로 이는 모두 통계적으로 유의하다. 평균이 '0'인 AR(2)모형을 적합시킨 후 모형에 대한 적합성 검정을 하였다. 먼저 잔차검정을 위해 estimate 문에 plot을 추가하면 잔차에 대한 ACF와 PACF를 출력해 주고 이에 대한 유의성 검정 결과가 [프로그램 출력결과 5]와 [프로그램 출력결과 6]이 된다. 이를 살펴보면 카이제곱 검정값, 즉 퍼트맨토우 검정값에 대한 유의확률 값이 모두 0.7이상으로 상당히 큰 값을 가지고 있으므로 오차항에 대한 가정을 만족하고 있다고 볼 수 있다. 또한 estimate 문에 plot을 추가하여 얻은 잔차들에 대한 ACF와 PACF를 보더라도 추정된 잔차들이 모두 신뢰구간 안에 있고, 통계적으로 유의하지 않으므로 잔차를 가지고 추가적인 모형 적합을 하는 것이 타당하지 않다고 할 수 있다. 그러므로 본 모형은 잘 적합 되었다고 할 수 있다. 모형진단에 대한 다른 방법, 즉 과대 적합 등은 독자들이 직접 수행해 보기 바란다. 과대적합은 적합한 모형보다 1차수 더 큰 모형을 적합시켜 보는 것으로 위에서의 결과로 본다면, AR(2)보다 더 높은 차수인 AR(3) 또는 ARMA(2,1) 등을 살펴보아 유의하지 않음을 보이면 된다.

결과적으로 최종모형은

$$(1 - 0.8343\,B + 0.1287\,B^2)\,Z_t = a_t$$
$$\Rightarrow\ Z_t = 0.8343\,Z_{t-1} - 0.1287\,Z_{t-2} + a_t$$

이다.

[프로그램 출력결과 7]은 프로그램 ③의 FORECAST문에 대한 결과로 15시점 앞까지 예측하였다.

[프로그램 출력결과 8]부터 [프로그램 출력결과14]는 MA(2)모형에 대한 결과로 이 결과에 대한 해석은 앞의 AR 모형의 결과와 비슷하므로 독자들이 직접 해 보기 바란다. [프로그램 출력결과 8]은 프로그램 ④의 출력결과로 MA(2)모형의 SACF, SPACF이다. SACF는 시점 3이후에서 절단점을 가지고 있으며 SPACF는 빠르게 감소하고 있으므로 이 모형은 잠정적으로 MA(2)모형으로 놓을 수 있다. 나머지 분석방법은 앞의 AR(2)모형과 동일하게 따라가면 될 것이다. 여기서 주의할 점은 앞의 AR모형과는 달리 MA모형은 SACF에서 절단점을 갖고 SPACF가 빠르게 감소하는 형태라는 것이다.

연 습 문 제

1. AR(1)모형 : $Z_t - \mu = \phi(Z_{t-1} - \mu) + a_t$

   ① $\widehat{Z}_t(k) - \mu = \phi(\widehat{Z}_t(k-1) - \mu)$가 됨을 보여라.

   ② $\widehat{Z}_t(k) = \phi^k(Z_t - \mu) + \mu$가 됨을 보여라.

2. 다음의 시계열을 고려하자.

   모형 : $Z_t - 7 = 0.7(Z_{t-1} - 7) + a_t$, 여기서 $Z_{100} = 5$이다.

   ① 기점이 100인 경우에서 전방 1단계 예측을 하고 이때의 예측오차를 구하라.

   ② 전방 10단계 예측을 하고 예측오차의 분산을 구하라. 이때 $\sigma_a^2 = 10$이다.

3. 다음의 시계열 모형을 고려하자.

   모형 : $Z_t = 10.3 + a_t - 0.3a_{t-1}$

   ① 기점이 100인 경우 $a_{100} = 0.5$일 때 Z_{101}을 예측하라.

   ② 전방 10단계 예측을 하고 예측오차의 분산을 구하라. 단, $\sigma_a^2 = 5$이다.

4. ARMA(1,1)모형에서 전방 k단계 예측이 다음과 같음을 보여라.

   $$\widehat{Z}_t(k) = \mu + \phi^k(Z_t - \mu) - \phi^{k-1}\theta a_t$$

5. 모형 $Z_t = Z_{t-1} + 0.5 + a_t$에서 $a_t \overset{iid}{\sim} N(0, 1)$을 가정하고 200개의 자료를 생성한 후 다음의 분석을 실시하라.

   ① 자료의 그래프를 그려라.

   ② 전방 10단계 예측을 하라.

   ③ 전방 10단계 예측의 분산을 구하라.

   ④ 예측한 자료와 ①에서 구한 그래프를 동시에 그려라.

6. 부록의 [표 3] 자료를 다음의 방법으로 분석하라.

① 자료의 그래프를 그려라.

② 자료에 log 변환을 실시하고 log 변환된 자료의 그래프를 그려라.

③ 두 자료의 그래프를 비교하라.

④ log 변환된 자료의 SACF, SPACF를 구하라.

⑤ 구해진 SACF, SPACF를 이용하여 모형을 식별하라.

⑥ 최우추정법을 사용하여 모수를 추정하라.

⑦ AIC, SBC를 구하라.

⑧ 퍼트맨토우 검정을 실행하라.

⑨ 전방 10단계 예측을 하라.

⑩ 95% 신뢰구간과 자료를 동시에 그래프로 나타내라.

14

계절 ARIMA 모형

14.1 서론

경영학이나 경제학 등의 분야에서 발생하는 시계열 자료는 주기적 현상을 보이는 경우가 많이 있으며 특히 월별 자료 또는 분기별 자료는 대부분이 주기적 현상을 보이고 있다. 예를 들어 3장의 [그림 3.1]은 내한 외국인 자료를 그림으로 나타낸 것으로 이 자료 역시 주기적 현상을 보이고 있다. 이렇게 자료에 주기적 현상이 들어있을 경우에는 모형에 이를 반영하여야 한다.

이와 같이 특정한 주기를 가지고 변하는 시계열 자료를 계절 시계열 자료 (seasonal time series)라 부르며 이러한 경우는 Box-Jenkins 분석법의 계절모형 (seasonal models)을 이용하여 분석하여야 한다.

14.2 계절 ARIMA 모형

14.2.1 AR모형과 계절 AR모형의 비교

자기회귀모형은 현 시점의 자료가 유한개의 과거 자료로 설명될 때 사용되는 일반적인 모형이다. 그러나 유한개의 과거 자료 모두가 현 시점의 자료를 설명하는 것이 아니라 특정의 주기를 갖는 자료만이 현 시점의 자료를 설명하는 경우가 있다. 이러한 경우에는 일반적인 자기회귀모형을 사용하여 분석하는 것이 아니라 계절 자기회귀모형을 사용하여야 한다.

월별 자료의 예를 생각해보자. 그리고 현재의 자료는 12시점 전의 자료에만 관계가 있다고 하자. 다시 말하면 현재 자료는 1년 전의 자료에만 관계가 있다고 가정하자. 이 경우 12시점 전의 자료가 관련이 있으므로 AR(12)모형을 생각할 수 있을 것이다. 그러나 앞에서의 가정이 12시점 전의 자료에만 관계가 있다고 하였으므로 계수의 개수가 12개인 AR(12)모형보다는 모수의 수가 적은 모형을 사용하는 것이 타당할 것이다. 즉 다음의 AR(12)모형

$$Z_t = \phi_1 Z_{t-1} + \phi_2 Z_{t-2} + \cdots + \phi_{12} Z_{t-12} + a_t$$

에서 11시점까지의 자료와는 관계가 없고 오직 12시점 전의 자료만이 관계가 있으므로 이를 식으로 나타내면

$$Z_t = \phi_{12} Z_{t-12} + a_t$$

가 된다. 따라서 모수의 수가 많은 AR(12)보다 이 모형을 사용하는 것이 더 좋다. 이와 같은 모형을 주기가 12인 계절자기회귀모형이라 부른다.

14.2.2 계절 AR모형

다음과 같은 모형을 고려하자.

$$\text{모형}:\ Z_t = \Phi Z_{t-12} + a_t, \quad a_t \ \underset{}{\overset{iid}{\sim}}\ (0,\ \sigma_a^2)$$

여기서 $|\Phi| < 1$이고 a_t는 $Z_{t-1}, Z_{t-2}, \cdots$와 독립이다.

이러한 모형을 계절주기가 12이고 차수가 1인 계절 AR(1)모형이라 부르고 AR(1)12 (seasonal autoregressive model)라 표시한다.

이 모형은 AR(12)모형에서 계수가 $\phi_1=\phi_2=\cdots=\phi_{11}=0$인 모형이라 생각해도 좋으며 현재의 자료가 과거의 자료 중 시차가 12인 전 자료와 선형관계에 있을 때 유용하게 사용된다. 예를 들면 금년 1월의 자료는 작년 1월의 자료와 관계가 있고 2월의 자료는 작년의 2월의 자료와 관계가 있는 등의 자료 분석에 유용한 모형이다.

이제 AR(1)12 모형의 특징을 알아보기 위하여 평균, 분산, 자기공분산 그리고 자기상관함수를 구해보자.

【평균】

$E(Z_t)=E(\Phi Z_{t-12}+a_t)$에서 $E(Z_t)=E(Z_{t-12})=\mu$이므로 $\mu=\Phi\cdot\mu$가 되고, 따라서 $\mu=0$이다. ($\because |\Phi|<1$)

【분산】 $\mathrm{Var}(Z_t)$

Z_t를 일반선형모형으로 표시하면 다음과 같다.

$$
\begin{aligned}
Z_t &= \Phi Z_{t-12}+a_t \\
&= a_t+\Phi Z_{t-12}=a_t+\Phi(\Phi Z_{t-24}+a_{t-12}) \\
&= a_t+\Phi a_{t-12}+\Phi^2 Z_{t-24} \\
&\ \ \vdots \\
&= a_t+\Phi a_{t-12}+\Phi^2 a_{t-24}+\Phi^3 a_{t-36}+\cdots
\end{aligned}
$$

따라서

$$
\begin{aligned}
\mathrm{Var}(Z_t) &= \sigma_a^2+\Phi^2\sigma_a^2+\Phi^4\sigma_a^2+\cdots \\
&= \frac{1}{1-\Phi^2}\sigma_a^2=\frac{\sigma_a^2}{1-\Phi^2}
\end{aligned}
$$

이 된다.

【자기공분산】

$$\text{Cov}(Z_t, Z_{t-k}) = \text{E}(Z_t \cdot Z_{t-k}) - \text{E}(Z_t)\text{E}(Z_{t-k}) = \text{E}(Z_t \cdot Z_{t-k})$$

이때

$$\begin{aligned} Z_t &= a_t + \Phi a_{t-12} + \Phi^2 a_{t-24} + \Phi^3 a_{t-36} + \cdots \\ Z_{t-k} &= a_{t-k} + \Phi a_{t-12-k} + \Phi^2 a_{t-24-k} + \cdots \end{aligned}$$

가 되고 백색잡음과정의 독립성을 이용하면 다음과 같은 결과를 얻는다.

$$k = 12, \qquad \text{E}(Z_t \cdot Z_{t-12}) = \Phi\sigma_a^2 + \Phi^3\sigma_a^2 + \cdots = \frac{\Phi\sigma_a^2}{1-\Phi^2} = \Phi\sigma(0)$$

$$k = 24, \qquad \text{E}(Z_t \cdot Z_{t-24}) = \Phi^2\sigma_a^2 + \Phi^4\sigma_a^2 + \cdots = \frac{\Phi^2}{1-\Phi^2}\sigma_a^2 = \Phi^2\sigma(0)$$

$$\vdots$$

그리고 k가 12의 배수가 아니면 $\text{E}(Z_t \cdot Z_{t-k}) = 0$이 된다. 이를 종합하면 다음과 같다.

$$\sigma(k) = \begin{cases} 0 & , \quad k \notin 12, 24, 36, \cdots \\ \Phi^{k/12}\sigma(0) & , \quad k = 0, 12, 24, 36, \cdots \end{cases}$$

즉 시차가 12의 배수인 경우만 '0'이 아니고 나머지는 모두 '0'인 자기공분산을 갖는다.

【자기상관함수】

$$\rho_k = \begin{cases} 0 & , \quad k \notin 12, 24, 36, \cdots \\ \Phi^{k/12} & , \quad k = 0, 12, 24, 36, \cdots \end{cases}$$

이제 주기가 s인 1차 계절 자기회귀모형인 AR(1)s모형을 살펴보자.

모형 : $Z_t = \Phi Z_{t-s} + a_t$,

여기서 $|\Phi|<1$이고 a_t는 Z_{t-1}, Z_{t-2}, $\cdots$와 독립이다.

주기 s는 자료의 특성, 그리고 자료의 수집형태에 따라 결정된다. 예를 들어 4분기 자료라면 일반적으로 주기는 $s=4$가 될 것이고 월별자료라면 $s=12$가 될 것이다.

위의 유도과정을 이용하면 우리는 AR(1)s모형의 특징인 평균, 분산 그리고 자기상관함수를 쉽게 유도할 수 있다. 이에 관한 결과는 다음과 같다.

(1) $E(Z_t)=0$

(2) $Var(Z_t)=\dfrac{\sigma_a^2}{1-\Phi^2}$

(3) $\rho_k=\begin{cases}0 & , \quad k\notin s, 2s, 3s, \cdots \\ \Phi^{k/s} & , \quad k=0, s, 2s, 3s, \cdots\end{cases}$

따라서 AR(1)s 모형의 경우 자기상관함수 ρ_k는 주기가 s배인 경우에만 '0'이 아니고 나머지는 모두 '0'이다. 또한 시차가 s배인 경우를 고려하면 ρ_k는 지수적으로 감소하게 된다.

다음으로 AR(1)s 모형의 부분자기상관함수를 살펴보자. 10장에서 부분자기상관함수 ϕ_{kk}를 구하는 공식

$$\begin{pmatrix}\phi_{k1}\\ \phi_{k2}\\ \vdots \\ \phi_{kk}\end{pmatrix}=\begin{pmatrix}1 & \rho_1 & \rho_2 & \cdots & \rho_{k-1}\\ \rho_1 & 1 & \rho_1 & \cdots & \rho_{k-2}\\ \vdots & & & & \\ \rho_{k-1} & \rho_{k-2} & \cdots & \rho_1 & 1\end{pmatrix}^{-1}\begin{pmatrix}\rho_1\\ \rho_2\\ \vdots\\ \rho_k\end{pmatrix}$$

에 위에서 얻어진 자기상관함수를 대입하여 풀면 부분자기상관함수 ϕ_{kk}를 구할 수 있는데 $k=s$인 경우만 '0'이 아니고 다른 부분자기상관함수는 모두 '0'인 결과를 얻는다. 이는 일반 AR(1)모형에서 부분자기상관함수는 1시차의 부분자기상관함수만 '0'이 아니고 시차가 2이상인 경우에 모두 '0'인 것과 비교하면 이해하기가 쉬울 것이다.

이제 ACF와 PACF를 그림으로 표시하면 다음과 같다.

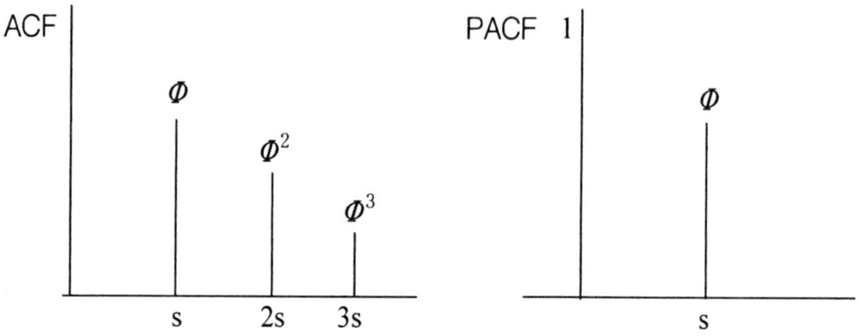

[그림 14.1] 계절 AR(1)s 모형의 ACF와 PACF

이제 주기가 s인 계절 AR(p)s 모형을 살펴보자.

계절 AR(p)s 모형

$$Z_t = \Phi_1 Z_{t-s} + \Phi_2 Z_{t-2s} + \cdots + \Phi_p Z_{t-ps} + a_t, \quad a_t \overset{iid}{\sim} (0,\ \sigma_a^2)$$

먼저 계절 AR(p)모형의 정상성 조건을 살펴보자.

AR(1)s모형의 경우 정상성 조건은 $|\Phi|<1$ 이었다. AR(p)s 모형의 경우는 다음에 나오는 모형의 특성방정식을 이용하여 정상성 조건을 찾게 된다.

【계절 AR(p)s 모형의 특성방정식】

$$\Phi(B) = 1 - \Phi_1 B^s - \Phi_2 B^{2s} - \cdots - \Phi_p B^{ps}$$

일반 AR(p)모형에서와 같이 특성방정식의 근의 절대값이 모두 1보다 크면 정상성이 만족된다. 예를 들어 AR(1)s모형의 경우 $\Phi(B) = 1 - \Phi_1 B^s$의 근들의 절대값이 모두 1보다 크면 정상성이 만족되고 물론 여기서도 조건은 $|\Phi|<1$과 같은 조건이다.

다음으로 계절 AR(p)s 모형의 모형식별을 위해 자기상관함수와 부분자기상관함수의 특징을 살펴보자. 결론적으로 계절 AR(p)s 모형의 자기상관함수는 시차가 주기 s의 배수인 경우만 '0'이 아니고 나머지는 모두 '0'이 되며 특히 시차가 주기 s의 배수인 경우를 살펴보면 자기상관함수 ρ_{ms}, $m=1,2,\cdots$는 빠르게 감소한다. 또한 부분자기상관함수는 시차가 $s, 2s, \cdots, ps$인 경우에만 '0'이 아닌 수를 가지며 그 나머지에서는 모두 '0'이 된다. 이를 그림으로 표시하면 다음과 같다.

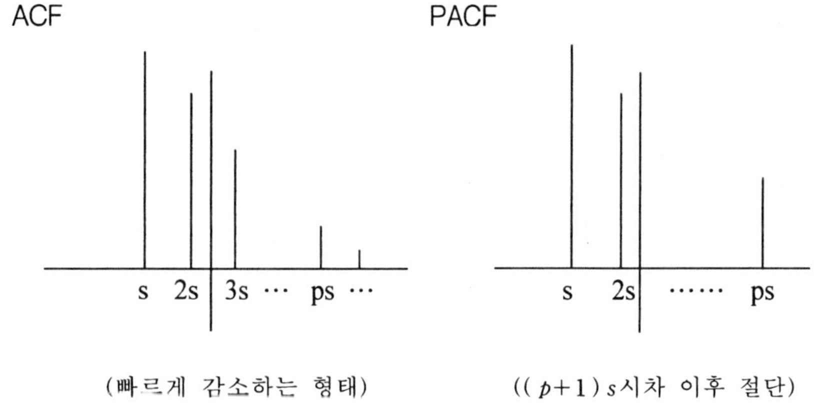

[그림 14.2] 계절 AR(p)s 모형의 ACF와 PACF

14.2.3 계절 MA모형

다음으로 계절 MA모형을 살펴보기로 하자. 먼저 계절 MA모형 중에서 가장 간단한 계절 MA(1)s모형을 살펴보자.

계절 MA(1)s 모형

$$\text{모형}:\ Z_t = a_t - \Theta a_{t-s}$$

계절 MA(1)s 모형은 단순 MA모형과 같이 언제나 정상성을 만족하게 된다. 또한 $|\Theta|<1$이면 가역성도 만족한다. 다음으로 계절 MA(1)s 모형의 특성인 평균, 분산, 자기공분산, 자기상관함수 그리고 부분자기상관함수를 살펴보자.

【평균】

$$E(Z_t) = E(a_t - \Theta a_{t-s}) = E(a_t) - \Theta E(a_{t-s}) = 0$$

【분산】

$$
\begin{aligned}
\mathrm{Var}(Z_t) &= \mathrm{Var}(a_t - \Theta a_{t-s}) \\
&= \mathrm{Var}(a_t) + \Theta^2 \mathrm{Var}(a_{t-s}) - 2\Theta \mathrm{Cov}(a_t, a_{t-s}) \\
&= \sigma_a^2 + \Theta^2 \sigma_a^2 = (1+\Theta^2)\sigma_a^2
\end{aligned}
$$

【자기공분산】

$$\mathrm{Cov}(Z_t, Z_{t-h}) = \mathrm{E}(Z_t Z_{t-h}) = \mathrm{E}[(a_t - \Theta a_{t-s})(a_{t-h} - \Theta a_{t-h-s})]$$

만약 $h \neq s$이면 백색잡음과정이 독립이기 때문에 $\mathrm{Cov}(Z_t, Z_{t-h}) = 0$이 된다. 그리고 $h = s$ 이면

$$\mathrm{Cov}(Z_t, Z_{t-s}) = \mathrm{E}[(a_t - \Theta a_{t-s})(a_{t-s} - \Theta a_{t-2s})] = -\Theta \sigma_a^2$$

이 된다.

【자기상관함수】

위의 자기공분산을 이용하여 자기상관함수를 구하면

$$
\rho_h = \begin{cases} \dfrac{-\Theta}{1+\Theta^2}, & h = s \\ 0, & h \neq s \\ 1, & h = 0 \end{cases}
$$

이 된다.

【부분자기상관함수】

MA(1)s 모형이 가역성을 만족하므로 모형을 후진연산자를 사용하여 적으면 다음과 같다.

$$Z_t = (1 - \Theta B^s) a_t$$

이 식은

$$a_t = (1 - \Theta B^s)^{-1} Z_t = Z_t + \Theta Z_{t-s} + \Theta^2 Z_{t-2s} + \Theta^3 Z_{t-3s} + \cdots$$

으로 표현된다. 이 식을 이용하면 부분자기상관함수는 시차가 주기 s의 배수가 아니면 모두 '0'이 됨을 알 수 있다. 이를 종합하면 계절 MA(1)s 모형의 부분자기상관함수는 단순 MA(1)모형의 부분자기상관함수와 유사한 형태를 취하게 된다. 즉 주기 s의 배수가 아닌 시차에서는 '0'이 되고 주기 s의 배수인 시차에서는 빠르게 감소하는 형태를 취하게 된다. 또한 자기상관함수를 살펴보면 시차가 s일 때만 '0'이 아니고 그 외의 모든 시차에서는 '0'이 된다. 이를 그림으로 표시하면 다음과 같다.

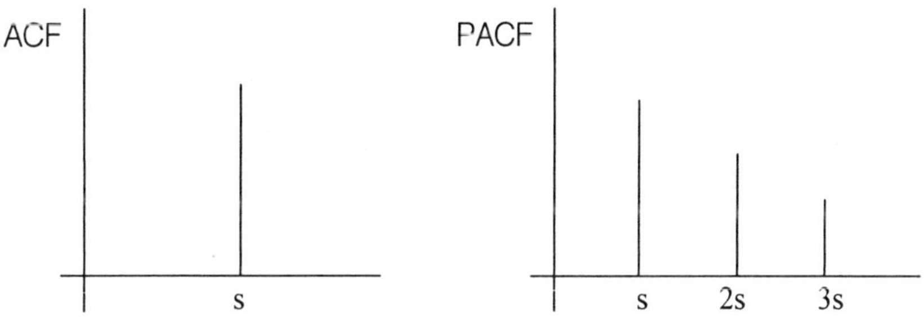

[그림 14.3] 계절 MA(1)s 모형의 ACF와 PACF

다음으로 계절 MA(q)s모형을 살펴보자. 일반적인 이론은 단순 MA(q) 모형과 같다.

계절 MA(q)s 모형

$$Z_t = a_t - \Theta_1 a_{t-s} - \Theta_2 a_{t-2s} - \cdots - \Theta_q a_{t-qs}$$

계절 MA(q)s모형은 단순 MA(q)모형과 같이 언제나 정상성을 만족한다. 이제 MA모형의 특성인 가역성을 살펴보자. 이를 위하여 특성방정식을 구하면 다음과 같다.

$$\text{특성방정식 : } \Theta(B) = 1 - \Theta_1 B^s - \Theta_2 B^{2s} - \cdots - \Theta_q B^{qs}$$

이 특성방정식의 근들의 절대값이 모두 1보다 크면 가역성을 만족한다.

다음은 계절 MA(q)s 모형의 특성을 말해주는 평균, 분산, 자기공분산, 자기상관함수이다.

【평균】

$$E(Z_t) = E(a_t - \Theta_1 a_{t-s} - \Theta_2 a_{t-2s} - \cdots - \Theta_q a_{t-qs}) = 0$$

【분산】

$$\begin{aligned} Var(Z_t) &= Var(a_t - \Theta_1 a_{t-s} - \Theta_2 a_{t-2s} - \cdots - \Theta_q a_{t-qs}) \\ &= Var(a_t) + \Phi_1^2 Var(a_{t-1}) + \cdots + \Phi_q^2 Var(a_{t-q}) \\ &= \sigma_a^2 (1 + \Phi_1^2 + \cdots + \Phi_q^2) \end{aligned}$$

【자기공분산】

$Cov(Z_t, Z_{t-h}) = E(Z_t Z_{t-h})$을 구하기 위하여 다음의 두 식을 살펴보자.

$$\begin{aligned} Z_t &= a_t - \Theta_1 a_{t-s} - \Theta_2 a_{t-2s} - \cdots - \Theta_q a_{t-qs} \\ Z_{t-h} &= a_{t-h} - \Theta_1 a_{t-h-s} - \Theta_2 a_{t-h-2s} - \cdots - \Theta_q a_{t-h-qs} \end{aligned}$$

위의 식에서 백색잡음과정의 독립성을 이용하면 h가 주기 s의 배수가 아닐 경우에는

$$E(Z_t \cdot Z_{t-h}) = Cov(Z_t \cdot Z_{t-h}) = 0$$

이 되는 것을 알 수 있다. 결국 계절시차 $s, 2s, \cdots, qs$ 이외의 시차에서는 자기공분산은 '0'이다. 또한 h가 s의 배수일 때 즉 $h = k \cdot s$일 때 자기공분산을 구하면 다음과 같다.

$$Cov(Z_t \cdot Z_{t-ks}) = (-\Theta_k + \Theta_1 \Theta_{k+1} + \cdots + \Theta_{q-k} \Theta_q)\, \sigma_a^2$$

이 결과는 8장에서 설명된 자기공분산 생성함수를 이용하여 구할 수도 있다.

【자기상관함수】

앞에서 얻어진 자기공분산을 이용하면 자기상관함수 ρ_{ks}는 다음과 같다.

$$\rho_{ks} = \frac{-\Theta_k + \Theta_1\Theta_{k+1} + \cdots + \Theta_{q-k}\Theta_q}{1+\Theta_1^2+\Theta_2^2+\cdots+\Theta_q^2}, \quad k = 1, 2, \cdots, q$$

【부분자기상관함수】

계절 MA(1)s모형에서와 같이 후진연산자를 사용하여 모형을 적으면 다음과 같다.

$$Z_t = (1-\Theta_a B^s - \Theta_2 B^{2s} - \cdots - \Theta_q B^{qs})a_t$$

띠리서

$$a_t = (1-\Theta_1 B^s - \Theta_2 B^{2s} - \cdots - \Theta_q B^{qs})^{-1} Z_t$$

가 된다. 이 식을 이용하여 부분자기상관함수를 구하면 시차가 주기 s의 배수가 아니면 '0'이 되고 또한 $\phi_{ks,ks}$는 k가 증가하면서 빠르게 감소하는 형태를 취하게 된다.

이상을 종합하면 계절 AR모형 또는 계절 MA모형의 자기상관함수와 부분자기상관함수의 형태는 단순 AR모형 또는 단순 MA모형과 유사하며 다른 점은 단순 모형의 경우에는 시차가 '1'씩 증가하면서 '0'이 아닌 값을 갖는 반면 계절 모형의 경우는 시차가 's'씩 증가하면서 '0'이 아닌 값을 갖는다는 것이다. 이를 그림으로 그리면 다음과 같다.

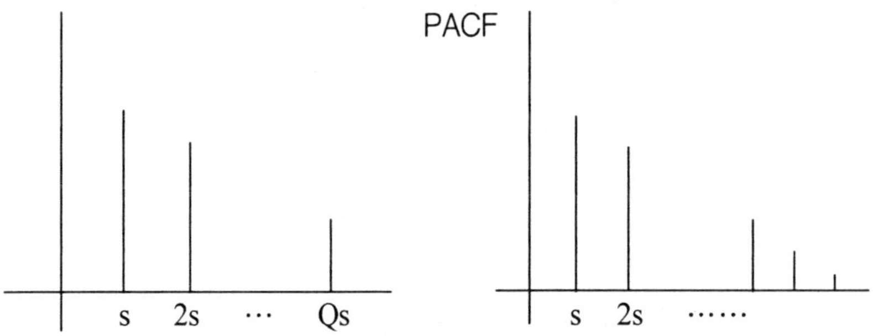

((q+1) s 차 이후 절단) (빠르게 감소하는 형태)

[그림 14.4] MA(q)s 모형의 ACF와 PACF

14.3 승법 계절 ARMA모형

많은 시계열 자료는 단순 ARMA모형만으로, 또는 계절 ARMA모형만으로 모형화 할 수 없는 경우가 있다. 예를 들어 월별 아이스크림 판매량을 생각해보자. 일반적으로 아이스크림의 판매량은 계절별로 다를 것이므로 계절모형을 사용하는 것은 당연하다. 그러나 아이스크림의 판매량은 전월의 판매량과도 무관하지는 않을 것이다. 따라서 전월의 영향도 모형에 추가하여야 하며, 이를 위하여 단순 ARMA모형도 함께 고려해야 한다. 결국 위의 예와 같은 자료는 단순 ARMA모형과 계절 ARMA모형이 혼합된 모형으로 분석을 해야할 것이다. 이와 같이 단순 ARMA모형과 계절 ARMA모형이 포함된 모형을 승법계절 ARMA모형이라 부른다.

승법계절 ARMA 모형

단순 ARMA(p, q)모형과 계절 ARMA(P, Q)모형이 혼합된 모형으로 승법계절 ARMA (p, q)(P, Q)s모형은 다음과 같다.

$$\phi(B)\Phi(B)Z_t = \theta(B)\Theta(B)a_t$$

여기서

$$\begin{aligned}
\phi(B) &= (1-\phi_1 B-\phi_2 B^2-\cdots-\phi_p B^p)\\
\Phi(B) &= (1-\Phi_1 B^S-\cdots\Phi_P B^{PS})\\
\theta(B) &= (1-\theta_1 B-\cdots-\theta_q B^q)\\
\Theta(B) &= (1-\Theta_1 B-\cdots-\Theta_Q B^{Qs})
\end{aligned}$$

이다.

승법계절모형에 관한 이론은 복잡하기 때문에 승법계절모형 중에서 간단한 몇 가지 모형을 살펴보도록 하자.

승법계절 ARMA(0,0)(1,0)s = 계절 ARMA(1,0)s = 계절 AR(1)s 모형

$$\text{모형 : } Z_t = \Phi_1 Z_{t-s} + a_t$$

승법계절 ARMA(1,0)(1,0)12

$$\begin{aligned} \text{모형 : } & (1-\phi B)(1-\Phi B^{12}) Z_t = a_t \\ & (1-\phi B-\Phi B^{12}+\phi\Phi B^{13}) Z_t = a_t \\ \text{또는 } & Z_t = \phi Z_{t-1} + \Phi Z_{t-12} - \phi\Phi Z_{t-13} + a_t \end{aligned}$$

승법계절 ARMA(0,1)(0,1)12

$$\begin{aligned} \text{모형 : } Z_t &= (1-\theta B)(1-\Theta B^{12}) a_t \\ &= (1-\theta B-\Theta B^{12}+\theta\Theta B^{13}) a_t \\ &= a_t - \theta a_{t-1} - \Theta a_{t-12} + \theta\Theta a_{t-13} \end{aligned}$$

승법계절 ARMA(1,0)(0,1)12

$$\text{모형 : } Z_t = \phi Z_{t-1} + a_t - \Theta a_{t-12}$$

승법계절 ARMA(1,1)(1,1)12

$$\text{모형 : } (1-\phi B)(1-\Phi B^{12}) Z_t = (1-\theta B)(1-\Theta B^{12}) a_t$$

다음의 모형에서 승법계절 모형의 기대값, 분산 그리고 자기상관함수를 살펴보자. 승법계절 모형에서는 계산이 복잡하므로 간단히 몇 개의 모형만을 살펴보았다. 각 모형은 정상성을 만족한다고 가정하자.

승법계절 ARMA(0,1)(1,0)12

$$\text{모형 : } Z_t = \Phi Z_{t-12} + a_t - \theta a_{t-1}$$

【기대값】 $E(Z_t) = \Phi E(Z_{t-12}) + E(a_t) - \theta E(a_{t-1})$

정상성을 만족하므로 $\mu = \Phi\mu$에서 $\mu = 0$이 된다.

【분산】 $\mathrm{Var}(Z_t) = \mathrm{Var}(\Phi Z_{t-12}) + \mathrm{Var}(a_t) + \theta^2 \mathrm{Var}(a_{t-1})$에서

$\sigma(0) = \Phi^2\sigma(0) + \sigma_a^2 + \theta^2\sigma_a^2$이 되고 따라서 $\sigma(0) = \dfrac{1+\theta^2}{1-\Phi^2}\sigma_a^2$

【자기상관함수】

$$\begin{cases} \rho_{12k} = \Phi^k, & k = 1, 2, 3\cdots \\ \rho_{12k-1} = \rho_{12k+1} = -\dfrac{\theta}{1+\theta^2}\Phi^k, & k = 0, 1, 2, \cdots \end{cases}$$

이 외의 자기상관함수는 모두 '0'이다.

승법계절 ARMA(0,1)(0,1)12

$$\begin{aligned} \text{모형 : } Z_t &= (1-\theta B)(1-\Theta B^{12})a_t \\ &= a_t - \theta a_{t-1} - \Theta a_{t-12} + \theta\Theta a_{t-13} \end{aligned}$$

【기대값】 $E(Z_t) = E(a_t - \theta a_{t-1} - \Theta a_{t-12} + \theta\Theta a_{t-13}) = 0$

【분산】 $\mathrm{Var}(Z_t) = \mathrm{Var}(a_t - \theta a_{t-1} - \Theta a_{t-12} + \theta\Theta a_{t-13})$

$$= \sigma_a^2(1+\theta^2+\Theta^2+\theta^2\Theta^2) = \sigma_a^2(1+\theta^2)(1+\Theta^2)$$

【자기상관함수】

$$
\begin{cases}
\rho_1 = -\dfrac{\theta}{1+\theta^2} \\
\rho_{11} = \rho_{13} = \dfrac{\theta\Theta}{(1+\theta^2)(1+\Theta^2)} \\
\rho_{12} = -\dfrac{\Theta}{1+\Theta^2} \\
\text{다른 시차에서는} \quad 0
\end{cases}
$$

이상에서 살펴보았듯이 승법계절모형은 단순 ARMA(p, q)모형과 계절 ARMA(P, Q)s 모형이 혼합된 모형으로 ACF의 모양이 복잡하다. 결국 승법모형의 분석은 많은 경험을 필요로 하게 된다.

14.4 비정상 계절 ARMA모형

이 절에서는 추세가 있거나 분산이 일정하지 않은 비정상 시계열은 다루지 않고 차분이 필요한 비정상 시계열만을 다루도록 한다. 이미 익혔듯이 모형에 확률보행과정이 있으면 차분을 통하여 비정상 시계열을 정상 시계열로 바꾸어 줄 수 있다. 이때 사용되는 차분은 다음과 같다.

$$W_t = Z_t - Z_{t-1}$$

이러한 차분을 일반 차분(regular difference)이라 부른다. 그러나 주기가 s인 계절 비정상 시계열을 분석할 경우에는 위와 같은 차분이 아니라 계절 차분(seasonal difference)을 통하여 비정상 시계열을 정상 시계열로 바꾸어주어야 한다. 예를 들어 $Z_t = \Phi Z_{t-12} + a_t$의 모형에서 $\Phi = 1$인 경우를 생각해 보자. 이 경우 모형은 비정상 시계열이고 이를 정상화시키기 위해서는 $Z_t - Z_{t-1}$의 차분을 사용하는 것이 아니라 $Z_t - Z_{t-12}$의 차분을 사용해야 한다. 이와 같이 차분을 할 때 전 차수 자료로 빼주는 것이 아니라 주기에 따라 차분 하는 것을 계절 차분(seasonal difference)이라 한다.

계절차분 (seasonal difference)

$$W_t = Z_t - Z_{t-s}$$

여기서 s는 주기이다.

Dickey-Fuller의 단위근 검정법을 통하여 계절 차분을 결정하거나 자료의 자기상관함수가 빠른 속도로 감소하지 않는 경우, 주기에 맞게 계절 차분을 결정한다. 계절 차분이 필요한 자료는 경제자료에서 특히 많이 나타나며 계절성이 있는 자료의 경우에는 한번쯤 고려해 보아야 한다.

계절 차분을 하게되면 분석에 사용되는 자료의 수는 주기 만큼 줄어들게 된다. 즉 주어진 자료의 개수가 n이고 주기가 s인 경우 계절 차분후 분석에 사용되는 자료의 수는 $n-s$이다. 따라서 계절 차분으로 s개의 자료를 잃게 되므로 자료의 수가 적은 경우에는 사용에 주의를 하여야 한다.

다음의 계절 AR(1)s모형을 통하여 자기상관함수의 특성을 이용한 계절 차분 결정방법을 알아보자.

$$Z_t = \Phi Z_{t-s} + a_t$$

이 모형의 자기상관함수는 시차가 s, $2s$, $3s$, $\cdots$ 일 경우에만 '0'이 아니다. 따라서 시차 s, $2s$, $3s$, $\cdots$ 에서의 표본 자기상관함수가 '1'에 매우 가깝게 나온다면 모형에 있는 모수가 $\Phi = 1$이라고 판정을 해야한다. $\Phi = 1$인 경우 위의 모형은 계절 비정상 시계열이 되고 분석을 위해서는 계절 차분을 해야한다.

일반적으로 시차 s, $2s$, $3s$, $\cdots$ 에서 SACF가 1에 가깝게 나온다면 계절 차분을 해야 하고, 계절 차분을 한 후의 자료를 이용하여 모형식별을 해야한다.

끝으로 계절차분, 일반차분을 함께 한 후 승법계절모형이 될 경우가 있는데 이러한 모형을 승법 계절 ARIMA(p, d, q)(P, D, Q)s 모형이라 부른다. 만약 주기가 여러 개가 있으면 계속해서 모형을 확장하면 된다. 승법 계절 ARIMA(p, d, q)(P, D, Q)s 모형은 이론적으로 복잡하기 때문에 본 교재에서는 다루지 않고 실제 자료분석을 통하여 익히면 좋을 것이다.

14.5 모형식별

10장에서 익힌 모형식별 방법은 승법계절 ARMA모형에서도 그대로 적용된다. 먼저 이론에서 얻은 자기상관함수, 부분자기상관함수와 자료에서 얻어진 표본 자기상관함수, 표본 부분자기상관함수를 비교하여 잠정적인 모형을 식별한다. 또한 AIC, SBC 등을 이용하여 모형을 식별할 수 있다. 이 절에서는 다음 두 모형의 ACF, PACF를 이용하여 모형을 식별하는 방법을 알아보도록 하자.

계절 AR(1)s

【자기상관함수】

$$\rho_k = \begin{cases} 1 & , \ k=0 \\ \Phi^{k/s} & , \ k = s, 2s, 3s, \cdots \\ 0 & , \ o \cdot w \end{cases}$$

【부분자기상관함수】

$$\phi_{kk} = \begin{cases} \Phi & , \ k=s \\ 0 & , \ o \cdot w \end{cases}$$

계절 MA(1)s 모형

【자기상관함수】

$$\rho_k = \begin{cases} 1 & , \ k=0 \\ \dfrac{-\Theta_1}{1+\Theta_1^2} & , \ k = s \\ 0 & , \ o \cdot w \end{cases}$$

【부분자기상관함수】

$$\phi_{kk} = \begin{cases} \dfrac{-\Theta_1^{k/s}(1-\Theta_1^2)}{1-\Theta_1^{2(k/s+1)}}, & k = s, 2s, 3s, \cdots \\ 0, & k \neq s, 2s, 3s, \cdots \end{cases}$$

위의 두 모형에서 보았듯이 단순 ARMA 모형의 ACF, PACF와 비교하면 ACF와 PACF의 패턴은 같으나 계절주기 s의 배수에 해당하는 시차 s, $2s$, $3s$, $\cdots$ 등을 따라 '0'이 아닌 값들이 나타난다는 것이다. 그러나 이보다 복잡한 승법 계절 모형의 경우에 대해서는 일반적인 패턴이 없으며 정확한 모형 식별을 위해서는 많은 경험이 필요하다. 복잡한 모형의 식별에 있어서는 다른 통계량들, 예를 들어 AIC, SBC 등의 사용이 필요하게 되며 10장에서 배운 방법을 확장 적용하면 된다. SAS/ARIMA에서는 AIC, SBC를 출력해 줌으로 이를 분석에 이용하면 편리하다. 또한 과대적합, 잔차의 검정 등 앞 장에서 익혔던 모든 이론을 사용하면 된다.

14.6 SAS 프로그램

이 절에서는 계절 차분을 하는 방법과 모수 추정에 관련된 프로그램을 살펴보자.

<u>일반 차분 및 계절 차분(PROC ARIMA)에서 사용할 때</u>

(1) $Z_t - Z_{t-1}$ $\Rightarrow$ PROC ARIMA;
IDENTIFY Z(1);

(2) $Z_t - Z_{t-s}$ $\Rightarrow$ PROC ARIMA;
IDENTIFY Z(s);

(3) 계절 차분과 일반 차분을 동시에 $\Rightarrow$ PROC ARIMA;
IDENTIFY Z(1,s);

【추정】

모형 : ARIMA(1,1,2)(2,1,1)12

```
PROC ARIMA;
IDENTIFY  Z(1,12);      /* 계절 차분(주기=12)과 일반 차분을 동시에 한다. */
ESTIMATE p=(1)(12,24) q=(1,2)(12);
```

연 습 문 제

1. 다음의 프로그램을 이용하여 자료를 생성하고 질문에 답하라.

```
Data TEST;
x=0;
seed=47815;
do t=1 to 200;
a=normal(seed);
x=x+0.7*lagx4-0.7*lagx5+a;
lagx4=lag3(x);
lagx5=lag4(x);
if lagx4=. then lagx4=0;
if lagx5=. then lagx5=0;
output;
end;
```

① 자료의 그래프를 그려라. 계절요인이 있다고 생각되는가?
② SACF, SPACF를 구하라.
③ ②에서 차분이 필요하다고 생각되는가? 차분이 필요하다면 그 이유는 무엇일까?
④ ②에서 계절요인이 있다고 생각되는가? 그 이유는 무엇일까?
⑤ 모형을 식별하라.
⑥ 조건부 최소제곱추정법을 사용하여 모수를 추정하라.
⑦ 과대적합을 이용하여 모형을 확정하라.
⑧ 잔차검정을 하라.

2. 계절모형 AR(2)s를 고려하라.

$$\text{모형 : } Z_t = \Phi_1 Z_{t-s} + \Phi_2 Z_{t-2s} + a_t$$

여기서 a_t는 백색잡음과정이다

① 평균과 분산을 구하라.

② Z_t를 일반선형과정으로 표시하라.

③ 자기공분산을 구하라.

3. 계절모형 MA(2)s를 고려하라.

① 모형을 적고 평균과 분산을 구하라.

② 자기공분산과 자기상관함수를 구하라.

4. 어떤 시계열의 특성식이 다음과 같다.

$$C(B) = (1-1.2B+0.2B^2)(1-B^4)$$

① 이 특성방정식에 대응하는 시계열 모형의 차수를 구하라.

② 이 모형은 정상성을 만족하는가?

③ AR부분의 특성방정식이라 할 때 어떤 차분이 필요한가?

15

분해 시계열

15.1 서론

이 장에서는 분해 시계열 방법을 살펴보기로 하자. 분해 시계열 방법은 전 장에 걸쳐 지금까지 배웠던 Box-Jenkins 분석 방법과는 다르나 시계열 분석에서 많이 사용되는 방법 중의 하나이다. 또한 이 방법은 경제 시계열(economic time series)을 분석하는데 널리 이용될 뿐만 아니라 Box-Jenkins 분석에 들어가기 위한 준비단계로 사용되기도 하고 최근에는 Box-Jenkins방법과 혼용하여 사용하기도 한다. 분해시계열 방법이란 시계열에 영향을 주는 일반적인 요인을 시계열에서 분리하여 분석하는 방법을 말하며 회귀분석적인 방법을 주로 사용하고 있다.

15.2 분해 시계열의 구성 요소

시계열을 구성하는 요소는 다음의 4가지로 분류한다.

(1) 추세요인 (Trend factor)
(2) 계절요인 (Seasonal factor)
(3) 순환요인 (Cyclical factor)
(4) 불규칙요인 (Irregular factor)

각 요인들의 특성을 간략히 살펴보면 다음과 같다.

1. **추세요인** : 자료의 그림을 그렸을 때 그 형태가 오르거나 또는 내리는 추세를 따르는 경우가 있다. 물론 선형적으로 오르거나 내리는 것 이외에도 이차식의 형태를 취하거나 또는 지수적 형태를 취할 수도 있는데, 이렇게 자료가 어떤 특정한 형태를 취할 때 추세요인이 있다고 한다.

2. **계절요인** : 요일마다 반복되거나 일년 중의 각 월에 의한 변화, 사분기 자료에서 각 분기에 의한 변화 등 고정된 주기에 따라 자료가 변화하는 경우가 있다. 이렇게 고정된 주기에 따라 자료가 변화할 경우 계절요인이 있다고 한다.

3. **순환요인** : 명백한 경제적이나 자연적인 이유가 없이 알려지지 않은 주기를 가지고 변화하는 자료가 있다. 이와 같이 알려지지 않은 주기를 가지고 자료가 변화할 때 순환요인이 있다고 한다.

4. **불규칙요인** : 이 세 가지의 요인으로 설명할 수 없는 요인으로 회귀분석에서 오차(error)에 해당하는 요인을 말한다. 이러한 불규칙 요인은 Box-Jenkins의 ARIMA모형으로 분석할 수 있다.

분해 시계열 분석법에서는 각 구성요인을 정확하게 분리시키는 것이 중요하다. 그러나 각 요인을 정확하게 분리하는 것은 그리 쉽지 않다. 또한 분해 시계열 방법은 이론적인 약점이 있는 것으로도 알려져 있다. 그러나 경제학자들이나 조사통계학자들은 이러한 약점에도 불구하고 널리 사용하고 있으며 실제로 경제 분석이나 예측에서 이 방법은 성공적으로 사용되고 있다.

분해식의 일반적 정의는 다음과 같다.

$$Z_t = f(T_t, S_t, C_t, I_t) \tag{15.1}$$

여기서 T_t: 경향(추세)요인, S_t: 계절요인, C_t: 순환요인,

I_t: 불규칙요인, Z_t: 시계열 값, f : 미지의 함수

즉 관찰값 Z_t는 위에서 언급된 여러 요인들의 함수로 정의된다. 그러나 함수 f가 미지이기 때문에 일반적인 함수 f를 고려할 수 없다. 따라서 다음의 간단한 함수가 주로 사용된다. 즉

$$Z_t = f(T_t, S_t, C_t, I_t) = \begin{cases} T_t + S_t + C_t + I_t & \leftarrow \text{가법모형} \\ T_t \cdot S_t \cdot C_t \cdot I_t & \leftarrow \text{승법모형} \end{cases}$$

위의 두 모형 중에서 본 교재에서는 가법모형만을 다룬다. 그리고 이 장에서 배우게 될 분해 시계열 방법은 기초적인 방법으로 실제 분해 시계열 방법을 사용하기 위해서는 이보다 복잡한 단계를 거쳐야 한다는 점을 알아두기 바란다. 또한 순환요인에 관한 내용은 본 교재의 수준을 넘으므로 다루지 않는다.

15.3 추세요인

분해 시계열 분석의 첫 단계는 주어진 시계열에서 추세요인을 분리해 내는 것이다. 추세란 시계열에서 상향 또는 하향 등과 같은 대략적인 변화를 말하므로 시계열 그림을 그려보면 이 시계열이 추세요인을 갖고 있는지를 알 수 있다.

추세요인이 있는 경우는 다음의 과정을 이용하여 분석한다.

- 추세의 유무 판단과 추세곡선의 구체적인 함수 형태를 알아낸다.
  일반적으로 구체적인 함수로 다항추세식을 이용한다.

- 자료에 맞는 다항추세식의 차수를 정하고 정해진 차수를 이용하여 모수를 추정한다. 정해진 차수와 구해진 추정량을 이용하여 잔차를 구하고 이 잔차를 이용하여 추세 요인 이외의 다른 요인이 있는가를 검사한다.

15.3.1 다항추세식

어떤 미지의 추세함수는 일반적으로 다항식을 사용하여 근사 시킬 수 있다. 이 절에서는 다항식을 이용하여 추세요인을 분리해 내는 방법을 다루기로 하자.

다음이 다항 추세모형이다.

$$Z_t = \beta_0 + \beta_1 t + \beta_2 t^2 + \cdots + \beta_p t^p + U_t, \quad t = 1, \cdots, n \tag{15.2}$$

여기서 U_t : $U_1, U_2, \cdots, U_n$은 다른 요인을 포함하고 있거나 불규칙 요인으로 ARMA 모형을 따른다.

위의 모형은 일반적인 다항 추세모형이며 먼저 U_t가 독립이고 동일한 분포를 갖고 있으며 평균이 '0'이고 분산이 σ^2인 경우를 살펴보자. 즉

$$U_t \underset{\sim}{iid} (0, \sigma^2)$$

다시 언급하지만 기호로서 백색잡음 a_t를 사용하지 않고 U_t를 사용하는 이유는 일반적으로 추세다항식만으로 모형이 완성되지 않기 때문이다. 그러나 이 절에서는 복잡한 U_t대신에 가장 간단한 모형을 사용하여 분석하기로 한다. 오차항 U_t가 독립이고 같은 분포를 따를 경우 다항 추세모형은 회귀분석 모형의 다항 회귀모형과 동일하다.

다항 추세모형에서는 먼저 다항식의 차수 p와 계수 $\beta_0, \beta_1, \cdots, \beta_p$를 추정하는 것이 중요하다. 차수를 결정하는 방법과 모수를 추정하는 방법은 회귀분석에서 사용한 방법을 그대로 사용하면 된다. 그러나 (15.2)식을 사용하면 다음과 같은 문제점이 발생한다.

(1) 계수의 추정값들이 높은 상관관계를 가지고 있다.

(예) 다항추세모형이 2차 다항추세식을 갖는다고 하자. 그리고

$$Z = \begin{pmatrix} Z_1 \\ Z_2 \\ \vdots \\ Z_n \end{pmatrix}, \quad X = \begin{pmatrix} 1 & 1 & 1^2 \\ 1 & 2 & 2^2 \\ \vdots & 3 & \vdots \\ \vdots & \vdots & \vdots \\ 1 & n & n^2 \end{pmatrix}, \quad \beta = \begin{pmatrix} \beta_0 \\ \beta_1 \\ \beta_2 \end{pmatrix}$$

라 하자. 그러면 모형은 $Z_t = X\beta + U_t$가 된다. 2장의 회귀분석 결과를 이용하면 β의 추정량 $\hat{\beta} = (X'X)^{-1}X'Z$가 되고 추정량의 분산 $\mathrm{Var}(\hat{\beta}) = (X'X)^{-1} \cdot \sigma^2$이 된다. 이때 $\sigma^2 \cdot (X'X)^{-1}$의 비 대각 원소들이, 예를 들어 $\mathrm{Cov}(b_1, b_2) = [(X'X)^{-1} \cdot \sigma^2]_{23}$ 원소가 커진다. 이는 추정량들이 높은 상관관계를 가지고 있다는 것이고 결국 추정량의 정확도는 떨어지게 된다.

(2) p차 다항식으로 추세 곡선을 추정한 뒤 다시 한 차수를 높여서 $(p+1)$차 다항식으로 추세 곡선을 추정하려 할 때 p차 다항식 결과를 이용하지 못한다.

(3) 추세 다항식의 차수 p를 결정할 때 효과적이지 못하다.

이상의 문제점은 다음에 나오는 직교다항추세식을 이용하면 해결이 된다. 그러나 1차 추세식을 이용할 경우에는 위의 다항추세식을 사용하여도 된다.

15.3.2 직교다항추세식

앞 절에서도 언급하였듯이 다항추세식은 몇 가지 문제점을 안고 있다. 이러한 문제는 독립변수를 직교로 만들어 주면 해결이 가능하다. 먼저 직교(orthogonal)의 정의부터 살펴보자.

직교 : 영 벡터가 아닌 두 벡터 x, y가 $x'y = 0\,(y'x = 0)$일 때, 즉 내적이 '0'일 때 서로 '직교'한다고 한다.

$$\text{(예)}\quad x_1 = \begin{pmatrix}0\\1\end{pmatrix},\quad y_1 = \begin{pmatrix}1\\0\end{pmatrix} \quad\Rightarrow\quad x_1' y_1 = (0\ \ 1)\begin{pmatrix}1\\0\end{pmatrix} = 0$$

$$x_2 = \begin{pmatrix}1\\1\end{pmatrix},\quad y_2 = \begin{pmatrix}1\\-1\end{pmatrix} \quad\Rightarrow\quad y_2' x_2 = (1\ \ -1)\begin{pmatrix}1\\1\end{pmatrix} = 0$$

그러므로 15.3.1절에서 사용된 독립변수는 다음의 방법을 이용하면 직교성을 만족하게 된다.

차수 $p = 0, 1, 2, 3, \cdots$ 에 대한 직교다항식

$$\begin{aligned}
\phi_0(t) &= 1\\
\phi_1(t) &= t - \frac{n+1}{2}\\
\phi_2(t) &= \left(t - \frac{n+1}{2}\right)^2 - \frac{1}{12}(n^2-1)\\
\phi_3(t) &= \left(t - \frac{n+1}{2}\right)^2 - \frac{1}{20}(3n^2-7)\left(t - n + \frac{1}{2}\right)\\
&\ \vdots
\end{aligned}$$

다음의 예를 통하여 서로 다른 열간의 내적이 '0'임을 확인해 보도록 하자.

$$\sum_{t=1}^{n} \phi_i(t)\cdot\phi_j(t) = 0, \quad i \neq j$$

(예) $n=3$,

$$\phi_0(t) = \begin{pmatrix}1\\1\\1\end{pmatrix},\qquad \phi_1(t) = \begin{pmatrix}1-2\\2-2\\3-2\end{pmatrix} = \begin{pmatrix}-1\\0\\1\end{pmatrix}$$

$$\phi_2(t) = \begin{pmatrix}(-1)^2 - \frac{8}{12}\\ 0^2 - \frac{8}{12}\\ 1 - \frac{8}{12}\end{pmatrix} = \begin{pmatrix}\frac{4}{12}\\ -\frac{8}{12}\\ \frac{4}{12}\end{pmatrix} = \begin{pmatrix}\frac{1}{3}\\ -\frac{2}{3}\\ \frac{1}{3}\end{pmatrix}$$

절편과 1차의 직교 : $\displaystyle\sum_{t=1}^{3} \phi_0(t)\cdot\phi_1(t) = (1\ \ 1\ \ 1)\begin{pmatrix}-1\\0\\1\end{pmatrix} = 0$

$$\text{절편과 2차의 직교 : } \sum_{t=1}^{3} \phi_0(t) \cdot \phi_2(t) = (1\ \ 1\ \ 1)\begin{pmatrix} \frac{1}{3} \\ -\frac{2}{3} \\ \frac{1}{3} \end{pmatrix} = 0$$

$$\text{1차와 2차의 직교 : } \sum_{t=1}^{3} \phi_1(t) \cdot \phi_2(t) = (-1\ \ 0\ \ 1)\begin{pmatrix} \frac{1}{3} \\ -\frac{2}{3} \\ \frac{1}{3} \end{pmatrix} = 0$$

다음이 직교다항식을 사용하는 이유들이다.

【직교다항식을 사용하는 이유】

(1) 실험계획법에서처럼 다항식을 마음대로 정할 수 있다.

(2) 계수의 추정량들의 상관관계가 없다. 즉 $\text{Cov}(\widehat{\beta_i}, \widehat{\beta_j}) = 0$이다.

(3) p차 다항식으로 추세곡선을 추정한 뒤에 이 결과를 $p+1$차 다항식을 구할 때 사용할 수 있다.

(4) 회귀식의 차수를 결정할 때 효과적이다.

이와 같이 직교다항식을 사용할 경우 많은 장점이 있는 반면 직교다항식을 이용하여 독립변수 값을 만드는 것은 복잡하다는 단점이 있다. 또한 실제 문제를 다룰 경우, 일반적으로 2차 직교다항식까지가 사용되며 그 이상의 고차 다항추세식은 t가 커짐에 따라 매우 빠르게 증가하거나 감소하므로 사용에 주의하여야 한다.

위에서 정의한 직교다항추세식을 이용하여 모형을 적으면 다음과 같다.

- 직교다항식을 사용한 p차 추세다항식

$$Z_t = \alpha_0\phi_0(t) + \alpha_1\phi_1(t) + \cdots + \alpha_p\phi_p(t) + U_t\ , \quad U_t \overset{iid}{\sim} (0,\ \sigma^2)$$

이를 벡터로 표시하면 다음과 같다.

여기서 모형 : $Z = X \cdot \alpha + U$

$$Z = \begin{pmatrix} Z_1 \\ Z_2 \\ \vdots \\ Z_n \end{pmatrix}, \quad X = \begin{pmatrix} \phi_0(1) & \phi_1(1) & \cdots & \phi_p(1) \\ \phi_0(2) & \phi_1(2) & \cdots & \phi_p(2) \\ \vdots & \vdots & \vdots & \\ \phi_0(n) & \phi_1(n) & \cdots & \phi_p(n) \end{pmatrix}, \quad \alpha = \begin{pmatrix} \alpha_0 \\ \alpha_1 \\ \vdots \\ \alpha_p \end{pmatrix}, \quad U = \begin{pmatrix} U_1 \\ U_2 \\ \vdots \\ U_n \end{pmatrix}$$

이다.

위의 모형에서 차수 p와 계수 $\alpha_0, \alpha_1, \cdots, \alpha_p$를 추정하면 추세가 있는 분해시계열 분석은 일단락 된다. 차수 p는 다음 절에 나오는 방법을 사용하여 결정을 하고 계수의 추정은 2장에서 익힌 최소제곱추정법을 사용하면 된다. 다음이 계수의 추정량과 추정량의 분산 공식이다.

$$\begin{aligned} \hat{\alpha} &= (X'X)^{-1}X'Z \\ \mathrm{Var}(\hat{\alpha}) &= (X'X)^{-1} \cdot \sigma^2 \end{aligned}$$

15.3.3 차수의 결정

시계열자료를 추세다항식으로 적합 시킬 때 일반적으로 차수 p가 사전에 알려져 있는 경우는 드물다. 이러한 경우에 차수 p는 자료를 바탕으로 정해주어야 하는데 회귀분석에서는 모든 가능한 회귀 (all possible regression), 후향 제거법 (backward elimination), 전향 선택법 (forward selection), 단계별 회귀방법 (stepwise regression) 등을 사용하여 독립변수를 선택한다. 또한 변수선택 통계량을 사용하여 변수를 선택하기도 한다. 이 절에서는 회귀분석에서 많이 사용되는 차수결정 통계량을 중심으로 차수를 선택하기로 하자.

먼저 회귀분석에서 사용이 되는 용어를 살펴보자. 이 용어는 시계열 분석에서도 그대로 사용된다.

【용어】

총제곱합 (SST : Total Sum of Squares)

회귀제곱합 (SSR : Regression Sum of Squares)

잔차제곱합 (SSE : Residual Sum of Squares)

이제 i번째 차수까지 적합시킨 회귀제곱합과 잔차제곱합을 다음과 같이 표시하자.

i번째 차수까지의 회귀제곱합 : SSR(i)

i번째 차수까지의 잔차제곱합 : SSE(i)

그러면 회귀분석 공식에 의해 다음의 결과를 얻는다.

$$\begin{aligned} \text{SST} &= \sum_{t=1}^{n}(Z_t - \overline{Z})^2 = \sum_{t=1}^{n} Z_t^2 - n\overline{Z}^2 \\ \text{SSR}(i) &= \sum_{t=1}^{n}(\widehat{Z}_t - \overline{Z})^2 = \sum_{t=1}^{n} \widehat{Z}_t^2 - n\overline{Z}^2 \\ \text{SSE}(i) &= \text{SST} - \text{SSR}(i) \end{aligned}$$

위 식에서 어떤 차수를 사용하여도 총제곱합은 변화가 없음을 알아두기 바란다.

이제 위에서 사용된 정의를 이용하여 차수를 정하는 통계량을 살펴보자.

1. 결정계수 $R^2(i)$:

$$R^2(i) = \frac{\text{SSR}(i)}{\text{SST}} = 1 - \frac{\text{SSE}(i)}{\text{SST}}$$

$R^2(i)$는 i에 대한 증가함수이므로 차수 i가 증가하여도 $R^2(i)$값의 증가가 둔화되는 점을 선택하여 차수 i를 결정한다.

2. 수정결정계수 (adjusted R^2)

$$R_a^2(i) = 1 - \frac{n}{n-i-1}\{1 - R^2(i)\} : \text{절편이 없는 경우}$$

$$R_a^2(i) = 1 - \frac{n-1}{n-i-1}\{1 - R^2(i)\} : \text{절편이 있는 경우}$$

$R_a^2(i)$가 최초의 극대값을 갖는 i를 차수로 결정한다.

3. 잔차제곱평균 (Residual mean of squares : $\mathrm{MSE}(i)$)

=> 잔차제곱평균을 최소화하는 차수를 선택한다.

$$\mathrm{MSE}(i) = \frac{1}{n-i-1}\mathrm{SSE}(i)$$

여기서 $R_a^2(i) = 1 - \frac{n}{\mathrm{SST}} \cdot \mathrm{MSE}(i)$인 관계가 성립되기 때문에 최대 수정결정계수와 최소 잔차평균제곱에서 구한 차수는 동일하다.

4. 최후예측오차 (final prediction error : FPE)

FPE를 최소화 하는 i를 차수로 정한다.

$$\mathrm{FPE} = \mathrm{MSE}(i)\left\{1 + \frac{2(i+1)}{n}\right\}$$

5. Akaike 정보판단기준 (Akaike's information criterion : AIC)

$$\mathrm{AIC}(i) = \ln \mathrm{MSE}(i) + 2\frac{(i+1)}{n}$$

$\mathrm{AIC}(i)$를 최소로 하는 차수 i를 택한다.

이상과 같이 정의된 통계량을 이용하여 차수 p를 정하면 된다.

15.4 변수 변환

9장에서 변수변환에 관한 내용은 이미 익혔다. ARIMA모형에서는 시계열이 비정상일 경우 차분 또는 변환을 통하여 정상 시계열로 바꾸어 주었다. 이 절에서는 시계열 Z_t가 시간변수 t의 알려진 특정함수로 모형화 될 때 변환을 이용하여 간단한 추세식으로 적합이 될 경우를 고려한다.

먼저 모델이 어떤 함수인지 알고 있거나 산점도를 통하여 Z_t가 t의 비선형임을 알고 있을 때에는 주어진 함수의 역함수를 이용하여 15.3절의 추세다항식으로 만들어 준다.

(예) $Z_t = \beta_0 \mathrm{e}^{\beta_1 t} \cdot u_t \Rightarrow \log(Z_t) = \beta_0^* + \beta_1 t + u_t^*$

$Z_t = \beta_0 \mathrm{t}^{\beta_1} \cdot u_0 \Rightarrow \log(Z_t) = \beta_0^* + \beta_1 \log t + u_0^*$

여기서 $\beta_0^* = \log(\beta_0)$, $u_t^* = \log(u_t)$이다.

위와는 다른 경우로 만약 U_t가 동일한 분포를 갖지 않을 경우 즉, $U_t \sim (0, \sigma^2(U_t))$인 경우가 있다. 다시 말하면 u_t의 분산이 일정하지 않은 경우가 있다. 이 경우에는 9장에서 익힌 Box-Cox멱 변환을 이용하여 변환을 실시한 후 분석을 한다.

먼저 시계열 그래프를 그리고 또한 여러 변환을 시도한 후 다시 그래프를 그려 분산이 가장 일정하다고 생각되는 변환을 최적의 변환으로 생각하면 된다.

15.5 계절요인

시계열에서 추세요인을 분석하고 나면 계절요인, 순환요인 그리고 불규칙요인이 남는다. 이 요인들 중에서 계절요인을 분석하는 방법을 살펴보도록 하자. 계절요인은 계절평균모형과 단순계절삼각함수모형을 이용하여 분석한다. 먼저 계절평균모형을 이용하여 분석하는 방법을 살펴보고 다음 절에서는 단순계절삼각함수모형을 살펴보자.

15.5.1 계절평균모형 (Seasonal mean model)

계절평균모형은 각 주기별로 같은 평균을 갖는 시계열 자료를 분석하는데 사용된다. 예를 들어 시계열이 월별자료로 주어져 있다고 하자. 이때 각 월별로 평균이 일정하다면 계절평균모형을 사용하여 분석하면 된다. 먼저 모형을 살펴보자.

계절평균모형 :

$$Z_t = \mu_t + U_t, \quad t = 1, 2, \cdots, n$$

여기서 모든 t에 대해서 $\mu_t = \mu_{t+ks}$이고 s는 계절주기이며 $U_t \overset{iid}{\sim} (0, \sigma^2)$이다.

예를 들어 4분기 자료를 생각해 보자. 그러면 위의 모형은 다음과 같다.

$$\begin{aligned}
Z_1 &= \mu_1 && && && + U_1 \\
Z_2 &= && \mu_2 && && + U_2 \\
Z_3 &= && && \mu_3 && + U_3 \\
Z_4 &= && && && \mu_4 + U_4 \\
Z_5 &= \mu_1 && && && + U_5 \\
Z_6 &= && \mu_2 && && + U_6 \\
Z_7 &= && && \mu_3 && + U_7 \\
Z_8 &= && && && \mu_4 + U_8 \\
Z_9 &= \mu_1 && && && + U_9 \\
&\vdots
\end{aligned}$$

이제 회귀분석에서 많이 사용되는 표현을 사용하여 이를 표현해 보자. 먼저

$$\mu_t = \begin{cases} \beta_1, & t = 1, 5, 9, 13, \cdots \\ \beta_2, & t = 2, 6, 10, 14, \cdots \\ \beta_3, & t = 3, 7, 11, 15, \cdots \\ \beta_4, & t = 4, 8, 12, 16, \cdots \end{cases}$$

라 하자. 그러면 위의 모형은

$$Z_t = \sum_{i=1}^{4} \beta_i I_i(t) + U_t, \qquad I_i(t) = \begin{cases} 1, & t \in \{i,\ i+s,\ i+2s, \cdots\} \\ 0, & t \notin \{i,\ i+s,\ i+2s,\ \cdots\} \end{cases}$$

이 된다. 따라서 계절주기를 s라 하면 계절평균모형은 다음과 같이 표시된다.

$$Z_t = \sum_{i=1}^{s} \beta_i \cdot I_i(t) + U_t, \quad U_t \overset{iid}{\sim} (0, \sigma^2) \qquad (15.3)$$

(15.3)식은 실험계획법의 1원 배치법 (one-way ANOVA) 또는 중회귀분석법에서 독립변수가 지시변수인 모형에 해당된다. 따라서 중회귀분석으로 계절평균모형을 분석할 수 있으며 이 방법이 가장 간단한 방법이다. 또한 실제적인 자료 분석은 SAS를 이용하여 쉽게 분석할 수 있으며 이에 관한 프로그램 예는 다음절에 나와있다. 다음은 주기가 4인 경우의 중회귀모형과 독립변수 행렬, 종속변수 벡터 그리고 계수벡터의 예이다.

중회귀 분석 방법 (주기 4)

(15.3)식의 모형

$$\begin{array}{lcccccl}
Z_1 & = & \beta_1 & & & & + U_1 \\
Z_2 & = & & \beta_2 & & & + U_2 \\
Z_3 & = & & & \beta_3 & & + U_3 \\
Z_4 & = & & & & \beta_4 & + U_4 \\
Z_5 & = & \beta_1 & & & & + U_5 \\
Z_6 & = & & \beta_2 & & & + U_6 \\
Z_7 & = & & & \beta_3 & & + U_7 \\
Z_8 & = & & & & \beta_4 & + U_8 \\
Z_9 & = & \beta_1 & & & & + U_9 \\
\vdots & & & & & &
\end{array}$$

이 모형에서 종속변수 벡터를 Z, 독립변수 행렬은 X 그리고 계수 벡터를 β라 하자. 그러면 중회귀 모형은 다음과 같다.

$$Z = X \cdot \beta + U$$

여기서

$$Z=\begin{pmatrix} Z_1 \\ Z_2 \\ \vdots \\ Z_n \end{pmatrix}, \qquad X=\begin{pmatrix} 1 & 0 & 0 & 0 \\ 0 & 1 & 0 & 0 \\ 0 & 0 & 1 & 0 \\ 0 & 0 & 0 & 1 \\ 1 & 0 & 0 & 0 \\ 0 & 1 & 0 & 0 \\ 0 & 0 & 1 & 0 \\ 0 & 0 & 0 & 1 \\ \vdots & \vdots & \vdots & \vdots \\ 1 & 0 & 0 & 0 \\ 0 & 1 & 0 & 0 \\ 0 & 0 & 1 & 0 \\ 0 & 0 & 0 & 1 \end{pmatrix}, \qquad \beta=\begin{pmatrix} \beta_1 \\ \beta_2 \\ \beta_3 \\ \beta_4 \end{pmatrix}$$

이다.

일반적인 계절주기 s인 경우에도 독립변수, 종속변수 그리고 계수벡터를 만들 수 있다. 따라서 독립변수 행렬을 잘 선택하면 일반적인 중회귀모형으로 계절평균모형을 표시할 수 있게 된다.

주기가 4인 경우의 계절평균모형

$$Z = X\cdot\beta + U \tag{15.4}$$

분석을 간단히 하기 위하여 자료의 수 n이 주기 4의 배수인 경우를 생각해 보자. 그러면 회귀분석을 이용하여 추정된 추정량은

$$\hat{\beta}=(X'X)^{-1}X'Z = \begin{pmatrix} \frac{n}{4} & 0 & 0 & 0 \\ 0 & \frac{n}{4} & 0 & 0 \\ 0 & 0 & \frac{n}{4} & 0 \\ 0 & 0 & 0 & \frac{n}{4} \end{pmatrix}^{-1} \begin{pmatrix} \sum Z_{k4} \\ \sum Z_{k4+1} \\ \sum Z_{k4+2} \\ \sum Z_{k4+3} \end{pmatrix} = \begin{pmatrix} \sum \frac{Z_{k4}}{n/4} \\ \sum \frac{Z_{k4+1}}{n/4} \\ \sum \frac{Z_{k4+2}}{n/4} \\ \sum \frac{Z_{k4+3}}{n/4} \end{pmatrix}$$

이 된다. 따라서 β_i의 추정치는 i번째 그룹에 있는 자료들의 평균값이 된다. 예를 들어 주기가 $s=12$, 즉 월별 자료인 경우, i번째 월에 있는 자료의 평균값이 β_i가 된다.

15.5.2 단순계절삼각함수모형

계절평균모형으로 계절요인을 분석하는 방법 이외에 삼각함수를 이용하여 분석하는 방법이 있다.

예를 들어 시계열이 월별자료로 구성이 되어 있을 때 계절평균모형을 사용하면 적어도 12개의 모수가 사용이 된다. 자료가 적은 경우 12개 이상의 모수는 많은 편이다. 따라서 적은 수의 모수를 사용하여 모형을 만드는 방법이 필요하게 되는데 이렇게 적은 수의 모수를 사용하여 계절요인을 분석하는 방법이 단순계절삼각함수모형이다.

단순계절삼각함수 모형

$$Z_t = \alpha_0 + \alpha_1 \cos(2\pi f t) + \beta_1 \sin(2\pi f t) + U_t \qquad (15.5)$$

$$\alpha_0 \text{ : 상수항}, \quad \alpha_1,\ \beta_1 \text{ : 모수}, \quad U_t \overset{iid}{\sim} (0,\ \sigma^2)$$

위의 모형을 중회귀모형으로 표시하면 다음과 같다.

중회귀모형

$$Z = X\beta + U$$

$$X = \begin{pmatrix} 1 & \cos(2\pi f) & \sin(2\pi f) \\ 1 & \cos(2\pi f2) & \sin(2\pi f2) \\ \vdots & \vdots & \vdots \\ 1 & \cos(2\pi fn) & \sin(2\pi fn) \end{pmatrix}, \quad Z = \begin{pmatrix} Z_1 \\ Z_2 \\ \vdots \\ Z_n \end{pmatrix}, \quad \beta = \begin{pmatrix} \alpha_0 \\ \alpha_1 \\ \beta_1 \end{pmatrix}$$

이 모형 역시 회귀분석방법을 이용하여 분석이 가능하다. 결국 단순계절삼각함수모형에 있는 모수의 최소제곱추정량은 다음과 같이 얻어진다.

$$\hat{\beta} = \begin{pmatrix} \alpha_0 \\ \alpha_1 \\ \beta_1 \end{pmatrix} = (X'X)^{-1}X'Z$$

여기서 주의해야 할 것은 단순계절삼각함수 모형은 계절평균모형보다 적은 수의 모수를 사용하지만 특별한 경우를 제외하고는 잘 맞지 않는다는 것이다. 따라서 단순계절삼각함수 모형을 사용할 때는 주의를 요하며 이를 극복하기 위하여 다중계절삼각함수를 사용하여야 한다. 그러나 다중계절삼각함수모형의 복잡함도 알아두기 바란다.

15.6 추세요인과 계절요인이 동시에 있는 모형

추세요인과 계절요인이 동시에 있는 다음의 두 시계열 모형을 고려하자.

추세가 있는 계절단순삼각함수 모형

$$Z_t = \alpha_0 + \alpha_1\phi_1(t) + \cdots + \alpha_p\phi_p(t) + \beta_1\cos(2\pi ft) + \beta_1\sin(2\pi ft) + U_t$$

$$U_t \underset{\sim}{iid} (0,\ \sigma^2)$$

추세가 있는 계절평균모형

$$Z_t = \alpha_0 + \alpha_1\phi_1(t) + \cdots + \alpha_p\phi_p(t) + \sum_{i=1}^{s}\beta_i I_i(t) + U_t$$

$$U_t \sim iid\ (0,\ \sigma^2), \quad I_i(t) = \begin{cases} 1, & t \in \{i,\ i+s,\ i+2s,\ \cdots\} \\ 0, & t \notin \{i,\ i+s,\ i+2s,\ \cdots\} \end{cases}$$

위의 모형에서 분석의 어려움은 두 요인을 분석하기 위한 독립 변수가 서로 직교하지 않는다는 것과 추세다항식의 차수를 모른다는 것이다. 먼저 두 독립변수의 비직교성을 다음의 예를 통하여 살펴보자.

$n=5$인 2차의 직교다항식과 계절주기 $s=3$인 계절평균모형을 사용할 경우의 독립변수 행렬 X와 $X'X$ 행렬은 다음과 같다.

$$X = \begin{pmatrix} 1 & -2 & 2 & 1 & 0 & 0 \\ 1 & -1 & -1 & 1 & 0 & 0 \\ 1 & 0 & -2 & 0 & 1 & 0 \\ 1 & 1 & -1 & 0 & 1 & 0 \\ 1 & 2 & 2 & 0 & 0 & 1 \end{pmatrix}, \quad X'X = \begin{pmatrix} 5 & 0 & 0 & \vdots & 2 & 2 & 1 \\ 0 & 10 & 0 & \vdots & -3 & 1 & 2 \\ 0 & 0 & 14 & \vdots & 1 & -3 & 2 \\ \cdots & \cdots & \cdots & & \cdots & \cdots & \cdots \\ 2 & -3 & 1 & \vdots & 2 & 0 & 0 \\ 2 & 1 & -3 & \vdots & 0 & 2 & 0 \\ 1 & 2 & 2 & \vdots & 0 & 0 & 1 \end{pmatrix}$$

위의 식에서 $X'X$ 행렬을 살펴보면 직교다항모형과 계절평균모형의 독립변수들이 직교하지 않음을 알 수 있다.

이와 같은 비 직교성은 추세요인의 차수를 알아내는 것에 영향을 미치며 계절요인이 없는 경우에 비해 차수를 결정하기가 어려워진다. 그러나 실제 자료분석에서 이러한 영향력은 크게 중요하지 않다. 일반적으로 계절요인과 추세요인이 동시에 있는 경우에는 다음의 순서로 분석한다.

먼저 추세요인만 있다는 가정 하에서 차수 p를 정한다. 차수 p의 결정은 15.3.3절의 방법을 이용한다. 정해진 차수 p를 이용하여 추세모형을 만든다. 추세요인과 계절요인을 모두 포함시킨 모형의 독립변수를 생성한 후 분석한다.

이와 같은 분석방법은 불규칙요인이 있는 경우에도 그대로 적용된다. 따라서 여러 요인이 있는 경우에는 모든 요인을 포함하는 모형을 만들어 이를 분석해야 한다.

15.7 잔차의 분석

시계열에서 추세요인, 순환요인, 계절요인을 분석하고 나면 불규칙요인만이 남게 된다. 불규칙요인을 분석하기 위하여 각 요인을 분석한 후의 잔차가 필요하게 되는데 잔차는 다음과 같이 구해진다.

$$\text{잔차 : } \widehat{U}_t = \text{계열값} - \text{추정값}$$

예를 들어 1차 추세요인이 있는 계절평균모형에서 잔차는 다음과 같다.

$$\widehat{U}_t = Z_t - (\widehat{\alpha}_0 + \widehat{\alpha}_1 t) - \widehat{\mu}_t$$

또한 1차 추세가 있는 계절단순삼각함수모형에서 잔차는 다음과 같다.

$$\widehat{U}_t = Z_t - (\,\widehat{\alpha}_0 + \widehat{\alpha}_1 t) - (\,\widehat{\beta}_1 \cos(2\pi f t) + \widehat{\beta}_2 \sin(2\pi f t))$$

이제 불규칙요인을 분석하기 위해서는 위에서 얻어진 잔차를 이용하면 된다. 다시 말하면 이 잔차를 새로운 자료라 생각하고 1장에서 14장까지 익힌 Box-Jenkins방법을 그대로 사용하여 분석을 하면 된다.

위에서도 언급하였듯이 불규칙요인의 모형이 식별되면 모든 요인을 포함한 모형을 만들어 추정하고 분석하는 것이 올바른 방법이다. SAS의 PROC/AUTOREG를 이용하면 이와 같은 분석을 쉽게 할 수 있다.

15.8 SAS 프로그램

다음은 추세가 있는 자료를 생성하여 이를 PROC/REG를 사용하여 모수를 추정한 후 잔차를 구하고 이때의 잔차를 PROC/ARIMA를 사용하여 분석한 후 최종적으로 PROC/AUTOREG를 이용하여 모수를 추정하는 프로그램이다. 독자들은 이를 꼭 실행시켜보고 결과를 살펴보기 바란다.

프로그램 예제 15.1

```
Data TREND;
  seed=14523;
do t=1 to 100;
  white=normal(seed) ;
  x=0.5*x + white;
  z=2519 - 35*t + 0.3*t*t + 39*x;
  t2=t*t;
  output;
end;

symbol v=none i=loin l=1;
proc gplot;
```

```
  plot z*t;
run;

Proc REG;
  model y= t t2;
  output out=out r=resi;
run;
Proc ARIMA data=out;
  i var= resi;
  e p=1;
run;

Proc AUTOREG;
  model z=t t2/nlag=1 ;
run;
```

다음은 계절요인이 있는 자료를 생성하여 이를 분석하는 프로그램이다.

프로그램 예제 15.2

```
Data season;
  seed=14523;
do t=1 to 100;
  white=normal(seed) ;
  x=0.5*x + white;
  y= 6* (t - int(t/12)*12 ) +3*x;
  indi1= ((t-int(t/12)*12)=1);
  indi2=((t-int(t/12)*12)=2);
  indi3=((t-int(t/12)*12)=3);
  indi4=((t-int(t/12)*12)=4);
  indi5= ((t-int(t/12)*12)=5);
  indi6=((t-int(t/12)*12)=6);
  indi7=((t-int(t/12)*12)=7);
```

```
    indi8=((t-int(t/12)*12)=8);
    indi9= ((t-int(t/12)*12)=9);
    indi10=((t-int(t/12)*12)=10);
    indi11=((t-int(t/12)*12)=11);
    indi12=((t-int(t/12)*12)=0);
    output;
end;

symbol v=none i=loin l=1;
proc gplot;
  plot z*t;
run;
Proc REG;
  model z= indi1 -indi12/noint;
  output out=out r=resi;
run;
Proc ARIMA data=out;
  i var= resi;
  e p=1;
run;
Proc AUTOREG;
  model y=indi1 -indi12/nlag=1 noint;
run;
Data e15_1;
  seed= 12345;
do i=1 to 50;
  white=normal(seed);x=0.5*x+white;
  z1= 3+ 2*i +sin(0.25*3.14*i)*4+x;
  z2=4+ 3*i +x*2 +(i - int(i/4)*4 )*4;
  keep z1 z2 white i x;
  output;
end;
```

```
symbol1 i=join v=none l=1;
symbol2 i=join v=none l=2;
proc gplot;
  plot z1*i;
run;
proc gplot;
  plot z2*i;
run;
```

<Procedures for making independent variables>

```
Data e15_2;  set e15_1;
  x1=(mod(i,4)=1);
  x2=(mod(i,4)=2);
  x3=(mod(i,4)=3);
  x4=(mod(i,4)=0);
Data e15_2; set 15_2;
  y1=sin(0.25*3.14*i);
  y2=cos(0.25*3.14*i);
```

<analysis>

```
proc reg;
  model z1=i;
  output out=out1 p=pred1;

proc reg;
  model z1=i y1 y2;
  output out=out2 p=pred2;
data out;
  merge out1 out2;
proc gplot;
```

```
  plot z1*i pred2*i pred1*i/overlay;
run;

proc reg;
  model z2=i;
  output out=out4 p=pred3;
proc reg;
  model z2=i x1-x4;
  output out=out5 p=pred4;
data out6;
  merge out4 out5;
proc gplot;
  plot z2*i pred3*i pred4*i/overlay;
run;
```

참고문헌

1. Anderson, T. W. (1971). *The Statistical Analysis of Time Series*. Wiley, New York.
2. Box, G. E. P. and Cox, D. R. (1964). *Analysis of transformations,* J. Roy stat B. 26, 211-252
3. Box, G. E. P. and G. M. Jenkins (1976). *Time series Analysis, Forecasting and Control*, 2nd ed. San Francisco, Holden-Day.
4. Dickey, D. A. and Fuller, W. A. (1979), *Distribution of the estimators for autoregressive time series with a unit root. J., Amer. statistic Assoc.* 74, 427-431
5. *SAS/ETS USER's GUIDE.* Cary, N. C., Sas Institute.
6. Shin, K-I. and H-J. Kang (2001), *A study on the effect of power transformation in the ARMA(p,q) model, Journal of Applied Statistics,* Vol. 28, No. 8, 1019-1028.
7. Wayne A. Fuller (1996), *Introduction to statistical time Series(second edition)*, John wiley & sons
8. Wei W. W. S (1994). *Time Series Analysis. Univariate and Multivariate Method.* Addison and Wesley.
9. 권계화 역 (1993), 「시계열 분석」, 자유아카데미.
10. 김연형 (1994), 「시계열 분석」, 자유아카데미.
11. 이상열 (2001), 「시계열분석의 원리」, 자유아카데미.
12. 이진희, 신기일 (2001), AR(1)모형에서 Box-Cox 멱 변환의 영향력 분석 연구, 한국통계학회.
13. 조신섭, 이정형 (1997), 「SAS / ETS를 이용한 경제 시계열 분석」, 자유아카데미.
14. 최기헌, 이종협, SAS/ETS를 이용한 시계열 분석과 그 응용, 고려대학교 통계연구소 통계 분석 강의 총서 15
15. 최병선 (1992), 「단변량 시계열 분석 I」, 세경사.
16. 허명회, 박유성 (1994), 「시계열 자료분석」.

부 록

〔표 1〕 1978년 1월에서 1995년 8월까지 외국인 입국자 현황

63577	66317	77724	77961	85574	91296	81447	91681	96257	109469
92904	59955	70628	73646	80735	87796	94860	92407	81746	94065
96757	93563	69299	50308	61550	66602	69698	82855	81520	55415
64264	71845	71971	76929	71318	53291	57982	59603	71495	89447
95823	80016	82334	89074	82213	92468	80606	58894	71450	62856
83960	89441	91868	83787	82924	90943	74790	105688	80042	62568
64982	71435	80288	93634	95650	87172	96532	96630	94603	104262
82377	63827	70402	73275	85402	106566	101289	98940	96009	105322
104743	117395	99050	74239	77597	80402	100788	117005	118573	110577
107208	122961	113817	122465	111066	85413	83164	91163	119810	123430
128553	125616	127414	143005	128363	210416	133506	103371	106059	104500
134787	141705	153339	147821	141193	158694	146620	160720	142953	110144
109680	120234	151408	156751	161196	164874	165548	169260	192499	196202
181840	141778	142595	144825	176833	181503	205798	196554	187305	195835
200983	218793	184950	150272	152814	158908	189322	199489	196489	209519
201444	214058	215148	229030	207628	175499	157192	162372	184101	199383
216568	218359	209311	235591	221053	251659	227856	209379	178582	212967
216209	207933	210018	220526	211965	265759	195836	217145	197256	175627
162117	161719	194579	184128	189356	205476	201984	266352	227534	311032
238421	225796	178274	206077	259296	217655	219239	248521	215085	251417
233833	272519	252327	221225	200506	212554	238296	223349	253511	260855
250624	283244								

〔표 2〕 1999년 1월 4일부터 1999년 12월 28일까지 종합주가지수

587.57	598.55	612.36	637.59	626.33	626.33	640.95	631.19	633.03	604.42
614.57	622.52	618.12	613.43	582.04	550.58	539.76	531.23	565.20	571.47
571.43	581.67	567.28	553.33	550.15	551.39	545.38	523.38	524.49	523.99
551.77	551.77	536.41	522.18	522.18	508.49	502.88	498.42	499.14	520.06
520.06	533.97	534.49	532.29	538.19	538.19	571.18	572.85	569.27	582.00
590.80	590.80	592.02	601.83	600.52	578.98	604.22	604.22	607.74	614.34
611.48	611.07	609.79	609.79	601.07	618.05	618.98	636.89	646.78	666.73
673.36	681.19	687.42	689.64	689.80	687.41	722.01	725.14	766.59	770.43
743.26	740.40	750.99	776.30	793.98	790.03	752.61	752.59	756.53	771.17
810.54	810.62	810.62	814.24	781.41	773.13	742.37	737.83	737.83	717.83
729.29	734.98	708.60	710.49	695.60	698.69	720.05	726.66	732.24	732.24
736.02	753.72	775.00	778.21	797.50	797.50	842.32	853.60	803.46	856.06
848.61	848.61	821.91	803.72	829.53	832.26	837.73	837.73	869.00	875.97
888.63	877.30	882.08	882.08	903.05	897.45	883.00	919.98	933.42	933.42
962.84	989.43	1005.98	999.11	1027.93	1027.93	1004.25	987.50	953.67	982.14
1020.82	1024.58	998.45	965.11	976.66	904.96	904.96	872.94	928.85	944.46
998.71	969.72	969.72	959.81	973.33	975.45	939.07	938.26	938.26	948.97
968.66	944.08	949.35	917.47	917.47	907.28	873.70	868.94	871.18	878.39
878.39	917.58	932.41	963.00	959.88	960.28	960.28	942.57	937.88	905.52
898.97	910.62	.	943.22	943.92	936.93	950.53	961.98	.	980.91
968.54	952.69	916.16	925.20	.	933.88	957.42	941.57	903.79	900.73
868.88	836.18	839.35	.	818.37	791.55	835.31	851.15	839.41	.
834.39	856.25	855.52	866.02	862.63	.	826.25	811.44	830.69	818.51
819.52	.	798.84	797.01	793.42	820.95	833.51	.	876.55	890.18
887.15	911.82	913.09	.	907.60	943.46	938.76	947.42	969.26	.
947.73	1007.72	967.64	970.19	993.11	.	977.88	974.05	969.29	972.71
949.16	.	964.26	996.66	999.16	967.90	966.59	.	998.11	999.92
988.32	980.54	1018.17	.	1013.65	1002.64	963.58	948.57	949.26	.
967.05	958.80	967.83	974.16	991.63	1005.73	1028.07			

〔표 3〕 새파리 자료(실험실 자료)

1676	3075	3815	4639	4424	2784	5860	5781	4897	3920
3835	3618	3050	3772	3517	3350	3018	2625	2412	2221
2619	3203	2706	2717	2175	1628	2388	3677	3156	4272
3771	4955	5584	3891	3501	4436	4369	3394	3869	2922
1843	2837	4690	5119	5838	5389	4993	4446	4651	4243
4620	4849	3664	3016	2881	3821	4300	4168	5448	5477
8579	7533	6884	4127	5546	6316	6650	6304	4842	4352
3215	2652	2330	3123	3955	4494	4780	5753	5555	5712
4786	4066								

찾아보기

[ㅎ]

【기타】

신기일

서울대학교 계산통계학과 (이학사)
동대학원 계산통계학과 (이학석사)
North Carolina 주립대학교 통계학과 (통계학박사)
현 : 한국외국어대학교 통계학과 교수

[저서]

경제·경영을 위한 베이지안 통계학 (자유아카데미, 공저)
의사결정론 (자유아카데미, 공저)

SAS를 이용한
시계열 분석

2002년 9월 1일 1판 1쇄 발행
2023년 5월 2일 1판 7쇄 발행

저　자 / 신기일
발행자 / 오판근
발행처 / 교우사

주　소 / 서울특별시 동대문구 약령시로 8 교우빌딩 2층
전　화 / 925-2861(代), 편집부 / 925-2825, 홈쇼핑 / 969-5762
팩　스 / 925-2860

E-mail / kyowoo@kyowoo.co.kr
http://www.kyowoo.co.kr

등록 / 1994. 3. 24 제6-0256호

ISBN 978-89-8172-324-8 (93310)
값 **25,000**원